上海市高校高峰高原学科（音乐人类学 E- 研究院）建设资助项目

丝绸之路琵琶行

洛秦 编

THE SONG OF PIPA LUTE
ALONG THE SILK ROAD

大师吴蛮
的
世界
音乐叙事

Master Wu Man's
Narration of the
World Music and
Culture

上海音乐学院出版社
SHANGHAI CONSERVATORY OF MUSIC PRESS

目录 CONTENTS

4

大师吴蛮的世界音乐叙事 / 中文翻译：魏琳琳

引 子

昨晚收到吴蛮发来的原创微信作品《吴蛮琵琶与文化漫游——我去约旦国干什么？》。吴蛮在此日志式的写作中回顾了她 2016 年的工作经历，这篇是该系列之二。

2017 年 2 月 13 日一早，我又收到吴蛮发来的新信息：

"Win the Grammy the Best World Music Album today！"

序言

丝绸音乐之路
上的文化大使

洛 秦

今天（美国时间 2017 年 2 月 12 日）刚获得格莱美"最佳世界音乐专辑"。

我的回复："又有喜报，祝贺祝贺！"

吴蛮的喜讯太多了！她又为自己众多国际音乐大奖新增了一项。这是她参与马友友"丝绸之路乐队"合作的又一成果。吴蛮接着又发了一条微信——

这是我老公写给他朋友的，可以了解一下：

吴老师参与的"马友友及其丝绸之路"的唱片刚刚荣获格莱美"最佳世界音乐"唱片奖。开篇第一首就是吴老师作曲的《汶森之歌》，也叫作《绿》，是根据犬子 4 岁时边玩边哼哼的一个调子创作的。他哼的调子我们两个人都没听过。问他从哪儿听来的，他说是他自己脑子里的，就信口唱出来了。吴老师颇为诧异就随手记下来，后来就写成了作品，为的是纪念我们一起度过的美好时光。曲子几经变迁，就成了今天这个样子，变成大家一起来纪念了。反而当初的调子只剩下个影子。 也不错，作个纪念。

看到这段信息，很感动。一段幼儿随便哼哼的即兴旋律如今成了国际大奖作品之一。虽然当初的"调子"只剩下"影子"，但是它永远定格成为他们三口之家美好时光的"影子"。

1

吴蛮，何许人也？

吴蛮如今名扬四海，但是，大概国内读者及观众对其所知还不多。

先从一则故事说起。2013 年 10 月 9 日，《纽约时报》刊载了一篇题为《瑰宝乐器的再次绽放——吴蛮使用她的新琵琶与哈特福德交响乐团的首演》的文章（作者：詹姆斯·奥斯特莱克）。标题中有几个关键词：

其一，"新琵琶"。一把新制作的琵琶值得如此作为标题来宣传？人们可曾听说新出产的斯坦威钢琴的首演被作为宣传的话题？没有！可曾听说新制作的小提琴被哪位名家试奏而出名？不可能！小提琴可是只因古老而显得名贵，例如意大利的斯特拉迪瓦里琴。古琴亦然，例如宋徽宗的古琴。据报道，2010 年 2 月 5 日晚，宋徽宗御制、清乾隆御铭的"松石间意"琴亮相北京保利秋拍，经过激烈的竞价最终以 1.3664 亿元成交，创造了世界古琴拍卖纪录，同时也创造了世界乐器拍卖纪录。

其二，"瑰宝乐器"。此"新琵琶"被著名的《纽约时报》称为"瑰宝乐器"，并且将与交响乐团合作首演，能享受如此荣誉完全归功于另一个关键："吴蛮"。

其三，吴蛮。这位早已经是国际音乐舞台上的明星中国音乐家，《纽约时报》这篇报道将其再次推上风口浪尖，变得几乎家喻户晓。

那是一则什么故事呢？

2014 年春天我与吴蛮见面时，她告诉我这样一个故事。2013 年 6 月下旬的一天，她搭乘美国航空公司的航班去参加一个国际艺术节。刚登机不久，机舱内突然一声响亮的碎裂声惊动了所有乘客，特别是重重地敲击了吴蛮的心。因为一位空姐马虎安放，吴蛮的琵琶从行李架上跌落，琴颈断裂、严重损坏。当时，吴蛮几乎要泪水喷流而下。这件跟随她在美国闯荡 17 年之久的心爱乐器竟这样惨遭断颈，她怎么也不敢相信眼前看到的景象。然而，当时机组成员及航空公司还完全不以为然——乐器？不就是有几根铁丝的会发

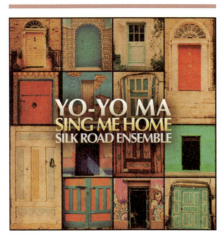

声音的木头块么。而对于吴蛮来说，它可是她的整个生命啊！理性的吴蛮并未对此动怒，她眼下需要冷静思考：第一，怎样解决几小时后的演出；第二，如何与美航交涉；第三，怎样让无知的美国空姐及航空公司认识到琵琶这把特殊乐器的音乐价值及其文化尊严。

最后，吴蛮用借来的琵琶顺利完成了演出，她用脸书（Facebook）发布这一不幸消息，引起了大量同行和朋友的关注。通过律师的交涉和《纽约时报》的多次采访，美航这才知道吴蛮何许人也，琵琶这件乐器何许物也，他们闯

下了何等重大的祸也！

吴蛮以冷静、智慧和自信的方式一一解决上述问题。美航向吴蛮真诚地赔礼道歉、全责赔偿损失，吴蛮也由此有了一把新琵琶。

那么，吴蛮到底是什么身份，才使得傲慢的美航低头"认罪"呢？

读者手中的《丝绸之路琵琶行》是一部关于"大师吴蛮的世界音乐叙事"。虽然如今"大师"在中国漫天遍地，但是，在此冠吴蛮以"大师"之名，并非徒有时髦之表。以下众多"第一"建构起吴蛮成为琵琶音乐艺术"大师"的名副其实：

1992 年，有史以来第一次以琵琶与克罗诺斯弦乐四重奏合作组合成为特殊弦乐五重奏的创举形式登上世界音乐舞台；

1993 年，美国卡内基音乐厅首演琵琶协奏曲，成为在此演出的第一位中国器乐演奏家；

1993 年，由西方（英国）唱片公司 Nimbus 第一次录制发行中国传统音乐专辑《吴蛮琵琶》，同年获法国 Diapason 唱片奖；

1994 年，成为英国著名 BBC Proms 音乐节创办百年来邀请的首位中国音乐家；

1994 年，第一次与克罗诺斯弦乐四重奏乐团共同委约谭盾创作作品《鬼戏》，于纽约"下一波艺术节"首演；

1996 年，与克罗诺斯弦乐四重奏乐团合作的《早期音乐》入围格莱美最佳跨界音乐专辑奖，第一次与格莱美音乐奖结缘；

1998 年，获哈佛大学研究学者奖，成为第一位获此殊荣的世界传统音乐家；

1998 年，参与大提琴家马友友发起的丝绸之路音乐计划，成为创始成员；

1999 年，获得格伦·古尔德的音乐新人大奖，成为第一位女性演奏家及第一位以传统民族乐器演奏获此殊荣的演奏家；

1999 年，应美国政府（前总统克林顿）邀请，成为第一个进入白宫演奏的中国音乐家；

1999 年，第一次参与美国学术领域，担任哈佛大学 BUNTING 研究院音乐评委，全美作曲家基金会评委；

2000 年，作为欧洲乐团第一次邀请的中国琵琶演奏家参与跨世纪 2000 年音乐会，指挥艾森巴赫，德国北部国家广播乐团；

2002 年，应荷兰皇室之邀成为欧洲皇室演奏中国音乐的第一人；

2003 年，与世界三大古典音乐艺术经纪公司之一 ICM（现为 Opus 3）签约成为其旗下唯一的中国传统音乐家；

2006 年，与克罗诺斯弦乐四重奏乐团合作的《你偷我之心》荣获格莱美"最佳跨界世界音乐专辑奖"；

2007 年，第一次任音乐策划，担任世界著名的纽约卡内基音乐厅"中国音乐节"节目委员会成员并成功策划两场中国传统音乐会。将陕西老腔、山西道教乐班、侗族大歌、古琴等带入美国主流音乐市场；

2008 年，专辑《传统与转变》荣获格莱美"最佳协奏曲独奏家演奏奖"（罗·哈里森《琵琶协奏曲》）；

2008 年，所参与专辑《莫斯科独奏家乐团》获"格莱美最佳室内乐演奏奖"（琵琶与弦乐队）提名；

2009 年，所参与丝绸之路乐团专辑《地图》获格莱美"最佳古典跨界奖"提名；

2010 年，获"美国艺术家"大奖；

2010 年，专辑《边疆——吴蛮和丝绸之路音乐大师》入围美国音乐独立唱片"最佳唱片奖"；

2011 年，成为第一位应邀出席瑞典"波拉尔音乐大奖"（Polar Music Prize）盛会颁奖嘉宾的中国人；

2013 年，荣登美国音乐"年度演奏家"风云榜，成为第一位获此殊荣的世界传统民族乐器演奏家；

2013 年，首次与悉尼交响乐团在悉尼歌剧院首演中国作曲大师赵季平为她量身订作的《琵琶第二协奏曲》，这是第一次由西方乐团出资委约琵琶协奏曲；

2014 年，《听见彩虹谣》荣获第 57 届格莱美奖"最佳世界音乐专辑"提名，这是吴蛮的唱片第 6 次获格莱美奖提名，但却是其个人策划并演奏的中国音乐第一次登上该奖最佳"世界音乐"顶峰；

2014 年，与台湾音乐家合作的中国语版专辑，揽括琵琶的经典古曲《琵琶蛮》（台湾风潮唱片）入围台湾金曲奖"最佳传统专辑"；

2014 年，成为美国加州亨廷顿艺术博物馆首位驻馆艺术家并被聘为音乐顾问；

2015 年，被邀加入古尔德基金会第 11 届评委会，成为第一位获此殊荣的中国传统器乐音乐家。当年第 11 届古尔德大奖得主美国作曲家格拉斯是吴蛮的老朋友，他们有过多次合作。例如，2004 年希腊雅典奥运会上吴蛮表演的琵琶协奏曲即是格拉斯为吴蛮所作；

2016 年，纪录片《陌生的音乐人》提名格莱美最佳音乐纪录片奖。由奥斯卡获奖导演尼维勒（Morgan Neville）执导，吴蛮是四位主角之一。

除此之外，吴蛮是第一位受邀在英国皇家阿尔伯厅、维也纳金色大厅、德国波恩贝多芬厅及荷兰阿姆斯特丹大会堂等著名音乐厅演出的中国乐器演奏家。她和大提琴家马友友为日本 NHK 新版《丝绸之路》录制的唱片《超越地平线》获全美最佳销售唱片第一名。《吴蛮，古典与现代琵琶音乐》被评为全美公共电视网"世界音乐"排行榜第二名。她创作和制作的《吴蛮——琵琶行》在亚马逊全球网"世界音乐类"被听众评为五星级唱片。

美国时间 2017 年 2 月 12 日吴蛮又获得第 59 届格莱美"最佳世界音乐专辑"（马友友主持的丝绸之路乐队的专辑 Sing Me Home，第一首就是吴蛮的作品《汶森之歌》）。

从上述成绩单所见，吴蛮被获"大师"称号当之无愧。

也因此，在 2014 年 1 月 21 日《旧金山纪事报》克斯曼（Joshua Kosman）在题为《艺术大师吴蛮》的一篇评论里说："如果琵琶这种中国传统乐器在国际上声名远扬，大部分要归功于充满活力和创造力的

艺术大师吴蛮。她不仅是世界上最杰出的琵琶大师，也是形式多样化的琵琶宣传者。"

2

吴蛮收获如此之多的荣誉，她究竟做了什么？我们将这份浓缩了的成绩单铺展开来，可以看到以下多方位的吴蛮形象。

1. 吴蛮是一位出色的琵琶演奏家

当吴蛮用乡音杭州话绘声绘色地告诉我关于"摔碎琵琶"的故事的时候，我仿佛看到了少儿时代的她。我和吴蛮小时候就是朋友，我们两家的父母是挚友。吴蛮的父亲吴国亭是我弟弟洛齐考入中国美术学院（当年称浙江美院）之前，多年跟随学习绘画的启蒙恩师。吴老师与我父亲洛地是一对"臭味相投的臭老九"（知识分子），我们多年一直保持着友谊往来。我们一家经常去西子湖畔美院宿舍的吴蛮家，我弟弟随吴老师上画画课，我在一旁看浙江歌舞团朱良楷老师教授吴蛮弹柳琴。没过多久，她就考入浙江艺术学校。比我小好几岁的吴蛮不时显露出音乐天赋。例如，音乐记忆很好，随便就能记住很多旋律和歌曲，有时候一起吃饭时，我们

随便敲打碗盘发出的声音，她就能唱出准确的音高。这对于刚开始学小提琴的我而言有了很大的压力。还记得，吴蛮练琴非常自觉，不练到规定时候，不会出来玩。有时候他们一家去城隍山脚下的我们家做客，我母亲做得一手好菜，吴蛮一家都很喜爱。每次吴蛮都是要练完了琴，才肯出门。当我不太愿意练琴时，我母亲经常拿吴蛮小妹妹作为样板来鞭策我。吴蛮父亲是一位极其热情和奔放的艺术家，而其母亲是一位非常理智和善良的教师，父母的两极性格和两种基因却都很好地融合在吴蛮一人身上。这种既有艺术冲动的感性，又有处事坚韧的理性，两方面合二为一的素质，为吴蛮日后的发展奠定了良好的先天基础。

之后，吴蛮以全国考分第一的成绩考上中央音乐学院附中，随之又进入本科学习琵琶。我后来成为浙江歌舞团管弦乐队小提琴演奏员，曾担任乐队首席。在此期间的假期中，两家经常往来。只是吴蛮回杭州的机会比较少，不是要学习，就是有演出。有关她的情况，大多是吴老师告诉我们的。1987年，吴老师兴奋地报喜，吴蛮被保送直升研究生学习。当时我已经在上海音乐学院攻读中国音乐史硕士。记得那年的寒假，我们两家聚在一起，我与吴蛮还曾探讨过琵琶的历史。两年后，吴老师那里又有佳音，吴蛮研究生毕业，成为中国第一位琵琶专业的硕士，而且在全国首届中国乐器大赛上获得琵琶组第一名。

从小就不满足现状，或者说是雄心勃勃、具有宏大目标的吴蛮，于1990年只身一人赴美留学。第二年，我也去了美国。我前往西海岸华盛顿大学（UW）学习音乐人类学，吴蛮在东海岸耶鲁大学学习并继续她的演奏生涯。由于专业不同，东西海岸距离甚远，加上初来乍到美国，我们都很忙、很辛劳，前面的几年很少联系。1994年我转入俄亥俄州肯特大学（KSU）读博士，突然一天接到电话，对方说他是吴蛮爸爸，来美国探亲看望女儿。很是惊讶，与吴老师在电话上一聊就是一个多小时。就这样，与吴蛮的联系就多一些了。

之后，从与她交流和各方面的资料信息中看到，吴蛮非常了不起，一位没有依靠、没有背景且完全不会英语的、年轻的中国民乐演奏者，经过一番大胆开创、不怕辛苦、不懈努力、不断进取、跨界合作，积极融入古典音乐、爵士音乐和多元世界音乐文化之中，成为当今国际主流音乐舞台的一颗耀眼明星。

《纽约时报》的文化记者克兹恩评价说，"她（吴蛮）是现代独奏家的楷模，但更重要的是，她的作品促使西方古典音乐的发展迈出了一大步。因为她，琵琶不再是异域奇物，不再完全神秘。可以肯定，这是对吴

洛秦与吴蛮

蛮所做成就最好的评价。"

亚洲协会纽约中心表演艺术和特别文化活动全球总监库珀对吴蛮的表演艺术这样论述，"在认识吴蛮之前听过琵琶，但并没有'惊艳'之感。但初次听到吴蛮弹琵琶，就觉得她让琵琶听起来像吉他高手吉米·亨德里克斯（Jim Hendrix）弹奏吉他一样，琵琶演奏不再像我印象中的中国民族乐器的小家碧玉，而是像西方音乐一样有震撼力。吴蛮作为一个音乐家，具有非常完美的表现力。当她演奏时，从她的乐

器迸发出来的感情，会让你觉得琵琶是她出众的音乐才华的一个源源不断的源泉。"

2. 吴蛮不只是一位优秀的琵琶大师

本书的作者之一林谷芳说道：

要谈吴蛮之所以为吴蛮，还得再前一步。你不能只谈她的琵琶，不说她的人文；不能只谈她的艺术，而不及于她生命中的其他。有这人文，一个琵琶家才真称得上是位"完整"的琵琶家，在当代，这又何其少也！而吴蛮，这样一位中生代的"完整"琵琶家，尽管还有许多的路要走，尽管臻于美学极致还有待更深的观照，尽管从一个完整的琵琶家到透脱的生命仍须有更深刻的一转，但她之令人期许却是不待言的。

所以，我们在吴蛮的一系列参与和创造中看到，她不仅是一位优秀的琵琶大师，其所作所为已经远远跨出了狭隘的"演奏家"的格局。特别是，她已经不再是传统意义上的中国器乐表演者。如果当今国际音乐舞台上有一位是各种音乐团体的活跃艺术家，那必定就是充满活力的吴蛮。她不仅将中国传统音乐带给了更多的新观众群体，而且使得传统乐器琵琶焕发出新的生命力，

融入于不同的题材、不同的体裁、不同的语汇、不同的场景，以及不同时代中进行演绎。正如吴蛮在题为《中国之家》（*A Chinese Home*）的作品中所要表达的那样，"我们试图通过多样化的音乐类型，创作一部讲述中国历史的作品，从古代音乐到城市音乐到民间音乐，甚至是 50 年代的上海爵士乐，再到'红色'音乐、现代音乐、电子音乐，也就是我们所说的'中国制造'！"

我们看到，吴蛮将琵琶的演奏及其艺术发挥似乎扩展到了无限的边际：从传统曲目，扩展到爵士摇滚及西方古典音乐；从独奏方式，融入弦乐四重奏、丝绸之路乐队，以及数首琵琶与交响乐队的协奏曲；从与最优秀的中国作曲家（诸如陈怡、周龙、谭盾、盛宗亮、郭文景、叶小纲、赵季平等）的合作在国际舞台上大放光芒，到世界著名作曲家、前卫和简约主义的大师格拉斯、哈里森、莱利都主动为其量身定制作品，并且成为马友友"丝绸之路"音乐的顶梁柱，以及世界各地民族音乐合作的创编者。

除了吴蛮，没有人可以做到如此：将"琵琶行"——这件中国传统乐器的功能和价值发挥到极致。

唐代诗人白居易可曾想到如今会有这般景象的现代"琵琶"？琵琶在吴蛮手中早已经不是"大弦嘈嘈如急雨，小弦切切如私语。嘈嘈切切错杂弹，大珠小珠落玉盘"的"浔阳江头夜送客，枫叶荻花秋瑟瑟"的伤感景象和狭小格局。《纽约时报》文化记者克兹恩还这样评述吴蛮，她的琵琶演绎带来的异国风情的表演开启了很大的艺术空间，她是马友友"丝绸之路乐队"的中流砥柱，乐队的表演从连接亚洲和欧洲的贸易路线中探寻古代和现代音乐。而且，吴蛮目前开始尝试涉足亚洲的古典和民间音乐。

世界著名艺术经纪公司 ICM（现称 OPUS3）经纪人布莱恩说："多年来吴蛮和他一直在探讨她的使命是什么，什么是她真正追求的。作为她的经纪人，我的职责之一就是帮助她这样优秀的艺术家实现其艺术追求。吴蛮非常看重两件事情，其一，她希望将琵琶融入各种合作的作品中，从不同的角度表现琵琶的魅力，由此将琵琶从作为一种只在茶馆的丝绸屏风后面抚弄的附庸风雅无关痛痒的传统乐器的地位中解放出来。其二，她希望琵琶演奏逐渐为世界观众所接受。她来美国后不久就开始各种合作项目，与各种艺术门类组合演出。一夜之间，琵琶表演出乎意料地展现在西方观众面前，这一切应当归功于吴蛮非凡的创造力和音乐魅力。"

因此，犹如著名中国作曲家赵季平所述："2013 年享誉西方古典音乐的《美国音乐》近百年来第一次将'年度演奏家'荣誉给予了一位传统音乐家，那就是吴蛮！表彰她对音乐的贡献。这是美国音乐界极高荣誉的奖项。"

3. 吴蛮是一位活跃于"丝绸之路琵琶行"的世界音乐文化大使

古今中外，音乐家分为两类。

一类，他们总是为当时的音乐舞台所青睐和欢呼，这是因为他们以具有与众不同的非凡音乐才能娱乐着听众与社会。然而，毕竟天外有天、长江后浪推前浪，总有比前人更有炫技才华和娱乐能力的后起之秀出现，随之他们就很快被人遗忘。他们具有非同寻常的技能，但只是演艺家，主要干的是技术活。也许有一天，智能机器人还会超越人类的演奏极限。

另一类，他们不只是为同时代的音乐舞台所欣赏和推崇，因为他们杰出的音乐艺术才华感动着大家及其时代的心灵；尽管天地之大、无所不有，可是这类音乐家的所作所为却是无与伦比，没有之一，而是永远唯一地被人们所记忆、被载入史册。这不仅是因为他们的音乐或艺术表演，而更是因为其境界和理想；因为其通过音乐所表达的思想和文化为人类文明的推进作出了积极的贡献。相信，即便将来的智能机器人具有"复杂思维"，它不能也不可能具有文化和理想。

吴蛮，这位在国际音乐舞台上早已经是风云榜上的佼佼者，中国人为之骄傲的音乐家，无疑属于上述的后者——一位具有理想和境界的琵琶行中的世界音乐文化大使。美国《留声机杂志》也曾对吴蛮作出这样的评价："如果有哪一位艺术家已成为多种艺术形式的文化大使，那个人就是充满活力的琵琶大师吴蛮。"

大约十年前开始，我与吴蛮在国内见面机会逐渐增多。我于20世纪90年代末学成"海归"到母校上海音乐学院任教，吴蛮则不断往返于中美音乐交流之间。随着与吴蛮交往和沟通增进，两年前，我萌发了为其编辑出版一本多角度的传记书籍的想法，考虑以此推动国内社会对她的了解，特别是促进人们对于吴蛮"丝绸之路琵琶行"在为人类音乐文化发展所做出的贡献的认识。

除了邮件沟通，我们还多次坐下来面对面探讨。决定了书稿形式后，开始了安排作者，采访，收集资料，整理文字，编辑音响等，其中我思考得最多的是，面对吴蛮，我们谈论的不只是一件乐器，一位演奏者，一类音乐作品或风格，而将期待探讨她通过琵琶所实践的一种探索、一种开拓、一种视野及其所要表述的音乐文化及其意义，一种更为广泛的精神和理想。

在此，我想到了三位相关的音乐家。

第一位是著名琵琶家刘德海。这位业界公认的琵琶大家，其在浦东派演奏技艺的基础上广采博纳，并且学习崇明派、上海汪派和平湖派传统，采各家之长，兼收并蓄，大大发展了琵琶演奏的基本功，并具备深厚的传统音乐修养，大大提高和丰富了琵琶的演奏技巧，对现代琵琶演奏艺术，起到了很大的推动作用。同时，刘德海于 1973 年和吴祖强、王燕樵合作创作了琵琶协奏曲《草原小姐妹》，开琵琶大型协奏曲之先河。之后与美国波士顿交响乐团、柏林交响乐团合作演出，使琵琶艺术走向国际音乐舞台。

刘德海也是吴蛮本科时候的琵琶主课老师。吴蛮继承了老师的各方面特点，不仅将琵琶带向了国际舞台，而且在那里生根发芽、开花结果。特别是进一步开拓了琵琶协奏曲往更深、更广的领域发展。先后有多位重要的中外作曲家为其量身定制琵琶协奏曲。

2000 年在德国汉堡跨世纪多元风格的千禧音乐会上，为吴蛮量身定制的盛宗亮第一部琵琶协奏曲大型作品《南京啊！南京》由德国著名的北方广播交响乐团协奏首演。

继之，于 2002 年该乐团再次邀请吴蛮委约琵琶协奏曲新作。于是，在吴蛮推荐下，叶小纲与德国老牌指挥家根特·赫比希（Günther Herbig）再次合作，《琵琶协奏曲》诞生，由德国维歌（Weigo）唱片公司录制出版。

2013 年，澳大利亚悉尼交响乐团提出要与吴蛮合作，他们愿作为主要委约乐团，并邀 6 个美国乐团一并委约资助。由此，吴蛮邀请著名作曲家赵季平为其量身定制。是年 10 月赵季平的《第二号琵琶协奏曲》在悉尼歌剧院首演。该作品在美国圣地亚哥、圣塔若莎、圣路易斯、水牛城（布法罗）和欧洲的卢森堡等城市巡演，深受观众追捧和喜爱。

同时，美国作曲家也为吴蛮量身定制琵琶协奏曲。除了澳门的美国作曲家林品晶为吴蛮创作琵琶协奏曲《惊雷》，著名美国作曲家哈里森也为吴蛮量身定制《琵琶与弦乐协奏曲》，他成为西方人为琵琶创作重要作品的第一人。该作品自 1997 年诞生至今，已经在世界各地被演出三四十场之多，吴蛮也成为该协奏曲的"专利"演奏家，这也是近十几年来她在舞台上公开演奏得最多的一部琵琶协奏曲。2008 年，专辑《传统与转变》荣获格莱美"最佳协奏曲独奏家演奏奖"（哈里森的《琵琶协奏曲》）。

我想到的第二位音乐家是刘天华。1927 年，刘天华等人筹办了"国乐改进社"，对传统音乐的发展提出了自己的主张。我们在《国乐改进社缘起》一文中看到了刘天华对于传统音乐收集和整理的计划，提出竭尽所能地去搜集国乐图书、乐器，刊印古今乐谱，记录乐曲、录音，收藏重要的表演，并且改良中国传统的记谱法和乐器。相比大部分中国传统音乐研究学者都投身于民歌研究来说，对传统记谱法、乐器的改良，以及大量收集民间器乐作品这几方面，是刘天华在中国传统音乐的发展及其研究中所起到的独特且重要的作用。乐器改良中作出最突出贡献的是着力于对传统二胡的改革。经过他的努力，二胡从马上族群的简陋之物成为如今中国民乐中的主角。二胡在西方人眼里为Chinese violin，即中国小提琴。虽然这个称谓带有明显的欧洲中心主义色彩，但事实上，今天的中国民乐演奏家也的确把二胡当作西方小提琴来看待的，诸如《野蜂飞舞》《帕格尼尼练习曲》，以及根据陈钢小提琴作品改变为二胡曲的《阳光照亮塔什库尔干》等大量类似作品。刘天华的贡献不可没，问题是今人如何对待民乐及其音乐传统。这些改编曲似乎华彩绚丽，在舞台上频频获得观众喝彩。但是，这已经不是二胡，早已经成了"中国小提琴"。

我们应该将民乐带向何方？刘天华的意愿很清楚，民族需要自强，民族乐器及其音乐要提高表现能力和水平。正如乔建中先生所说，"刘天华在1915年以《病中吟》为开端的二胡音乐创作及其在此后17年中完成的'十大二胡名曲'，不仅为这门艺术在新世纪的全面、迅速、高水平的发展揭开了历史的新篇章，而且，还带动了其他民族乐器，诸如琵琶、古筝、笛子等的创作、表演、教育传承也进入了一个全新的时代。同时，更为中国民族器乐艺术迎接文化变革、寻求发展之道、开辟新天地举行了奠基礼。"刘天华的二胡改革是历史的产物，它是时代的诉求。一个世纪后的今天，我们怎样发展民族乐器的功能及其表现？吴蛮的创新、努力和开拓是一个崭新的尝试。她的方式不再是刘天华式的从西方吸入、拿来和改换其本质，而是输出、融入和开启新的音乐语言。琵琶不再局限于"中国乐器"，而是以一种主流意识的声音和语言实践于西方古典音乐和世界音乐之中。

我们看到，1992年，有史第一次以与克罗诺斯弦乐四重奏以琵琶与弦乐四重奏组合的创举形式登上世界音乐舞台，吴蛮开创了一种新的弦乐五重奏表演形式，将中国传统琵琶焕然一新，以国际化乐器的平等身份站立在国际音乐舞台上。她先后与著名的克罗诺斯弦乐四重奏合作，在世界各国的音乐会上产生了广泛影响。诸如盛宗亮的《歌·舞·泪》、谭盾的《鬼戏》、周龙的《魂》，以及美国著名作曲家莱利为庆祝他自己 70 岁生日为吴蛮与克罗诺斯弦乐四重奏量身定制的《星辰相交的神奇》。莱利自己说："在这部作品中，琵琶和西方弦乐的音色和共鸣象征两个文化的边际，他们的相交使西方的音乐得以有东方的口音，东方的音乐也得以有西方的腔调。我希望能把这个地区融合得无缝无痕，以致听众在两个世界中游荡，而在曲终的时刻不知他们如何身达此境。"他们的合作先后多次荣获格莱美音乐奖。

吴蛮另一项创举是于 1998 年参与大提琴家马友友发起的丝绸之路音乐计划并为创始成员。之后，吴蛮及其琵琶成为"丝绸之路乐队"的中流砥柱，他们的创作和表演遍及世界各地，并荣获众多奖项，例如 2009 年，专辑《地图》获格莱美"最佳古典跨界"提名奖；2017 年刚获悉，他们的 Sing Me Home 又获得第 59 届格莱美"最佳世界音乐专辑"奖（其中第一首是吴蛮的作品《汶森之歌》）。

"丝绸之路乐队"是连接东西音乐的桥梁，其成员包括美国、中国、蒙古、伊朗、印度、乌兹别克斯坦、阿塞拜疆、吉尔吉斯斯坦和哈萨克斯坦等国家的优秀音乐家，他们以非商业牟利的体制来共同开发一条现代的音乐丝绸之路，给来自丝绸之路各国的音乐家提供一个文化交流的平台，也把不同元素和风格的民间音乐提升到世界的舞台。他们希望能代表各地各形式的文化，与艺术家们一起创作新音乐和新潮流。

吴蛮在唱片《来自远方——琵琶行》中这样说：

我喜欢不断地挑战自己，并认为琵琶的丰富表现力与任何乐器可以媲美，它不仅源于中国古典音乐，同时亦属于世界的范围。居住在西方后，我曾与许多优秀的音乐家和作曲家合作。与他们一起，我把琵琶带到了不同的音乐领域中。这些工作给予我极丰富的音乐经历。在这张唱片中，我想看到琵琶到底能走多远。

《赫芬顿邮报》（2012 年 7 月 15 日）中的作者瓦森伯格论述道，现代音乐以及诸多迥然于中国的文化丰富了琵琶曲目，但最终它还是被带回到了乐器的起源地。"我在寻找根源，"吴蛮解释《边境之地》项目时说，"琵琶并非源自中国，而是中亚。"从中我们可以感悟到，通过"丝绸之路乐队"这个多元音乐文化平台，吴蛮的琵琶随其走遍五湖四海，而且她不断将其送回到它的原发地波斯文化的语境之中，在那里琵琶（其原型 O'ud "乌德"）

以脱胎换骨的形象和性格焕发出了新的生命力。

与此同时，吴蛮还携带琵琶回到古代"丝绸之路"的原发处——中国大西北，探寻其根源及培养它的土壤。犹如刘天华为民间器乐的收集记录长期亲自走向田野实践，将十余年的勤奋努力的积累和才能贡献给了初期的中国传统音乐研究，吴蛮另一个方位的开拓是对于中国音乐传统的热爱、挖掘与推崇。吴蛮在其个人网站上写道：

在我近二十年的音乐生涯里，我一直试图寻找有效的途径，将琵琶和中国音乐文化介绍给西方听众。最近的计划让我有了不同的方向，指引我回到家乡。尽管亚洲文化一直是我音乐精神的根源，在西方生活多年后，当我再回头看中国的时候，我仍然发现有那么多迷人的音乐文化需要我继续学习，而且这些音乐能为今天的音乐世界创造更多新的可能。

于是，我们看到了她为中国传统音乐在国际舞台上所做的很有意义的努力。《纽约时报》（2009 年 10 月 11 日）报道："通往中国之路——琵琶演奏家吴蛮策划的两场中国传统音乐晚会将在赞克尔音乐厅上演。"作者奥伊斯特里奇在文章中介绍，卡内基音乐厅执行和艺术总监基林森将策划一个为期三周的"古今回响"中国文化艺术节，这场盛宴将于 10 月 21 日在赞克尔音乐厅拉开帷幕，并在加州橘橙县爱乐协会进行时间更为宽裕的为期 6 周的演出。音乐会将由才华横溢的琵琶演奏大师吴蛮策划主持。

乔建中先生在本书的《吴蛮印象——给琵琶一个新的定义》一文中总结得非常好：

在人类文化以多种色彩、样式广泛交流的今天，民族乐器既是它自己，又并不完全是它自己，琵琶亦然。当它由于表演艺术家的身份、角色在文化交流中有所改变的时候，乐器本身的定义，也随之发生变化，并不断丰富。这是吴蛮本人提出"给琵琶一个新的定义"顺乎情理的历史性依据，她也以自己精彩的表演加以诠释。其结果，必将促使我们对琵琶作为乐器、作为表达民族音乐语言的工具，作为文化传播、传承、交流的媒介，渐渐形成一个全新的认识。

同时，吴蛮策划"古今回响"中国艺术节、《边疆——吴蛮与丝绸之路的艺术大师》、《吴蛮与台湾原住民朋友》，以及出版《吴蛮音乐寻根之旅》DVD 专辑等重新回中国寻找、探究、发现中国传统文化，这是一次壮举。乔先生接着说：

这件伴随了她四十多年的琵琶，从她在民间自学到进入高校进行严格的专业训练，从中国舞台到世界许多顶级的音乐殿堂，峰回路转，吴蛮重新让它们回归于民间。它彰显了一个具有强烈民族归宿感的器乐艺术家的传统文化情结。"众里寻他千百度，蓦然回首，那人却在灯火阑珊处"，吴蛮踏破铁鞋，最终让饱含民族传统的琵琶回到其本源，认亲归祖，完成了自己的一次传统文化洗礼！当然，也给予琵琶又一个定义——它的原生性定义！

吴蛮在其《传统音乐在世界音乐市场中的角色思考与实践》一文中如是说："什么是传统音乐？传统音乐之真正价值是什么？这些问题恐怕对学习或从事传统音乐行业，甚至是从事创作的人来说都极为重要。身为一名中国作曲家，如何创作出具有中国特色和时代特征的作品，如何创作出具有世界性角度与普世情怀的作品？这不仅是我们专业发展道路的问题，也更是我们实现文化身份认同的重要选项。无论如何，中国作曲家笔下写的音符与西方世界的作曲家相比较，都脱离不开自己所隶属民族、文化、社会的传统音乐。"

对于吴蛮的所作所为，我还想到第三位音乐家——著名的印度西塔尔琴大师拉维·香卡（Ravi Shankar）。我总忘不了香卡在他 80 诞辰庆典上的开场白。他说：

亲爱的朋友们，这件事以前我从来没有碰到过，我头一次活到 80 岁。现在我感到很困惑，我不知道应该高兴，还是不高兴。可是，老天爷对我很照顾，我能够在音乐中度过我的一生。这件事我觉得非常非常重要。老天爷是为了大家，才给了我特殊的眷爱。我能说的语言，我以前也说过，只能是音乐。谢谢大家！

每次给学生上世界音乐课，讲述印度音乐时，必定播放纪录片《拉维·香卡》。每次听到这番话，总是很感动。香卡是那样的特别，香卡的语言是那样的朴素而有魅力，音乐对于香卡是如此的有价值和意义。

拉维·香卡不仅是一位优秀的西塔尔琴演奏家和作曲家，而且是重要的印度古典音乐文化的传播和继承者，被誉为一代西塔尔琴演奏大师。香卡身上有太多光环，包括印度音乐的伟大使者、印度古典音乐教父、西塔尔琴大师，他还是印度上院议员、慈善家、作家等。香卡的音乐表演足迹走遍世界各地，他对印度音乐文化的传播，促进了西方人了解东方音乐文化，也因此被誉为东方音乐的使者。

谈及吴蛮想起香卡，因为他们有不少相似之处。虽然将西塔尔琴比喻为"印度琵琶"不太恰当，但是它们都是琉特琴（Lute）家族中的重要成员。吴蛮与香卡不仅都是以自己的乐器来讲述自己民族的音乐文化，而且都将其作为桥梁建构起了东西方文化之间的沟通与交流。他们都将民族乐器作为另一半的文化使者与西方古典音乐相提并论。著名小提琴家耶胡迪·梅纽因拜香卡为师学习了解印度音乐，并且他们多次同台表演，香卡还专门为与梅纽因的合奏创作拉格，EMI还为他们俩的合作演出制成出版了一个CD专辑《东西方的相遇——拉维·香卡与梅纽因》；吴蛮与马友友委约盛宗亮创作了二重奏《民歌三首：为大提琴和琵琶而作》，吴蛮与马友友及美籍韩裔小提琴家金永南合作演奏陈怡根据江苏民歌《茉莉花》旋律创作的《宁：琵琶、大提琴和小提琴三重奏》，以及与克罗诺斯弦乐四重奏的大量合作。1990年香卡与著名作曲家格拉斯合作作品《通道》；格拉斯为吴蛮量身定制《琵琶协奏曲》。著名摇滚乐队甲壳

虫乐队吉他手乔治·哈里森视香卡为恩师，他们合作录制音乐作品《身与心》；吴蛮曾投身于爵士创作，与著名爵士音乐家杜德基尔（Henry Threadgill）合作创作与表演。香卡的西塔尔琴演奏是继承了传统演奏技巧基础上的大胆创新，是他使西塔尔琴这种古老的乐器再次焕发青春；同样的表述用在吴蛮身上也完全贴切。

让我在此讲述吴蛮时提及香卡的一个最重要原因是，除了二者不仅都具有非凡的演奏家的才华、开拓性的艺术家的理想，而且他们具有崇高的文化使者的境界。世人对于香卡公认的评价中有这样一段话："拉维·香卡用音乐来表达和描绘世上最普遍、最强烈的人类情感——快乐、渴望、忧愁、奉献、希望和爱。"从这一层面来说，毋庸置疑，吴蛮也是如此，她作为一位活跃于"丝绸之路琵琶行"的世界音乐文化大使，当之无愧。

尾 声

本文开头提到，收到吴蛮发来的原创微信作品《吴蛮琵琶与文化漫游——我去约旦国干什么？》，其中回顾她2016年的工作经历的段落摘录如下，以此体现吴蛮"用音乐

来表达和描绘世上最普遍、最强烈的人类情感——快乐、渴望、忧愁、奉献、希望和爱"：

　　最近，美国新任总统特朗普针对中东七国的移民禁令，以及要在美墨边境建筑"长城墙"的狭窄民族主义疯狂行为，导致各国尤其是美国大多数精英民众的强力反弹，许多民众对排斥伊斯兰难民、对移民歧视这样的举措表达了强烈的不满，并且担忧已经形成的开明宽容、多元文化的文明进步社会结构正在倒塌，走向保守倒退。我是音乐人，不是政治热衷者。我常年在世界各地旅行，看遍世界各国人文景观，我的朋友来自五湖四海，正因为体验了大世界，所以，才有自己的人生态度和世界观。

　　当前，人们听到"伊斯兰"三个字就惊慌变色，好像那是个多么危险不堪的地方，女人都包头包脸神秘莫测……我去过许多伊斯兰传统的国家，包括土耳其、埃及、阿联酋、阿曼、卡塔尔、阿塞拜疆，以及中亚许多国家，包括中国新疆地区。我愿意分享我的一次难忘的经历——约旦之行。

　　"疯啦？你去约旦干嘛？伊斯兰国家太危险了！""要多加小心啊！"这是华人朋

吴蛮在约旦

友听说我要去约旦的第一反应和嘱咐。"啊！太棒了！期待你回来告诉我们你的旅行经历！"这是其他族裔朋友送来的关怀。当我把去慰问难民的决定告诉我的家人，孩子他

吴蛮在约旦

爸非常慎重其事地说："多拍点照片回来，让我们好好了解了解中东地区人民。"儿子投来羡慕的目光，对我说："妈妈，你太酷了，我真想与你一起去，那会是一次难忘的人生经历！"然后，给我一个大大的拥抱。那是叙利亚内战最激烈期间，大批难民涌入邻国约旦。

翻开日记本，我这样写道：应美国"国际电影援助""参与媒体"和"丝绸之路项目"等机构邀请，

来约旦慰问叙利亚难民学生们，介绍中国传统音乐。作为历史上第一位中国音乐人到达此地，我很荣幸。

《日记之一》：经过三十多个小时的多个转站飞行路程，今天到达中东国家约旦，首都安曼（Amman）地区。走进酒店已是凌晨三点了……到达约旦的5小时后，由于只有4天的停留时间，工作满满。我只在酒店里稍作调整后就马不停蹄地开始工作。与叙利亚、巴勒斯坦的大学生们会面。他们中间有学习国际政治、计算机科学、生物科技、医药学、艺术设计等专业的学生。"你好！我是阿卜杜拉""我是佐伊"……学生们纷纷上前微笑着与我握手并作自我介绍。学生们自带吉他、乌德琴和手鼓。我们又弹又唱分享了中国和中东音乐，音乐成了我和他们沟通交流的桥梁。

《日记之二》：接下来的3天时间里，我去了约旦周边几个城市的难民区，阿尔彼得（Irbid）、阿尔曼弗克（Al Mafraq），与200多位难民中学生和大学生见面，这些孩子都在约旦住了十年之久。很有意思的是，当我问："告诉我，你们知道的中国是什么样的？"男生们都跳跃起来高喊："知道……我知道李小龙！还有成龙！""嘿……嘿……哈！中国武术！"手舞足蹈地比划起来。而女生们都很安静，包着传

统头布露出美丽的大眼睛，腼腆地捂面微笑。有些女生私下里向我走过来悄悄地表达出对中国的喜爱，喜欢中国漂亮的传统衣服，并告诉我向往中国女人的独立性。有的女生还把自己做得非常有创意的精美手工艺术作品给我看。我们还是用音乐沟通交流，中国音乐是他们有生以来第一次认知，琵琶是第一次见到。我拿出琵琶拨弹几声"拉来咪辣……"抬头只见一双双大眼睛如此近距离地盯着我看，一片寂静，我想起了白居易的"琵琶行"诗句——此时无声胜有声。

《日记之四》：最后一天，我最期待的日子终于到了！ 经过 6 个机构严格的安全查核通过，开车 3 小时后，终于进入约旦边界叙利亚难民营心脏……

完全是电视新闻中画面！一家一户住在一排排简易的铁皮房里，一片片上百上千个简易房子，相当于一个小城镇！一路上，由于炎热的夏天，各家各户男人小孩光着膀子在简易房外水龙头边玩水消暑，看见我们经过，大人小孩都停下来，默默注视着我们。抬头，每条街都有名字，每排房子上画有各国国旗，司机告诉我是捐赠房子的国家。我发现大多是欧洲和北美国家的国旗。

吴蛮在约旦

我们在一排排画着五彩缤纷图的平房前停下，只见"国际小学中心"的字样。我们被告知为安全起见不能随便走动，活动区域仅限在小学中心，心里不免有些遗憾。这时，中心主任马丽（约旦人）跑过来，说一口流利英文，高兴地向我们介绍学校情况。孩子们从幼儿园到高中教育都在难民营完成，教材内容由约旦教育部制定。大学教育要到其他地方去完成。但，每个难民必须在营里住满五年才能申请去约旦其他城市的难民区，是否批准还要看运气，一层层审批研究，等待很久，很不容易。因此，有人在营里住 10 年，甚至更久。难民营与外界完全隔绝，没有电视，没有新闻，更没有网络和手机。四周大漠戈壁荒漠地带，生活条件非常艰苦，加上离开自己家园的痛苦，内心深处始终都有一定程度的忧伤感。每天基本无所事事，女人们就做手工制作来生活。看到这一切，我痛心地无言……

难民小学的老师都是家长妈妈们自愿担任，她们都是在叙利亚受过高等教育。（顺便说一句，叙利亚在伊斯兰教国家中是非常开明温和的国家之一。）当我和另一位艺术家走进教室，五十位从幼儿园到小学三年级的孩子们已经坐满了教室，眨巴眨巴地睁着大眼看着我手里的琵琶，他们期盼看到"外面"的世界，见到"外面"的人，听"外面"的音乐。沙漠气候干热，简易房没有空调系统，可以想象50个孩子挤在一个房

吴蛮在约旦

间里 3 个小时会怎样？我好像在洗桑拿浴，大汗淋漓。可孩子们非常仔细安静地听音乐，学画画。看得出来他们太喜爱我们了，希望我们能多停留一会儿。我同样地问："你们有谁知道中国吗？"两个男孩子飞快地举起手，抢着回答："不知道！"是的呀，不怪他们，这些都是零零后，甚至是难民营里出生的孩子，他们不知道外面的世界。人为因素造成的战争带给他们动荡不安，这么小的年纪就要漂流四方。而有些成年人却出于自私的原因而歧视他们，排斥他们，人类生命之间有多不公平啊！

临离开前，孩子们全体给我们唱了一首叙利亚民歌《美丽的眼睛》。我们上车了，挥手告别……歌声还在空中飘着……飘着……我的心中下起了雨……

2017 年 2 月 13 日于太原邸，次日修订

洛 秦

（1958— ）音乐人类学家、音乐史学家。美国肯特大学（KSU）博士、美国华盛顿大学（UW）硕士、上海音乐学院硕士、上海音乐学院教授、浙江音乐学院客座教授、上海音乐学院出版社社长；中国音乐史学会会长、上海高校音乐人类学 E-研究院首席研究员、中国艺术人类学学会副会长、中国传统音乐学会副会长、上海市文艺评论协会副主席等。

研究领域：音乐人类学（城市音乐文化研究）、中国古代音乐史（宋代音乐文化研究）、中国近现代音乐史（上海城市音乐历史与文化）。作为首席研究员，主持上海高校音乐人类学 E-研究院工作，带领团队进行多元音乐文化结构的研究，特别是音乐人类学与音乐史

学研究的交叉结合，提倡音乐作为文化表现的学术思想，探索音乐人类学的中国实践与经验。

主要著作《音乐人类学的理论与方法导论》《世界音乐人文叙事及其理论基础》《海上回音叙事》《音乐中的文化与文化中的音乐》《学无界、知无涯：释论音乐为历史和文化的一种表达》《音乐的构成：音乐在科学、历史和文化中的解读》《街头音乐：美国社会和文化的一个缩影》《昆剧，中国古典戏剧在社会、经济、政治和文化环境中的复兴》等；主要论文《叙事与阐释的历史，挑战性的重写音乐史的研究范式——论音乐的历史田野工作及其历史音乐民族志书写》《音乐 1927 年——国立音乐院诞生中的人、社会及其历史》《"音乐上海学"建构的理论、方法及其意义》《"近我文化"与"近我反思"——音乐人类学的城市田野工作的方法和意义》《宋代音乐研究的特征分析与反思》《论音乐文化诗学：一种音乐人事与文化的研究模式及其分析》《音乐人类学的中国实践与经验的反思和发展构想》《媚俗与时尚：上海三四十年代舞厅音乐与爵士的社会文化意义》《音乐文化诗学视角中的历史研究与民族志方法——20 世纪三四十年代上海俄侨"音乐飞地"的历史叙事及其文化意义阐释》等。

主编系列丛书：《宋代音乐研究文论集》(11 卷)、《启示、觉悟与反思：音乐人类学的中国实践与经验三十年 (1980—2010)》(5 卷)、"音乐人类学的理论与实践文库""上海历史音乐文化研究丛书""西方音乐人类学经典著作译丛""音乐人文地理系列丛书""江南文化研究丛书"等。

荣获上海市领军人才荣誉称号、国务院政府特殊津贴专家、第九届中国音乐金钟奖 - 理论评论奖银奖、上海市第十届哲学社会科学优秀成果一等奖、上海市优秀文艺人才、连续第四至七届中国高校人文社会科学研究优秀成果奖、浦江人才、贺绿汀音乐基金奖多项、优秀留学回国人才等。

吴蛮印象

——给琵琶一个新的定义

2007 年，陕西华阴，北方皮影戏采风之行。与皮影戏老腔艺人张家班主唱张喜民在村里后山学习。张师傅说"美得很！"哈哈哈……

吴蛮印象
——给琵琶一个新的定义

乔建中

第一次听赏吴蛮演奏琵琶，是1989 年 7 月 8 日，那天，首都音乐界 200 余人，前往香山玉皇顶参拜"刘天华墓修复揭幕仪式"。仪式的一个重要节目，就是在修整一新的天华先生墓前举行了一场简短精彩的纪念音乐会。刚获得中央音乐学院硕士学位的青年琵琶教师吴蛮演奏了天华先生创作于 1928 年的《虚籁》，由此让我对她有了特别深刻的印象。原因是组织者在这样特殊的场合选择这样一部题旨深远、以往我们很少听到却又曲折地表达了天华先生对未来充满忧虑彷徨心境的代表作，引发了我和在场听众的种种感怀，同时，也是因为吴蛮在技、艺、情、韵和整体把握上都很得体。当然，还有她大名中的"蛮"字，一下就牢牢地印在大家的脑海里了。

　　再听吴蛮演奏，已经是 23 年以后的 2012 年春，地点在美丽的杭州滨江路大剧院。这年 3 月 6 日，吴蛮随闻名全球的"丝绸之路音乐计划"乐团来中国巡演。该"音乐计划"由享誉国际的大提琴家马友友发起，其宗旨是"寻找音乐的共同根源，开创新的音乐语言"，警示人们在全球经济趋于一体化之际，千万要努力保留人类文化的多样性。吴蛮是该团的创团元老，加上这次在自己的家乡演出，所以，除了担任几个节目的演奏外，她还是全场演出的主持人。"半主半客"的特殊身份，让舞台上的吴蛮显得十分兴奋、活跃而又不失幽默，时而英语，时而普通话，时而又插入几句杭州话，给台下听众带来无限的欢乐。那天，可以容纳两千多观众的大剧院几无空席，除了高达两千多元的票还有剩余外，三五百元的普通票早已售空。我的票是长期参与乐团演出的中国笙演奏家吴彤特意赠予的。听完音乐会，我的第一个强烈感受就是这个富有创意的跨文化"计划"及其表演，似乎不仅仅是为了增加一些新作和新的表演形式，甚至也不仅仅是因为它可以产生一系列新的音响及其结构。它更大的追求是以"丝绸之路"作为全人类古老文化的象征，通过对沿路不同国家历史传统的再发现、再挖掘，找到音乐的其实也是人类的"共同根源"，从而为当今国际音乐文化交流寻找到新的通道和新的语言，基于此，乐团成员几乎全部都是本民族、本地区的顶尖演奏家，他们一个个也都是特定国家、民族、地区传统音乐的代表，在"丝绸之路音乐计划"大旗的召唤下融为一个"跨文化"整体，把经过再创造的传统音乐表达形式呈现给全世界听众，用以证明传统的鲜活生命和力量，让人类文化焕发出新的精神。我的第二个强烈印象，就是在这样的场域和这样的情境中，吴蛮已不再是演奏《虚籁》的那个吴蛮，而是代表中国参与这一"跨文化"表演的重要成员，她在这台音乐会上的表演气度，也不再是纯古典主义的或中国传统的。音乐会上，"多样性"成为她也是全体艺术家的共同追求。她和她的琵琶在这一"多文化"的场域中首先追求的是尽可能地"融入"，让听众从整体上感受丝绸之路音乐文化的多样性、互融性。同时，作为主持人，她又以自己的才智和对"丝绸之路音乐计划"的深透理解，一方面很自如地掌控着全场表演，一方面让艺术家们通过精湛表演所释放出的文化精神，弥漫在大剧院的各个角落。听众不仅享受了美好的音乐，也于无意间走进了"丝绸之路计划"。

第三次听吴蛮演奏，是在这一年的秋天，地点是在"台北市国乐团"音乐厅。当年五月，为纪念浦东派杰出传人林石城先生90周年诞辰，中央音乐学院举行了隆重的纪念和学术研讨活动。未久，先后从教于林先生的大陆弟子郝一凡、章红艳、曲文军与台湾两位同门在台北会合，举办了一场集中展示浦东派琵琶艺术的纪念音乐会。作为林先生第一位硕士研究生，吴蛮自然在被邀之列。我则因为在此前的研讨会上发表《论林石城先生译、编"鞠士林琵琶谱"与"养正轩琵琶谱"的历史地位、价值及其他》一文也在受邀之列。音乐会上吴蛮演奏了《思春》《霸王卸甲》和中阮琵琶二重奏《行街》。前二曲为林先生嫡传，也是浦东派的代表曲目，更是吴蛮二十多年来全球演出的保留曲目，而在她近期由风潮公司录制的《琵琶蛮》专辑中，该二曲也赫然在列。从中看出她对恩师的感念，对传派的敬重，以及她以此作为中国传统琵琶艺术传人身份特殊标志的用心。虽然，此刻的她，已经以琵琶一器在西方文化艺术界打拼二十多年，且

名满亚、欧、美、澳四大洲，荣获了许多国际重大奖励，但从来也没有忘记自己艺术的出发地和她与中国传统文化之间一刻都不可中断的血亲关系。此前此后，我也听过不少场琵琶音乐会，但那场音乐会有其他同类演出不可相比的特别之处：清一色的浦东派传曲，清一色的林门嫡传高徒，清一色的浦东派曲韵，让人强烈地体会到，在20世纪专业琵琶的教育传承中，浦东派血脉真强，林先生贡献真大。这样的音乐会要想再听，或许要等到2022林先生百年诞辰举办之时。而吴蛮给我的印象，就像她仍然可以讲一口纯正的杭州"吴语"一样，一旦进入"规定的"浦东派语境，她便与长期在国内任教的同门师姐师妹师兄们共同将"林氏乐风"演绎得淋漓尽致，一点也听不出其中有一位因离境二十余年而浸染上一点异乡味道。

第四、第五次都是在2015年，一次在华盛顿，一次在北京。今年一月底，我到华盛顿探亲。一抵华府，我就和她联系，希望有机会听她的演奏会。吴蛮很快来信说，2月9号在 Freer Gallery of Art 将举行亚洲艺术节音乐会，听众事先登记即可顺利进入。当天下午，我提前往 Freer Gallery of Art，先参观了该馆收藏的东方各国的古代艺术品陈列，馆中每件藏品都堪称珍品，

反映了中、日、韩、印等东方文明古国的伟大创造。晚上音乐会的主角是三位分别代表中、日、韩的传统器乐家，除了吴蛮，另有一位年轻的日本笙（Sho）演奏家和韩国伽倻琴（Kayagum）演奏家。吴蛮演奏的曲目有传统文套《夕阳箫鼓》、她创作的《九月杨花飞》、美国作曲家罗森伯格（Ned Rothenberg）的《Unkai》。Freer Gallery of Art 音乐厅不大，仅二百余座位，但听众如约而至，把音乐厅挤得满满当当。美国人听赏音乐的习惯是一旦台上音乐响起，台下便安静之极，整个大厅除了乐声还是乐声，而音乐一止，便掌声骤起，如雷鸣一般，无论人数多还是少。当天晚上，三位演奏家所选的曲目，多以典雅风格为主，特别是日本笙，一律为宫廷雅乐曲目。只是到最后，三位演奏家用即兴的、碰撞式的方式演奏了一首三重奏，情绪才略略活跃。三位演奏家在美国都享有盛誉，她们手中的乐器又是三个东方民族乐文化的代表，每种乐器的背后都有一个深厚的文化传统，这是这台音乐会最重要的象征意义。其次，我们从三位演奏家所选定的曲目看出，她们在处理传统与当代关系的策略方面却颇不相同。吴蛮的三首曲目，一传统、一自创、一西方作者，她要告诉西方听众的是，琵琶虽然历史传统深厚，但它始终在努力融入现代。韩国演奏家似乎选取了与她大体一致的思路，有一首乐曲甚至在伽倻琴演奏时加用了合成器，对现代思维的追求感甚为明显。而年轻的日本笙家，三首乐曲一律缓慢而典雅，体现了日本民族对传统一贯严格的"守成"态度。可以说，吴蛮在美国的"亚洲艺术节"以东亚（东方）为主题的音乐会上，她的琵琶，通过三类曲目，反映了20世纪以来中国文化界、音乐界处理古——今、中——西关系的一种兼容并蓄态度。

最近这一次也是第三次听她演奏则又转回到北京。时间为2015年5月7号，地点在北京音乐厅。这一天是"赵季平交响乐作品音乐会"，中国交响乐团演奏，李心草指挥。其中的《第二琵琶协奏曲》在澳大利亚首演时，吴蛮就担任独奏，这一次再度请她出席。对于吴蛮来说，这不过是她二十多年来与众多西方交响乐团合作中的一次，对我来说，则是第一次听她与中国一流的交响乐团合作，期待之心自然也就十分强烈。一向善于创用、点化中国传统音乐元素的赵季平，这一次以"苏州弹词"曲调作为协奏曲的主题动机贯穿运用，可是以吴蛮自己的听觉记忆而言，这实在是她特别熟悉的乡音，甚至是她自幼就熟悉的音乐"母语"。因此，她弹奏起来可谓得心应手，味、韵俱佳，与乐队的进、出、收、放也十分顺畅。更让听众佩服的是演奏中有一小段琴弦出音不稳，而极富舞台经验的吴蛮却镇定自如，圆满无瑕地演奏完这部协奏曲。在吴蛮的简历中，有她在近二十年来与西方许多辈分不同、创作观念不同、音乐语汇差异较大的作曲家成功合作的记录。这一难得的表演实践机缘，一方面极大地扩展了琵琶演奏艺术的天地，如技法、结构乃至音乐思维、文化观念等；另一方面，它也为一件特色鲜明、表现力丰富的中国传统乐器如何与已经完全成熟的西方交响乐队融为一体，如何使之成为中国民族器乐艺术常态性表演体裁形式之一，对于音乐创作，以及琵琶演奏艺术，都提供了重要的参照借鉴意义。

如此，在超过四分之一世纪的岁月中，我以一个界外同行于有意无意间在五个不同的场域聆听了吴蛮的演奏，这可能仅仅是她这一期间"身背琵琶行天下"演出场次的百分之一或几百分之一，我也知道，它们远不足代表吴蛮为这件乐器、为这门艺术所留下的印迹和由此产生的广泛影响。但，仅仅在这些极少的甚至是偶然的际遇中，我已经感受到她和她的琵琶在她的"琵琶人生"中进行了怎样的探索，扮演了怎样的文化行者角色。这26年间，吴蛮还是吴蛮，身边的琵琶还是那件新型（6相26品）琵琶，但在中国、在世界各地，她（它）有时是琵琶界的代表（1989），有时是东方音乐的代表（2012.3），有时是浦东派的代表（2012.10），有时是中国传统艺术的代表（2015.2），有时又是中国乐器的代表（2015.5），它让人们强烈地意识到，在人类文化以多种色彩、样式广泛交流的今天，民族乐器既是它自己，又并不完全是它自己。当她由于表演艺术家的身份、角色在文化交流中有所改变的时候，乐器本身的定义，也随之发生变化，并不断丰富。这是吴蛮本人提出"给琵琶一个新的定义"顺乎情理的历史性依据，她也以自己精彩的表演加以诠释。其结果，必将促使我们对琵琶作为乐器、作为表达民族音乐语言的工具、作为文化传播、传承、交流的媒介渐渐形成一个全新的认识。

说到这里，我还想讲讲对吴蛮的一个与琵琶不直接相关但又同样强烈的印象，它可以说是我印象中的另一个吴蛮。

2005年10月，我应邀去参加由"欧洲中国音乐研究中心"承办的荷兰民间艺术节暨第12届"CHIME"学术年会。会上，意外地遇到了吴蛮，她说自己不是来表演，而是以学者身份参加这次年会。翌年6月，我和几位同行与"CHIME"两位当家人，荷兰籍华裔音乐学者施聂姐、高文厚夫妇共同在家乡陕北榆林策划了"多重视

2008年，山西阳高，与李满山、李斌父子在村里交谈。

野下的黄土高原音乐文化"暨第13届CHIME国际学术研讨会，共有13个国家、地区，40余位民族音乐学者出席会议。会议期间，全体与会者兵分三路（北线横山、神木、府谷、佳县；西线定边、靖边、横山；南线绥德、米脂、清涧）深入乡村考察榆林地区存见的各种民间音乐。吴蛮再次出席并与代表一起走完南线各考察点。两次在学术会议上碰面，引起我特别的注意，所以，临别时，特地对她作了一个不算深入的采访，主要是想知道她为什么突然间对学术有了兴趣。

对于我的这个疑问，吴蛮用此后六七年间的一系列惊人之举，给了一个令我敬佩的回答：2009年，她以"古今回响"为题，请山西鼓吹、陕西鼓吹、皮影、道乐艺术家走进美国卡内基音乐厅表演；2011年，她成功策划了《边疆——吴蛮与丝绸之路的艺术大师》项目；2012年，她又成功策划了《吴蛮与台湾原住民朋友》项目；更值得提及的是在同一年，她出版了历时五年而完成的《吴蛮音乐寻根之旅》DVD专辑，全集用生动逼真的镜头记录下山西阳高县一个家族型鼓吹乐班与陕西华阴张氏皮影"老腔"的传承、表演与生存现状。在我看来，这是吴蛮在参与"丝绸之路"计划的同时，重新回中国寻找、探究、发现中国传统文化的一次壮举。那张DVD专辑是她2012年在台北当面赠给我的。返回之后，我反复看了很多遍。吴蛮的做法近于影视人类学，她邀请一个纪录片摄制组与她同行，然后由她选定拍摄对象和具体内容。每个镜头都来自民间艺术家表演现场和日常生活，有很强的真实性和代表性，但又有流畅的叙事性，一切都用镜头表达，而较少通过对白或字幕。无论是中国观众，还是西方观众，都可以从现场感极强的镜头里体悟制作人吴蛮寻觅中国传统文化根源的那份情怀。特别是当我看到专辑的最后，吴蛮被陕西"华阴老腔"的传承者们热烈奔放的演奏所打动、情不自禁地拿起琵琶加入他们的演奏的一刹那，激情难抑，泪水随即流出。这泪水，为这个极自然但又极富象征意义的动人场面！为吴蛮终于把琵琶又带回民间，与民间艺术家们相融相乐！更为她执着、真诚的寻根之旅在精神文化上获得的硕果！这件伴随了她四十多年的琵琶，从她在民间自学到进入高校进行严格的专业训练，从中国舞台到世界许多顶级的音乐殿堂，峰回路转，吴蛮重新让它们回归于民间。它彰显了一个具有强烈民族归宿感的器乐艺术家的传统文化情结。"众里寻他千百度，蓦然回首，那人却在灯火阑珊处"，从2005年的阿姆斯特丹到2012年的专辑出版，吴蛮踏破铁鞋，最终让饱含民族传统的琵琶回到其本源，认亲归祖，完成了自己的一次传统文化洗礼！当然，也给予琵琶又一个定义——它的原生性定义！

一件两千余年前从西域落户中国的乐器，历经历史风尘的磨研，从宫廷到民间，从文人雅士到江湖艺人，从接收到吸收、再到融入，实践、积累、创造、融化，琵琶早已成为世人公认的极富中国传统特色的本土乐器，而近几十年又随着十分广泛的文化交流和一批批艺术家走出国门，使这门演奏艺术又融入全球音乐的洪流之中。也许有人会问，琵琶到底是传统的、中国的、还是现代的、人类的？我想，大家一定会说：它既是传统的、中国的，也是人类的、现代的。

这是所有当代琵琶艺术家通过自己的实践而印证出的一个不容怀疑的答案，也是二十多年来我通过听吴蛮演奏、关注她的回归之旅所获印象后自己总结的一个答案。它意味着，在新的历史文化进程中，在以吴蛮为代表的琵琶艺术家的呵护下，琵琶仍然会以多重身份、多种角色，去"寻找音乐的共同根源，开创新的音乐语言"！

2015 年 7 月 31 日星期五下午草写于陕北榆林西沙寓内（此文发表于《人民音乐》2016年第 1 期）

乔建中

（1941— ）中国艺术研究院音乐研究所前所长、研究员，博士生导师，先后任福建师范大学、上海音乐学院、中国音乐学院、西安音乐学院特聘教授；中国传统音乐学会会长（2006—）；《音乐研究》副主编，《人民音乐》《音乐艺术》编委；香港中乐团、新加坡华乐团顾问；1992年获国务院政府特殊津贴。著有《黄河之声天上来——黄河流域民间音乐巡礼》、《论汉族民歌近似色彩区的划分》（合）、《瑶族民歌》（合）、《土地与歌——传统音乐文化及其历史地理研究》（1998，首版；2009年，修订版）、《叹咏百年》、《中国经典民歌鉴赏指南》、《中国音乐》、《国乐今说》、《乐事文心》、《望——一个老农28年间守护一个民间乐社的口述史》等；编著及主编《中国音乐年鉴》（1990—1992）、《中国音乐典藏大系》、《中国锣鼓》、《中国传统艺术百科词典音乐卷》、《音乐学概论》、《中国音乐学经典文献导读——传统音乐卷》、《华乐大典·二胡卷》、《中国音乐地理》等辞书、学术文集十余种。

赵季平、吴蛮和马友友

吴蛮与我的
《第二琵琶协奏曲》

赵季平

国内的读者也许对长期旅居美国的知名琵琶家吴蛮还不熟悉，因为她为人很低调，从不炫耀自己的成就。她是活跃在国际音乐舞台最前沿的唯一的中国传统音乐家，她的精湛的艺术造诣众所周知，在同代音乐人中是位极难得有创新精神和有自己演奏风格的演奏家。吴蛮早年在中国接受音乐教育，1989年以优异的成绩毕业于中央音乐学院并留校成为年轻的教师，20 世纪 90 年代初移居美国。近 20 年里她与多个国际一流的包括芝加哥交响乐团、纽约爱乐等乐团的作曲家、演奏家，以及不同领域的艺术家们合作，不遗余力地在国际舞台上介绍推广琵琶和中国传统音乐，她开拓了中国琵琶的新活力，使它在国际音乐舞台占有一席之地。英国《留声机》杂志这样评论她："如果有一位艺术家已成为多种艺术形式的文化大使，那个人就是充满活力的琵琶大师吴蛮。她凭借自己的力量，不仅是为中国传统音乐带来新的观众群的关键人物，更是当代给予作曲家以各种方式创作的缪斯，包括从谭盾到特里·赖利。"2013 年享誉西方古典音乐盛名的《美国音乐》近百年来第一次将"年度演奏家"荣誉给予了一位传统音乐家，那就是吴蛮！表彰她对音乐的贡献。这是美国音乐界极高荣誉的奖项。

很早就听说吴蛮的音乐才华。第一次见到吴蛮本人是 2000 年在美国波士顿交响乐团夏季音乐盛地"坦哥坞德"（Tanglewood），那年我应吴蛮所在的"丝绸之路乐团"和大提琴家马友友先生邀请为他们创作室内乐《关山月》（大提琴、琵琶、笙与印度鼓）。时隔 4 年后，我又应"丝绸之路乐团"之邀与日本 NHK 合作为电视纪录片《丝绸之路》系列创作。那次合作后吴蛮和我约定有机会要合作一首新的琵琶协奏曲在海外发表。她说她会寻找机会来促成此事。

其间的 8 年里，吴蛮总会抽空来信联系告知有关协奏曲的进程。好事多磨，2012 年吴蛮来信告诉我创作琵琶协奏曲的机会来了，澳大利亚悉尼交响乐团希望与她合作琵琶协奏曲，我们的约定将实现。

事实上我一直打算写一首可以体现她娴熟的技艺和精彩的音乐风格的作品。《第二琵琶协奏曲》正是为她量身定做的，特别采用来自吴蛮家乡苏杭评弹的吴侬软语风格，恰好是最能体现琵琶的韵味语言。这首协奏曲 2013 年的夏天创作于西安，作品由悉尼交响乐团和美国 6 家交响乐团联合委约。这是有史以来第一首由西方乐团出资委约的琵琶协奏曲，说明吴蛮的"人气"、知名度、她极力推荐介绍中国作曲家的真诚热情和那股执着劲儿。作品没采用西方传统的协奏曲结构，而是在思想和情感的诗意表达上作了更多的探索，能够激发观众许多层面的想象力。2013 年 10 月底悉尼交响乐团与吴蛮成功地在悉尼歌剧院进行世界首演后，陆续又有多家美国、欧洲乐团，以及中国国家交响乐团、国家大剧院乐团相继与吴蛮合作，演出日程已排到 2016 年。

我钦佩吴蛮的艺术造诣，她是一位有着非常丰富的演奏经验且对音乐的诠释有独到见解的演奏家，特别是对东西方音乐融合（跨界）有自己的见解和多年的经验。近十年，她还奔走于陕西、山西等农村地区积极热情地了解呼吁保护传统音乐和民间艺人，包括陕西老腔、皮影和山西道教，并拍摄纪录片《吴蛮音乐寻根之旅》，为海外观众介绍中国传统音乐文化而不遗余力。

我非常欣慰看到吴蛮音乐传记《丝绸之路琵琶行——大师吴蛮的世界音乐叙事》即将出版，希望能与广大读者和年轻学子们分享和借鉴吴蛮的音乐成长故事和在海外的成功经历。她是当前站在世界音乐舞台上的中国音乐大使。我作为既是长辈又是音乐合作者为她的成就感到钦佩和自豪。她对音乐的贡献值得我们中国音乐人骄傲！

2014 年 10 月于西安

赵季平

（1945— ）曾任中国音乐家协会主席、陕西省文学艺术界联合会主席、西安音乐学院原院长，中共十五大代表，第十一届、十二届全国人大代表，中国音乐家协会第八届名誉主席。

他几乎涉及了音乐创作的各个领域。自1984年为电影《黄土地》作曲以来，先后为四十多部影片作曲，其中为《大阅兵》《红高粱》《菊豆》《五个女子和一根绳子》《大红灯笼高高挂》《烈火金刚（上下）》《心香》《秋菊打官司》《霸王别姬》《活着》《炮打双灯》《步入辉煌》《黄沙·青草·红太阳》《变脸》《风月》《日光峡谷》《秦颂》《孔繁森》等影片所作音乐多次在国内和国际电影节上获奖。

他是我国目前电影音乐界获奖最多、奖次最高的音乐家。诸如，歌曲《黄河鼓震》《西部扬帆》获"五个一工程入选"奖，歌曲《祖国强大、国旗增色》获中华人民共和国建国五十周年歌曲征集一等奖，《第一交响乐》获首届"金钟"奖优秀作品铜奖，琵琶协奏曲《祝福》和管子与乐队《丝绸之路幻想曲》已录制唱盘，发行至世界各地。

1993年，作为第一个登上美国卡内基音乐厅大舞台的中国音乐家，吴蛮与美国交响乐团合作琵琶协奏曲，现场由著名指挥家Dennis Russell Davies指挥，具有历史性的意义。

一位有天下情怀的音乐家
——记我所认识的吴蛮

梁 雷

吴蛮给人们的印象永远是那样的年轻，其实她的经历早已是传奇性的。生活在一个充满机遇的时代，她为琵琶这件古老的乐器带来了新的邂逅，也为这个在长久历史中不断自我突破的乐器创造了一个又一个新的起点。可以说，吴蛮通过琵琶找到了自己才情的寄托，而琵琶也通过吴蛮找到了完美的媒介，结识了新的知音，并走向一个全新的世界舞台。

大家谈到吴蛮，总充满尊敬与羡慕。怎么可能没有这种感觉呢？从1989年走出校门的吴蛮获全国中国乐器演奏比赛（山城杯）琵琶第一名开始，她不断创造着琵琶的"第一"。1992年，她与克罗诺斯弦乐四重奏成为有史以来第一次以"琵琶与弦乐五重奏"组合的创举形式登上世界音乐舞台；1993年，她在美国卡内基音乐厅首演琵琶协奏曲，成为在此演出的第一位中国器乐演奏家；1999年，获得格伦·古尔德的音乐新人大奖，成为第一位获此殊荣的女性演奏家及传统民族乐器演奏家；1999年，应美国前总统克林顿邀请，成为第一个进入白宫演奏的中国音乐家，等等。

在耀眼的聚光灯下、在频繁闪烁的摄像头前，我看到的不仅是一位得奖众多、有极高票房价值的明星演奏家。吴蛮的魅力不局限在舞台上和聚光灯下。她真正的魅力是，在舞台上她如同在自己的家里、在朋友面前，没有一点做作；而没有舞台、没有镜头时，她也依然流露出一种内在的快乐，展现出同样的自如与自在。年轻音乐家们可能羡慕吴蛮的成功，但我认为吴蛮最值得年轻音乐家学习的是她个人价值的实现。

当我们评价一位音乐家时，学术界的认可、票房的价值、商业的成功以及社会的影响，当然都可能成为价值判断的重要因素。这本文集中有专家评价吴蛮的音乐造诣与成就的论文，我这篇小文恕不赘述。但我认为不能忽视也不可取代的是这位音乐家的个人价值的实现。这种个人价值的实现可能是由一些不能赢得掌声与媒体注意的事来判断的。甚至有时，也会表现在她选择做的不能给她带来任何经济好处的事，一些别人不可理解的、费力而不讨好乃至是危险的事。但也恰恰为此，这些事才更可以说明一位音乐家真正的艺术信念以及她自我价值实现的目标的高远。从这些事中才能看出音乐家的真性情。

我第一次见到吴蛮是在波士顿。1993年，我刚刚考入新英格兰音乐学院读作曲本科，已经对中国传统音乐产生了浓厚的兴趣。听说吴蛮与她先生住在波士顿北边的艾灵顿市，我兴奋地去向她请教。虽然我只是一个不懂事的大学本科一年级学生，吴蛮却从百忙中找出时间，认真地回答我的各种问题。她的先生也非常热心，在我和吴蛮谈话时，掌勺的做出一道道美味佳肴。当时我是一个经济拮据的学生，一天靠一美金凑合过日，有时吃不饱肚子，更难得享受到这样丰盛的家乡味道的饭菜。访问吴蛮的一个下午，精神上和心里得到的温暖至今不能忘怀！

十多年后，吴蛮全家搬到加州圣地亚哥，而我在哈佛大学取得博士学位后也到这个城市的加州大学任教。多年来我对吴蛮和她一家人的感激之情难以言表。我终于得到机会请吴蛮全家到我家，由我来掌勺为他们一家人做晚饭。这样的聚会令人百感交集，而吴蛮和她可爱的一家人与当年完全一样，朴素、大方而快乐。

记得我刚刚任教于加州大学时，开设了以"跨国界的音乐文化资源"

2014年，美国圣地亚哥，与墨西哥民间音乐家合作。

为题的研究生课。琵琶是我们讨论的题目之一。我很希望自己的学生们能够有机会接触到琵琶这个乐器。虽然我们没有经费，但当我写信给吴蛮时，她大方地接受邀请，来到我的课上示范，然后又在我系的大

教室进行演出与交流。当时大教室里坐满了我们音乐系的教授和研究生们，大家踊跃地向吴蛮提出各种问题，吴蛮无不认真解答。虽然已经远远超过本来安排的交流时间，大家还是意犹未尽。结束前，有一位学习爵士演奏的钢琴家突然问吴蛮是否可以即兴一段，已经讲学一个下午的吴蛮一点不觉得累，微笑着随口说道："当然可以！"然后就大方地即兴演奏起来，赢得全场热烈掌声。只有在那里主持现场的我一直觉得心里歉疚——让吴蛮这样一位明星人物来我校，我们提供的待遇都说不出口的，却又对她不断地提出新的要求，真是不好意思，而吴蛮的慷慨更让我感激。

几年后，吴蛮与上海弦乐四重奏一起委约我创作《五季》，我们有过一段非常有趣而快乐的合作。我曾与很多音乐家交流，其中不乏一些非常成功和著名的人物与团体。合作中，我们能够感受到一个人的气质和艺术追求的纯度。音乐的创造应当是一种纯粹的艺术体验。但有时，音乐家的自我炫耀、做作或者是一些俗气的言语会抵消美好的艺术体验，留下一股怪味道。像吴蛮这样从始至终以质朴无华、自然乐观的态度，以及她对音乐的高纯度热情来吸引观众的音乐家是特别让我尊敬的。这也是她能够长年在

这个领域得到其他志同道合的音乐家的尊重的一个原因。

除了很多引起大家注意的事之外，吴蛮做过一些别人不可想象、不可理解的事。而在我看来，这些事特别有趣，而且恰恰能通过它们看出吴蛮的真性情、真个性，也是她个人价值的真正体现。

2007 年，吴蛮自己出资参加了中国艺术研究院音乐研究所和欧洲中国音乐研究协会 CHIME 组织的在陕西、山西一带的采风活动。一周内，每天从早上 6 点到晚上 12 点，吴蛮和其他团员跟随当地的艺人参加红白喜事，学习他们的道教吹打音乐，听当地的老腔和皮影戏音乐。作为一名生长在杭州的浦东派传人，吴蛮去山西、陕西采风似乎与她的音乐没有什么直接的关联。但这正是吴蛮的个性！多年前她在国内发展得很好，却毅然决定去完全不了解琵琶为何物的美国闯荡。如今在美国，她的环境优越，却又自己选择回中国北方农村学习民间音乐。吴蛮一贯的作风是挑战、突破自己江南音乐的背景和乐风，试图在更广阔的舞台上寻找自己新的艺术语言。

2011 年，吴蛮到中国台湾采访布农排湾等山地原住民，策划并在台北音乐厅首演"吴蛮与台湾原住民朋友"音乐会。2014 年，她策划了"吴蛮与拉丁美洲相见"音乐会系列，与加州圣地亚哥当地的墨西哥裔民间音乐家合作演出。她对艺术寻根和对学习民间音乐一直抱有强烈的好奇心。

最能说明吴蛮的真性情的是她去中东国家的表演。2016 年，特朗普参加美国总统大选时，曾经对不同国家的移民有很多侮辱和诽谤性的言辞。在这种政治氛围中，吴蛮不断主动地去一些伊斯兰国家进行音乐访问。她不是去进行商业性的表演，而是去约旦的难民营访问饱受战争之苦而逃难至此的叙利亚难民，与在难民营中上学的小孩子一起进行工作坊式的交流。作为一位音乐家，去这些地方不但没有什么实际的好处，甚至是有些危险的。但吴蛮所做的这些事正是她个人追求的体现。吴蛮不仅通过她的事业成功获得大家的尊重，更通过自己的选择和付出，实现自己的个人价值。

2015年，美国圣地亚哥，Carlsbad音乐节，"吴蛮与拉丁南美洲相见"项目，吴蛮与当地墨西哥民间艺人合作表演，全场爆满。

2017 年 1 月特

朗普卜任美国总统后开始颁发行政禁令，试图阻止中东 7 个国家的移民进入美国国境，并主张在美国与墨西哥边境建筑"长城"。在这样的政治环境中，吴蛮做的工作面临了新的阻力，但她坚持用自己的力量去抵制、去反抗现在美国政界排斥移民的狭隘思想 。她的慷慨和乐观表现出她的一种情怀：受到歧视的墨西哥音乐家是我的同仁，遭到排斥的穆斯林同行们是我的朋友，天下人的事就是我的事！

一位音乐家要做到这些，绝非受到舞台与聚光灯的吸引，而是出自个人的使命感，受到艺术信仰的驱使。吴蛮是一个有勇气的人，有主见的人，一个敢于实现自己价值的人。我们听吴蛮的演奏，柔美中有一种果断，文静中有一种从容，或许这正是她个性的真实体现吧！

中国传统乐器中，古琴与琵琶占据着最为独特的位置，代表着中国文化中充满对比的两个重要角色。古琴是中国本土的乐器，由于两千余年源源不断的士人的呵护，成了儒家、道家哲学的完美表现，并通过琴谱、琴论、琴曲等多维传承方式保持了不可比拟的平稳与延续。与古琴对比，琵琶则是一个外来乐器，是胡文化影响中原文化的标志。在中国的发展促使琵琶不断变化、自我更新，与宫廷音乐、民间音乐关系密切。如果用形状来描述音乐史的话，古琴的故事好像是一支河流状的长线条，可溯其源，并为中国史留下一条主线清晰、绵绵不绝的文化痕迹。而琵琶则标志着外来文化与中国本土文化交错的缔结。从公元五六世纪西域曲项琵琶传到中土，继而从中国又传到朝鲜、日本、越南。有士人、宫廷乐师，也有乐妓的参与。它不断变化，从横弹到竖抱，从用拨子演变为用指甲，可独奏、领奏，也可伴奏、重奏，可文可武，可雅可俗。琵琶的故事不是一条河流式的长线，而更像是网状的编织品。它不断向四周散开，与周边的新环境触及、结合而一次次产生突变。吴蛮为琵琶带来了新体裁的尝试，她带着琵琶进入电影、进入动画、进入现代舞蹈，进而与世界其他各国的传统乐器交流对话。这种多变性其实就是琵琶悠长的历史中一直在讲述的不同版本的同一个故事。"天下人的事就是我的事"何尝不是千年的琵琶情怀！如果不是带着这种情怀，吴蛮不可能走到今天的成功，更不可能在世界各地的听众中找到如此强烈的共鸣。作为当代琵琶的代言人，吴蛮的故事就是琵琶今天的故事。她让人们对琵琶的下一个精彩篇章充满着期待。

梁 雷

（1972— ），著名旅美华裔青年作曲家。曾在美国波士顿新英格兰音乐学院获得学士、硕士学位，在哈佛大学获得博士学位。现任美国加州大学圣地亚哥分校教授、博士生导师、作曲学科主任，并曾任音乐系主任。梁雷近年获得多项世界重要奖项，包括美国罗马学院颁发的"罗马奖"、古根海姆奖、科普兰奖、谢尔盖·库萨维茨基音乐基金奖、美国国家艺术基金奖，以及纽约创造基金奖等。他的萨克斯风与交响乐队作品《潇湘》获 2015 年普利策作曲奖最终提名。纽约爱乐乐团、波士顿现代交响乐团、柏林爱乐室内乐团、台北市立国乐团、钢琴家陈必先、琵琶演奏家吴蛮等著名音乐团体与演奏家曾委约他创作。他的作品包括交响乐、民族管弦乐队、协奏曲、室内乐、民族器乐、电子音乐、室内歌剧、电影配乐等七十余部。曾在拿索斯等唱片公司发行过六张作品专辑。他编著了三本著作，发表中、英文文章二十余篇。他曾被聘任为哈佛大学院士协会青年院士，并被世界经济论坛命名为"全球青年领袖"；他的全部作品由纽约朔特音乐公司出版。

1994年，墨西哥。第一次与墨西哥青年交响乐团合作古曲《霸王卸甲》（周龙改编配器乐队），这也是中国琵琶第一次走进墨西哥。一曲终了，乐团成员和观众都疯狂了。

琵琶演奏大师吴蛮的
国际音乐生涯

金 杏

  2011 年 1 月，我应邀观看悉尼艺术节一场克罗诺斯弦乐四重奏乐团和吴蛮演出的《鬼戏》与《中国之家》音乐会。此前我从未听说过吴蛮的名字，也不知道该四重奏乐团，但我先生说克罗诺斯是一支活跃于全球的大名鼎鼎的现代先锋乐团。我注意到音乐会第一首曲目是谭盾的《鬼戏》。我当然知道谭盾这位国际作曲大师。实际上，我与谭盾是老朋友，合作过三次。我们相识于 2001 年，当时我在悉尼交响乐团担任多元文化宣传推广主任，看了他在澳门音乐节上《卧虎藏龙多媒体协奏曲》音乐会后就毫不犹豫把他推荐给悉尼交响乐团，那时他还没有拿到奥斯卡电影配乐大奖，在澳大利亚尚不为人知。这些年他已成为国际上最受推崇、签约最多的作曲大师之一。我很欣赏这位湖南老乡的"鬼才"，对他的作品有信心，心想这个音乐会水准不会差。

音乐会开始，一位温文尔雅、身材高挑苗条的中国女子抱着一把琵琶坐在舞台中间，克罗诺斯弦乐四重奏乐团四位乐手以她为轴心一字排开。她开始弹拨琵琶，一串清脆纯净色彩饱满的旋律珠落玉盘般自然流泻出来，她时而弹挑，时而轮指，美丽圆润的音乐扣人心弦。音乐会上半场表演的是谭盾为琵琶与弦乐四重奏创作的多媒体音乐作品《鬼戏》，糅合了中国皮影和民谣《小白菜》的因素，而吴蛮的琵琶演奏在弦乐四重奏的映衬下，令东西方乐器相得益彰，时而典雅，时而诡异，营造了一个东西方文化冲撞与融合下奇特瑰丽的音乐世界。更让我惊喜的是吴蛮演奏时陶醉于音乐的专注神情毫无特意的做作夸张，她在舞台上呈现出超凡脱俗的表现力以及与四重奏乐团完美无瑕的交融能力。

等到《中国之家》，吴蛮换了一身典雅美丽的旗袍重新返回舞台，一边轻轻弹拨琵琶，一边柔声唱起 20 世纪三四十年代流行歌手周璇的歌曲时，她此时已是舞台上众星捧月的主角儿，观众的关注力已从克罗诺斯乐团四位乐手身上转移，永久地定位在这位东方女子的身上。我兴奋地意识到在我面前的绝不是一位等闲之辈，更令我惊喜的是这样一位出类拔萃的演奏家弹奏的竟是中国传统乐器中难度较高的琵琶！

这些年来，我见过很多大师级的华裔钢琴家、小提琴家和大提琴家，但很少见到令人拍案称奇的中国传统乐器演奏家。眼前这位我从未听说过的女子绝对是我见过的演奏技巧精湛，并极具音乐感染力的中国传统乐器表演家！这种震撼就像我 2000 年初次观看俄罗斯指挥大师亚历山大·拉扎列夫指挥悉尼交响乐团演奏《肖斯塔科维奇交响曲》，2003 年初次看小提琴家朱利安·拉什林在悉尼歌剧院演奏《西贝柳斯小提琴协奏曲》，2003 年观看谭盾指挥演出多媒体音乐会《水乐》。你知道呈现在你面前的是万人之中独一无二的有巨大创造力的音乐家，而不是一个音乐语言苍白无力靠华丽外表矫揉造作讨好观众的工匠。我意识到眼前这位尚不知道其姓名的华裔演奏家不容小觑，她绝对是当今中国最出色的传统乐器演奏家，国际大师级水准。2000 年至 2008 年，我在悉尼交响乐团担任多元文化宣传推广部主任期间观看过数百场音乐会，有幸目睹了许多出类拔萃的世界级独奏家的精彩表演，渐渐领悟了什么是好的音乐和演奏家。十年来也观看了很多来自国内的中国民乐音乐会，对中国传统民乐传统器乐表演水准比较了解。在这个背景下，吴蛮，一个独特的名字，进入了我的视野，不禁对她的音乐旅程充满了好奇。

音乐会结束，我迫不及待上网查看有关吴蛮的资料，这才发现自己生活在远离欧美的澳大利亚，不免有些孤陋寡闻了。吴蛮其时在美国已经很有名气！她于 1998 年获哈佛大学研究学者奖，2010 年获"美国艺术家"大奖，2013 年荣登《美国音乐》"年度演奏家"风云榜。1998 年起已开始与素有世界第一大提琴之名的马友友合作，成为马友友丝绸之路乐团创团成员，也是马友友长期合作的伙伴。

我还发现吴蛮在美国乐坛深受推崇，她是第一位走进美国白宫、欧洲皇室和西方古典音乐殿堂的中国器乐演奏家，被西方媒体公认为"将琵琶介绍到西方世界的最重要的艺术家"，数次提名格莱美唱片音乐奖。她来自中国杭州一个艺术家庭，父亲是国画大师，9 岁开始学柳琴，12 岁开始学习琵琶。1978 年，以全国琵琶第一名的成绩考入中央音乐学院，1987 年，22 岁时成为国内第一位琵琶演奏硕士。1990 年移居美国，为中国人接连创下许多世界第一纪录。她是第一位获得世界著名钢琴大师格伦·古尔德大奖新人奖得主的女性以及非西方的传统乐器演奏家；第一位受邀在英国皇家阿尔伯厅、维也纳金色大厅、德国波恩贝多芬音乐厅及荷兰阿姆斯特丹大会堂等著名音乐厅演出的中国乐器演奏家；第一位在美国卡内基厅首演琵琶协奏曲的中国乐器演奏家；第一位与全球最大古典音乐艺人经纪公司 ICM（现改名为 Opus3）签约的传统乐器演奏家。

更令我惊异的是吴蛮与我一向崇敬的偶像大提琴家马友友是长期合作伙伴。1999 年她被马友友推举，获已故加拿大钢琴家格伦·古尔德大奖新人奖（Glenn Gould Protégé Prize），于 2000 年与马友友一道创制了"丝绸之路音乐计划"，是丝绸之路乐队核心成员。2004 年希腊雅典奥运会上，美国音乐作曲大师菲利浦·格拉斯为吴蛮创作的《琵琶协奏曲》做世界首演。她和大提琴家马友友为日本 NHK 新版《丝绸之路》录制的唱片《超越地平线》获全美最佳销售唱片第一名。她和克罗诺斯弦乐四重奏乐团合作的多张专辑获格莱美最佳古典唱片提名，最佳跨界音乐唱片提名。《吴蛮，古典与现代琵琶音乐》被评为全美公共电视网"世界音乐"排行榜第二名。她作曲和制作的《吴蛮——琵琶行》在亚马逊全球网"世界音乐类"排名第六，并被听众评为五星级唱片。最近由她策划演奏的《听见彩虹谣》获提名格莱美最佳世界音乐专辑奖，是中国音乐第一次登上该奖最佳"世界音乐"栏目。

2011年，瑞典斯德哥尔摩，吴蛮作为特邀颁奖嘉宾出席瑞典Polar Music Prize，与在场的乐迷嘉宾合影。

　　吴蛮每年在世界各地巡回演出，已经与世界许多著名的音乐家、指挥家和乐团合作过，比如大提琴家马友友、钢琴家艾曼纽·艾克斯（Emmanuel Ax）、尤里·巴舒密特（Yuri Bashmet）、林昭亮、纽约爱乐乐团、波士顿交响乐团、芝加哥交响乐团、洛杉矶交响乐团、旧金山交响乐团、匹兹堡新音乐团、维也纳国家广播乐团、伦敦交响乐团、莫斯科独奏家室内乐团、德国斯图加特室内乐团、德国法兰克福现代室内乐团、北德广播交响乐团、南德广播交响乐团、荷兰国家青年交响乐团、荷兰现代室内乐团、日内瓦现代室内乐及澳大利亚悉尼乐团、墨西哥国家交响乐团，等等。

　　吴蛮每到一处演出，当地乐坛总是赞誉有加。英国《民族音乐之根》（Folkroots）杂志在评论她的演奏时写到："吴蛮惊人的大师级的技巧和深具感染力的激情，令她的演奏扣人心弦。任何想要了解中国古典音乐奥妙的人都应当牢牢记住吴蛮的名字，她的音乐有为你的灵魂增添色彩的力量。"

一位二十多岁才走出国门，演奏东方传统乐器的中国女子为何能征服极度挑剔的西方音乐界和评论界，成为世界级演奏大师马友友和克罗诺斯弦乐四重奏乐团的长期合作伙伴？她又是怎样从一个中国青年民乐手蜕变为潇洒自如地游走于中西方音乐界的国际演奏家？中国有数目众多层出不穷的民乐好手，为什么大多得不到国际音乐界的认可，而吴蛮却可以凤毛麟角地成为西方音乐家争先恐后寻求合作的琵琶演奏家？带着这些好奇，2015年我采访了几位与吴蛮长期合作的国际音乐大师，包括大提琴演奏家、"丝绸之路乐团"创始人暨艺术总监马友友，克罗诺斯弦乐四重奏乐团艺术总监戴维·哈林顿，吴蛮经纪人莱尔·布莱克本先生（Earl Blackburn），以及纽约亚洲协会全球艺术部主任瑞秋尔·库勃。

1. 大提琴家马友友谈吴蛮

我首先采访了马友友，向马大师提出的第一个问题是：16年前，当吴蛮还是一个在美国名不见经传的中国传统乐器演奏者时，您就伯乐识马，把一向青睐西方乐器的格伦·古尔德新人奖推荐于吴蛮，她

身上何种音乐特质打动了您和评委会？当时美国音乐界对吴蛮的获奖是否感到意外或不服？

马友友说："我觉得吴蛮无论在音乐领域，还是在人生目标方面，都有超常的才能、勇气和追求。她既是哈佛大学女子学院研究音乐的一名学者，又是一个才华出众的音乐家。"回忆起他与吴蛮的相识经过，马大师告诉我，第一次遇到吴蛮是在马萨诸塞州的一个音乐厅，他记得当时是与一个中国交响乐团合作，吴蛮也去了那场音乐会。在她演奏完中国作曲家盛宗亮（Bright Sheng）的作品后，盛宗亮介绍了他俩认识。吴蛮与他碰巧都住在马萨诸塞州温彻斯特一个小镇上。那个小镇在波士顿市的北部，只有三千人左右。就这样他们认识了，很快就开始商量合作，一起练琴开音乐会。

马友友说他和吴蛮的出生地、家庭背景和成长过程很相似。马友友祖籍浙江，出生于音乐世家，父亲是中国音乐教育家马孝骏，母亲是毕业于南京中央大学的声乐家卢雅文，父母各自在国共内战时离开中国前往欧洲，后在巴黎邂逅结婚。在马友友童年时代，他们一家搬到美国纽约居住，马友友就在纽约长大。自小，父母鼓励他在学习大提琴之外还要学习中文和书法。马友

友是个天才琴童，5 岁即公开表演大提琴，7 岁被邀到白宫为总统肯尼迪表演，8 岁与弹钢琴的姐姐一起在伯恩斯坦音乐大师主持下表演。他曾经在美国最出色的茱丽亚音乐学院学习，但没有毕业就弃学了。少年的马友友性格独立，追寻自我，经过了一段桀骜不驯的反叛时代；后来重返校园，就读于哈佛大学，专心学习考古人类学，同时也开始了他的国际演奏生涯。

吴蛮也是浙江人，也来自艺术家庭，父亲是中国一级国画大师，9 岁开始学习传统乐器柳琴，12 岁转学琵琶。吴蛮也是音乐天赋异禀的琴童，自小父亲常常带她去看艺术前辈们的演奏，并领引她看名画书法，带她游历杭州的名胜古迹，培养她的中国文化底蕴。20 世纪 80 年代中国已经恢复高考制度，她成为中央音乐学院第一位琵琶研究生。毕业后留校任教，20 岁出头似乎已看到了助教——讲师——教授的未来道路，她不满足这种舒适的生活和在狭窄的民乐圈里故步自封，要出去闯荡，看看外面的音乐世界。马友友说他和吴蛮两人都来自中国家庭，中国文化和哲学思想是他们的生命之根，两人的音乐理念非常相似，都希望通过音乐将东西方连接起来。

认识吴蛮之前，马友友对中国音乐和民族器乐不甚了了。从小学习西洋音乐，没有机会接触东方音乐，以前也没有想过要回丝绸之路寻根。21 世纪初，美国一批思想开放的前卫音乐家不约而同要回头寻找蕴藏在各地的民族声音，吴蛮的出现为美国乐坛带来了一道绚丽的彩虹，似一股沁人心脾的清泉，也让马友友认识到了琵琶和其他东方乐器的魅力，以及背后的中国文化的博大精深。马友友从吴蛮那儿学习了解中国传统音乐和文化，他对寻找自己父辈的艺术之根开始有了浓烈的兴趣。

1999 年 4 月，时任中国总理朱镕基访问美国白宫，马友友受邀进白宫表演，他诚邀吴蛮同台演出。他们为白宫准备了一场典雅的小型音乐会，演奏了盛宗亮特为此盛会作的《民歌三首：为琵琶与大提琴而作》。马友友说吴蛮的琵琶造诣与她表演时非凡的感染力是他邀请她同台演出的主要原因。通过这次合作，马友友更欣赏吴蛮的音乐表现力和音乐理想，多次交谈后，他们萌发了创制"丝绸之路音乐计划"的念头，决心发掘当年丝绸之路上各民族的音乐，希望借此帮助这些民族音乐延续创新，丰富世界音乐的宝库。

2000 年，"丝绸之路乐团"成立，马友友担任艺术总监，吴蛮则是

2011年，瑞典斯德哥尔摩，作为首位中国人颁奖嘉宾出席Polar Music Prize发奖大会，吴蛮与瑞典卡尔十六世国王同桌，她的身后即是那张桌子。

创会成员和核心人物。乐团骨干有15位演奏家，每个音乐季因演奏曲目的不同而特邀几位不同地区的演奏家客席。"丝绸之路乐团"创立时原本只有3年的打算，但乐团一经成立便十分受大众欢迎，发展顺利。乐团每年与索尼唱片公司合作发行一张专辑，安排两场大型的全美巡演，还有欧洲或亚洲的国际巡演。乐团常驻哈佛大学，负有提倡文化艺术教育的重任，为学校提供推行世界音乐活动的资源。

古丝绸之路是古代东方和西方贸易往来的通道，由很多细碎分歧的路线组合而成，这是民族与民族、文化与文化在荒僻的沙漠里的连结。吴蛮与马友友以及乐团成员共同开发的是一条现代丝绸之路，他们使用丝绸之路上的民族乐器，搜集居住在这一带的民族音乐，在此基础上创作出新的东西方融合的音乐。丝路计划为来自丝绸之路各国的音乐家提供了一个文化交流的平台，也把不同元素和风格的民间音乐推向世界舞台，丰富了世界音乐的宝库。

谈到丝路乐团每年在世界各地的不定期演出，马友友更加称赞吴蛮是个杰出女性。丝绸之路的演奏家和作曲家来自美国、中国、蒙古、伊朗、印度、乌兹别克斯坦、阿塞拜疆、吉尔吉斯斯坦和哈萨克斯坦等国家，常常需要聚集在音乐营十天半个月，一边排练各种乐器组合的新作品，一边不断修改乐谱，排练过程枯燥烦琐。乐团初创时，吴蛮的儿子只有几岁，一个年轻的母亲和妻子为了音乐梦想常常要抛家别子，忍受舟车劳顿。好在吴蛮生活上简单朴素，天性开朗乐观，与乐团其他成员相处非常融洽。她全部心思都在音乐上，她的音乐家朋友遍及世界各地，与她合作过的音乐家都敬重她，喜欢她。她对音乐有极强的把握能力和敏锐感，即便与英语不好的演奏家合作也没什么障碍。她靠着自己的勤奋努力和天赋把琵琶融入西方音乐和社会中。

马友友还说吴蛮不仅是首屈一指的演奏家，还是出色的音乐讲解员和文化代言人。她靠着自己的天赋和勤奋把中国琵琶介绍到并融入西方音乐和社会中。自认识以来，他们两人在华盛顿亚洲博物馆和纽约大都会博物馆做过多次音乐示范讲座，向美国观众讲解民族音乐在音乐作品中的重要地位。虽然英语不是吴蛮的母语，又是来美国后自学的，但她天生是个出色的音乐讲评人，总能用简洁精辟的语言把音乐解释给观众，抓住观众的心。他们俩的音乐讲座每次都爆满，博物馆外面常常排着长龙，观众慕名蜂拥而来。

2. 经纪人莱尔·布莱克本谈吴蛮

2011年看过吴蛮在悉尼艺术节上的演出后，我念念不忘她的精彩演出，开始鼓动悉尼交响乐团邀请吴蛮合作。2012年，吴蛮应悉尼交响乐团邀请来悉尼歌剧院与乐团合作了两场音乐会。此时，我已在悉尼大学孔子学院负责全面工作，业余为悉尼艺术节、悉尼歌剧院和悉尼交响乐团等艺术机构担任华裔社区宣传推广顾问。趁悉尼交响乐团聘请我担任吴蛮音乐会宣传顾问之际，我盛情邀请吴蛮来悉尼大学举办一场公开演讲，由悉尼交响乐团总经理罗瑞·杰夫主持，对谈中国民乐家怎样走向世界。吴蛮在悉尼大学的这场演讲吸引了一百多名大学教授和学生，其中有一位特殊的听众，就是与吴蛮合作了十多年的 ICM 高层兼吴蛮经纪人莱尔·布莱克本先生，一位对吴蛮这些年来的音乐旅程最知根知底的人。

布莱克本先生告诉我，见到吴蛮前他从没有听说过琵琶这种乐器。2001 年，他在一场只有四位表演者参加的小型歌剧式音乐会上见到吴蛮，当时吴蛮演出的是盛宗亮作曲的《银河》。作为阅人无数的老牌经纪人，看完表演即刻觉得她是一个不同凡响的演奏家，她的音乐表现力和舞台魅力给他留下了深刻印象。过后听说她是丝绸之路乐团一员，更觉得她棒了，但从来没想过会做她的经纪人。有一天，吴蛮的宣传公司打电话给他，要求他抽空与吴蛮吃个午饭见面聊聊，说吴蛮对怎样发展她的演奏生涯希望听听他的建议。布莱克本直截了当地说："吃饭可以，但我丑话说在前头，你不要让吴蛮有错觉，以为她与一位 ICM 负责人吃了饭，

ICM 就会与她签约。我实在觉得我对她一点忙也帮不上。我从没有听到过哪个乐团会对我说：'我们本音乐季希望找一位琵琶演奏者来参与演出。'"

但当布莱克本与吴蛮坐下来交谈了 5 分钟后，就决定将吴蛮收罗旗下了。他看出吴蛮绝顶聪明，充满创造性，可塑性极高，有无限的潜质。他似乎看到他们有 100 个音乐项目可以尝试，但公司总头目不太相信他能为冷门的琵琶演奏开辟一条大道，反对他签约吴蛮。但布莱克本已看好了吴蛮，不顾老板反对，毅然签下吴蛮。

事实证明了他的坚持是对的，多年来布莱克本代理的国际级音乐家不少，吴蛮可说是他门下最受好评和欢迎的演奏家之一。他说签约吴蛮 12 年来，她在音乐道路上越走越宽阔，从一个传统乐器独奏家成为一位风格百变，与世界上众多音乐家和艺术团体合作的音乐大师。她的成功在于她不局限于表演传统琵琶曲目，她对自己的音乐有非常清晰的定位：要把琵琶从传统的独奏角色中解放出来，与不同的乐器和艺术形式合作，展示琵琶广阔的表现力。她与克罗诺斯弦乐四重奏乐团合作，与交响乐合作，与爵士乐手合作，与歌者舞者合作……突然间，在美国人们开始到

处听到琵琶音乐和领略琵琶的美妙表现力。这一切全要归功于吴蛮的无限创造力，她是如此聪明，精力无穷，对琵琶的功能和表现力了如指掌。

作为一个有思想的音乐家，吴蛮也深感她对传播保存传统民族文化和音乐的责任。她希望将优秀的民族音乐完善地保存下来，不让它们消失，让那些美丽的传统音乐世代流传下去。

布莱克本说 2009 年卡内基音乐厅筹办大型中国艺术节，吴蛮不仅作为表演家登台演出，还作为音乐会制作人筹备了两场音乐会。她把老腔的传承人陕西华阴县张家班艺人首次带到纽约，与这些农民老艺人们同台演出，表现来自中国黄土高原原汁原味豪迈淳朴的民间音乐。吴蛮和张家班老腔的精彩演出轰动卡内基音乐厅，让美国观众头一次领略了中国农民"摇滚"音乐的无穷魅力。

2013 年，当我在纽约采访卡内基音乐厅节目编排前任负责人安德鲁伯恩时，他对吴蛮的琵琶技艺和张家班老腔音乐会仍然记忆犹新，他说那是该次中国艺术节最受好评和欢迎的两场演出。

布莱克本说像他这样以前从没听说过琵琶但自从听过吴蛮演奏后成为琵琶迷的美国观众很多。吴蛮让西方观众知道了琵琶，迷上了琵琶。他最欣赏吴蛮的是在演奏时不论曲目难度多大，高超的技巧总能令她演奏起来得心应手。看吴蛮的演出，观众感受的是她对音乐的理解，智慧的延伸和心灵的清纯澄静。你不会想到她对曲子是多么熟练，一定练习了一百遍。她的音乐色彩绚烂明亮，充满力度和能量，时而激昂绚丽，时而典雅婉约，但吴蛮看上去总是那么游刃自如，没有一点牵强附会，或用力过度的感觉。她表现的是她对音乐的理解和向往，听她演奏，听众们好像是跟着她轻松上路，融入一段美妙的、迷人的音乐旅程。

布莱克本签下吴蛮后，为吴蛮量身打造的第一部公演作品名为《上古之舞》。他和吴蛮请了作曲家陈怡一起创作，还特意邀请了一位英国的视觉设计艺术家，三人合作了这部多媒体的琵琶和打击乐三部曲作品。视觉部分不仅展现了中国古代书法艺术，还重点表现了形象的琵琶演奏艺术与抽象的中国古代书法之间的巧妙联系。当吴蛮在费城"金梅乐"（Kimmel）音乐厅做这部作品的世界首演时，全场爆满，演出十分轰动。这部作品成为他们合作的起点。此后几年里，他们又一起创作出了许多不同表现形式的音乐作品。他们经常一起探讨怎样去规划未来的三年，吴蛮的创作力和表现力如此丰富，布莱克本与吴蛮很快就制定了许多令人兴奋的合作计划。

2012年悉尼交响乐团找到布莱克本,希望为吴蛮专门创作一部琵琶协奏曲。经吴蛮推荐,创作这部协奏曲的任务交给了电影《大红灯笼高高挂》的配乐者、中国作曲大师赵季平先生。这是一个非常大的项目,当时大家都在想:交响乐团为吴蛮特约一部琵琶协奏曲,会成功吗?但他对吴蛮充满信心。最终,吴蛮如期在悉尼歌剧院与悉尼交响乐团合作首演了赵季平创作的《第二琵琶协奏曲》,共有14个交响乐团预订了这首协奏曲,相当惊人,其中8个乐团是联合委约,这在音乐界也令人难以置信。说明了吴蛮的个人艺术影响力,作曲家赵季平先生为此非常高兴。吴蛮已成为各乐团相继安排在演出季中的演奏家人选。她实现了琵琶在交响乐团的演出季中成为独奏乐器的事实。

布莱克本还说起另一件值得一提的事情。多年来吴蛮和他一直在探讨她的使命是什么?什么是她真正所追求的?作为她的经纪人,我的职责之一就是帮助她这样优秀的艺术家实现其艺术追求。吴蛮非常看重两件事情,其一,她希望将琵琶融入各种合作的作品中,从不同的角度表现琵琶的魅力,由此将琵琶从一种只在茶馆的丝绸屏风后面抚弄的附庸风雅无关痛痒的传统乐器的地位中解放出来。其二,她希望琵琶演奏逐渐为世界观众所接受。她来美国后不久就开始寻求各种合作项目,与各种艺术门类组合演出。一夜之间,琵琶表演出乎意料地展现在西方观众面前,这一切应当归功于吴蛮非凡的创造力和音乐魅力。

布莱克本说吴蛮是演奏中国传统乐器的演奏家中最重要和最成功的一位,因为她成功获得了许多音乐会的演奏机会,她让人们关注琵琶,关注中国音乐。我认为她是当下在西方产生最大影响的艺术家,迄今为止,她仍在不懈努力。所以,我认为她的表演在美国有很大的影响。有趣的是,几年前,《音乐美国》推出了"年度器乐演奏家"称号。这一奖项不是由我说:"我让你去报名参与","或由公众投票产生,而是由我们行业的顶级人物秘密开会商讨,决定这个荣誉称号应该给谁。吴蛮正是这一殊荣的获得者,这绝对是非凡的,它证明了吴蛮巨大的影响力。还有一点可以证明吴蛮的巨大影响,那就是每次我们和音乐会以及音乐节主办方(在美国我们都是和主办单位打交道,这是国际上惯例)讨论有关中国音乐方面的事宜时,谈话内容几乎都会涉及吴蛮,他们很自然地将吴蛮和中国音乐联系在一起。每当谈到琵琶,甚至谈到中国音乐和传统音乐，所有人首先想到的就是吴蛮。"

3. 克罗诺斯弦乐四重奏乐团戴维·哈灵顿谈吴蛮

吴蛮自 1990 年移居美国后，首个合作的美国乐团是克罗诺斯弦乐四重奏乐团。乐团于 1977 年在美国旧金山成立，艺术总监是小提琴家戴维·哈灵顿。乐团的宗旨是用优雅、幽默和深度来叙述音乐故事，创造生机勃勃不同凡响的音乐。克罗诺斯是美国演奏现代音乐的先锋，是现代音乐中最有影响力和号召力的乐团，他们从欧洲传统形式跳出来，不墨守成规，追求创新。

21 世纪初以来，克罗诺斯弦乐四重奏乐团与吴蛮合作无间，在世界各地举办了众多备受称赞的音乐会，吴蛮是他们最重要的合作伙伴之一。

2015 年 9 月我从悉尼飞到纽约圣地亚哥，然后直奔旧金山，专程采访了克罗诺斯弦乐四重奏乐团创始人暨艺术总监小提琴家戴维·哈灵顿。

戴维说，他眼中的吴蛮是少有的具有强烈艺术感染力的演奏家。这种难以言表的感染力，是所有演奏家都希望具备，但不是所有人都能拥有的。这是我自听过她演奏以来一直确信无疑的。这就是她区别于其他琵琶乐手之处。当我初次看到吴蛮演奏琵琶，以及后来我们在匹兹堡第一次合作时，我觉得我们的乐团有了一种前所未有的音色和韵调，非常美的一种意境。

克罗诺斯弦乐团自创立后，一直在世界各地寻找优秀的音乐家合作，他们在音乐会中采用非洲、南美和墨西哥民间音乐，添入爵士和探戈等不同元素。他们也希望能找到与东方音乐对话的机会。那时吴蛮刚从北京来到美国不久，也正在寻找新的发展方向。她努力思考该怎样才能把东方的琵琶介绍给西方的听众。

20 世纪 90 年代初，陈怡为吴蛮量身定做的琵琶独奏曲《点》是吴蛮与克罗诺斯弦乐四重奏结识的媒介。1991 年底的一天，戴维在来自北京的作曲家周龙和陈怡家做客，当他听到吴蛮演奏的《点》，眼睛骤然一亮，这是他生平第一次听到琵琶演奏，他惊叹琵琶竟有如此丰富美丽的音色和表现力，直呼吴蛮的琵琶造诣一如国际知名小提琴大师海菲斯的小提琴技艺。戴维立即打电话给吴蛮，自我介绍，要求合作，就这样开始了与吴蛮长达 25 年的紧密合作。

相识后，戴维和吴蛮委约周龙创作了一首琵琶弦乐四重奏《魂》。这首琵琶与弦乐四重奏的组合形式开创了世界首例，也是周龙第一个专门为克罗诺斯和吴蛮创作的五重奏曲。它用弦乐器仿效京剧中的唱腔和锣鼓点，以琵琶代表女声青衣唱腔韵律贯穿全曲，是有史以来第一

克罗诺斯四重奏乐团与吴蛮合作成功之后，谈论下一个合作的理想作曲家该是谁，吴蛮向戴维提议另一位当时居住在纽约的青年作曲家谭盾。吴蛮安排了一次三人聚会，戴维代表乐团参加。三人谈得十分

2017年，加拿大多伦多交响乐团中国春节音乐会

个以这种崭新面貌出现的中西合璧的作品。首演前一天，经过 6 个多小时的排练，《魂》在 1992 年匹兹堡现代音乐节首度演出，获得了热烈好评。之后克罗诺斯乐团和吴蛮带着《魂》到全美和欧洲各地巡回演出，为时一年多。

顺利，决定请谭盾创作一首音乐剧场作品。这就是琵琶和弦乐四重奏音乐剧场《鬼戏》的来由。戴维说谭盾用中国民歌《小白菜》贯穿全曲，并以吴蛮的嗓音定音调，演出时也由吴蛮亲自演唱。《鬼戏》的音乐剧场形式走出了传统音乐会模

式，采用中国传统巫术文化元素，譬如人声、石头、水、纸和铜器打击乐。演奏家们除了琵琶和弦乐器的演奏之外，还要根据音乐带着表情，用肢体表演人生戏剧，从多角度突破传统舞台限制，使舞台的演奏与音乐的表演合成一气，优雅、幽默而又有深度地说出一个完整的音乐故事。《鬼戏》符合戴维和吴蛮创新音乐语言的目标，也是谭盾在音乐上的一个重大突破。

戴维还说：自我与吴蛮认识以来，多年来，随着我们的音乐世界，也就是"克罗诺斯"的逐步壮大，吴蛮这些年已经成为我们与中国文化及中国音乐家之间沟通的桥梁。事实上，她几乎认识所有海外华人作曲家，她与他们曾是中国最高音乐学府中央音乐学院的校友。吴蛮认识的音乐家遍布世界各地，这些年来，她给我介绍了许多有才华的中国音乐家和作曲家。

我喜欢与吴蛮合作，还有另外一个重要的原因，这点我以前没有公开提及过，那就是她是一个相当低调而独立的人，她从不依附于任何单个成功的作曲家或乐派。所以她从不参与你在音乐界里常常见到的拉帮结派的行为。对于音乐界的这种江湖派别，我是非常不屑的。我们对吴蛮的音乐演奏以及她对音乐作品特别是交叉文化的敏锐鉴赏能力有极大的尊重和敬佩。多年来，吴蛮已经成为了我的中国音乐和中国文化的私人顾问，她的这一角色一直延续到今天。

我问：克罗诺斯多年来拥有成千上万的乐迷，有很多铁杆粉丝，他们对您与吴蛮的合作有何反应？乐评人又对此有何看法？

戴维说，我们的观众一直都乐于接受我们与吴蛮的音乐合作和各种尝试，无论是在美国，还是在英国、奥地利、法国、澳大利亚、新西兰、日本和墨西哥，世界各地的乐迷们对我们的合作都非常喜爱和认可。

4. 亚洲协会全球文化艺术表演中心总监瑞秋尔·库珀谈吴蛮

亚洲协会（Asia Society）创立于 1956 年，是由美国洛克菲勒家族创建支持的一个非盈利组织，宗旨是向世界传播亚洲文化。该会在美国首都华盛顿、休斯敦、洛杉矶和旧金山都设有中心，海外中心包括悉尼、中国香港、上海、马尼拉、孟买和首尔。海内外所有中心均由位于纽约的协会总部监管。我知道亚洲协会，因为十年前在悉尼交响乐团工作，年轻同事们都把能去纽约的亚洲协会工作视为理想职位。纽约的亚洲协会还有一个展出洛克菲勒家族收藏的亚洲艺术品博物馆，定期展出包括来自中国、日本、印度和韩国等地的艺术品。

瑞秋尔·库珀是亚洲协会纽约中心表演艺术和特别文化活动全球总监。在她担任这一职位二十多年期间，策划组织了亚洲地区来自印度、印度尼西亚、中国、伊朗、日本、韩国和泰国的电影节，各种亚洲艺术品展及音乐会。2006年，她被授予了卓越持续发展道森艺术管理奖。在亚洲协会二十多年中，她曾多次邀请吴蛮演奏或参与她主办的艺术论坛。因此，我特别希望能请她从艺术机构和一个资深节目编排人的角度谈谈她对吴蛮的印象和对吴蛮在国际乐坛上的影响的看法。

说起她认识吴蛮的经过和第一印象，瑞秋尔说："大约22年前，我第一次到亚洲协会工作，与一群居住在纽约，来自各个不同领域的中国艺术家合作，吴蛮当时已经是这个群体的一员。她既演奏传统的琵琶音乐，还有作曲家为她谱写新曲。那是一段非常美好的时光，许多来自中国和美国的艺术家聚集一堂，共同从事艺术创作。从20世纪90年代中期开始，我便时常与吴蛮有一些合作，也常去听她的音乐会。

"20世纪90年代，我们与陈士争导演和纽约新派作曲家伊娃·贝格拉莉安（Eve Beglarian）创作一部名为《宽恕》的大型舞台戏剧。他们当时在创作新的音乐作品，吴蛮参与了这个项目，不只在其中担任琵琶演奏，还参与了这部舞台剧的表演部分。

"这些年来，我在许许多多音乐会上看过吴蛮的演奏，比如"丝绸之路乐团"演出、盛宗亮歌剧《银河》，以及与室内乐团 The Knights 的合作演出，真正领略了她的琵琶演奏才华。我们也与她合作过独奏音乐会，我曾经在全美表演艺术经纪人协会作演讲时专门介绍了她的成就。

在我的眼里，吴蛮真的是一位英雄，一位非凡的音乐家。她不仅挥洒自如地用她手中的乐器演绎中国传统音乐，还勇于尝试新的艺术表现方式，接受新的挑战，并乐于与作曲家们一起合作。她与世界著名作曲家菲利普·格拉斯的合作就被传为佳话，她给格拉斯带来创作灵感，并指导他了解琵琶的特色。

"她的天赋之一，就是她能够找到一种音乐语言，通过这种语言，与其他音乐家进行跨文化的沟通交流。无论是在"丝绸之路乐团"，或是在她与菲利普·格拉斯的合作项目中，都能感受到她的这种天赋。她在许多作品中都有这种天赋的自然流露，尽管这些作品可能需要演奏各种不同的乐器、表现的是各种不同的情感。"

瑞秋尔还说："在认识吴蛮之前听过琵琶，但并没有'惊艳'之感。但初次听到吴蛮弹琵琶，就觉得她让琵琶听起来像吉他高手吉米·亨德里克斯（Jim Hendrix）弹奏吉他一样，琵琶演奏不再是我印象中的中国民族乐器中的小家碧玉，而是像西方音乐一样有震撼力。吴蛮作为一个音乐家，具有非常完美的表现力。当她演奏时，从她的乐器迸发出来的感情，会让你觉得琵琶是她出众的音乐才华的一个源源不断的源泉。我曾对吴蛮做过一些采访，在采访中吴蛮谈到了她是如何达到这种境界的。"

吴蛮自小经过严格训练，她的老师要求她必须记住所传授的演奏方法，光是练习右手"轮指"，就用了整整两年时间。两年后她才开始学独奏曲。同时，吴蛮很善于与他人沟通交流。我邀请过她为观众讲解琵琶艺术，还为全美表演艺术经纪人协会举办过研讨会，作为研讨会成员进行演奏会和示范表演。全美表演艺术经纪人协会总共有五千多名会员。我们协会将吴蛮作为一位著名艺术家进行重点介绍，并现场专访。采访中，她讲述了她学习琵琶以及文化传统与艺术实践碰撞、探索的经过。

我问瑞秋尔，很多艺术家从中国来到西方国家，希望开辟一条国际艺术生涯，但大多数人都没有成功，为什么吴蛮能独辟蹊径，开创如此成功的国际职业音乐家生涯。是什么让吴蛮脱颖而出的呢？

瑞秋尔说，首先吴蛮是一位非凡的音乐家。其次，她非常具有好奇心和进取心，并且她真正愿意与人合作，与他人分享她对音乐的领悟和感受。这些可贵品质是她取得成功的非常重要的因素。她是一位母亲，有一个儿子，但她是一位十分勤奋敬业的职业演奏家，当你要照顾一个年幼的孩子时，这是很难兼顾的。但吴蛮是一个非常勤奋努力的人，很好地兼顾了事业与家庭。当然，她拥有一个支持她事业的家庭，使她的成功成为可能。

吴蛮成功的基础是因为她具备音乐天赋。人的天赋往往有多方面，包括演奏音乐的天赋，舞台表现力天赋。她除了这些以外，还特别能够与人友好合作。她擅长与合作者分享创意，能够和不同的人一起工作。我曾见过她向几位合作的作曲家直言："你们创作的曲子没办法在琵琶上弹奏出来，我觉得应该这样来做些改动。"她帮助作曲家了解乐器的特点，以便作曲家了解应该怎样去谱写琵琶曲。

瑞秋尔赞誉吴蛮搭建了一座东西方音乐交流合作的桥梁。她知道怎样与作曲家沟通合作，不少知名作曲家都清楚地感受到她的艺术才华，她为他们带来创作的灵感。这些年，瑞秋尔也看到过一些所谓正统主义者，一味追求音乐的纯正性，他们并不希望看到中西方音乐结合，或者不乐于沟通交流。当然，他们那样做可能是由于担心害怕或过度紧张。然而，吴蛮始终保持一颗好奇心和进取心，并希望成为全球音乐界的一部分，而不仅仅是中国音乐界的一部分。

我提到在 20 年前，琵琶弹奏者大约只有二三十首乐曲可以演奏。但 20 年来，各种为吴蛮专门创作的琵琶新曲，包括琵琶协奏曲和各种重奏、独奏和室内乐作品，已有近两百首。毫无疑问，吴蛮极大地发展、拓宽了琵琶曲目。

瑞秋尔连连点头赞同，说尽管其他琵琶演奏家也能演奏某些作品，但这些音乐作品是专门为吴蛮量身打造的。她往往是第一个演奏这些作品的音乐家。她与奥斯卡获奖作曲家谭盾和以唱蓝调音乐闻名的刘索拉都合作过，这些作品都大大拓宽了琵琶曲目。

吴蛮的成功是极其少见的。她一直很幸运，在她的艺术道路上有过不少高人相助。这当然主要是因为她自己十分出类拔萃，人们被她杰出的音乐才华和优秀品质深深吸引。

金 杏

　　一位拥有 20 年跨文化传播与交流经验的专家，她的工作领域从统筹大型文化教育项目、市场开发、宣传推广和产品设计方案到策划重大国际交流项目。金杏尤其是澳大利亚与中国之间的跨文化交流以及对外汉语教学发展的专家。她曾为中国驻澳大利亚大使馆、悉尼歌剧院、悉尼艺术节、澳大利亚艺术委员会和悉尼交响乐团等文化艺术机构担任项目策划和宣传推广顾问。金杏因工作成绩斐然，曾荣获澳大利亚全国多元文化宣传推广杰出成就奖等多个奖项。

　　在澳大利亚，金杏是一位广受欢迎的跨文化传播和大型文化活动宣传推广顾问。在精通澳大利亚中国社区活动策划的同时，她的咨询领域也包括来自亚洲、中东和欧洲的文化团体。她自 2015 年起至今为悉尼市政府的中国新年艺术节担任顾问。

　　悉尼大学于 2008 年成立孔子学院，金杏现担任悉尼大学孔子学院院长。8 年来在她领导下，悉尼大学孔子学院成功地建立起了一系列深受悉尼市民欢迎的汉语文化课程和一支训练有素、教学有方的汉语言文化教师队伍，成为澳大利亚最具规模最受好评的汉语言文化机构。学院每年都推出由一流的澳大利亚和中国艺术家、学者及评论家参加的高水平文化活动，创立了悉尼大学孔子学院的文化品牌，在澳大利亚社会深具影响。

　　金杏拥有悉尼科技大学传媒管理硕士学位、麦克瑞大学教育学文凭以及湘潭大学汉语言文化专业学士学位。金杏同时还是一位十分活跃的艺术评论家、社会媒体作家和小说家。

2011年，台北国际艺术节，吴蛮策划的《吴蛮与台湾原住民朋友》与排湾人泰武小学的童声合唱首演。

因人文而"完整"
——我所认识的琵琶家吴蛮

林谷芳

谈中国乐器，不能不谈琵琶。它个性鲜明，技巧丰富，表现幅度广，既能"间关莺语花底滑，幽咽泉流水下滩"，也能"银瓶乍破水浆迸，铁骑突出刀枪鸣"，形貌俨然，出入纵横，不对它留下深刻印象也难。

但谈中国乐器，不能不谈琵琶，也不只因于它的艺术性，还因它的人文。

谈中国音乐的人文，最先想及

的当然是古琴。琴，历史悠久，但更重要的是它寄寓了深刻的哲思，是严格意义下唯一的文人乐器，琴曲、琴谱、琴书、琴论乃至琴器，其历史遗存诚非他物所能比，蔚为琴学，自属当然。

然而，虽未蔚然成学，从艺术、从人文，不让琴在历史中独领风骚，而堪与之抗衡者则有琵琶。

简言之，琴是传统汉人音乐的代表，琵琶则是胡乐中国化的典型，而胡汉的文化接触既是中国文明推进乃至完成的重要力量，在此，对两者之观照乃不能偏废。

这既不同，又不能偏废；既颉颃，又共领江山，在我的美学著作《谛观有情——中国音乐里的人文世界》中，有如此一段的陈述：

琴为汉人传统音乐的代表，琵琶则为胡乐成功中国化的典型，两者不仅在来源上有族群的分野，且代表着不同的生命情调。琴总关联着隐士，是出世的；琵琶则与一般生命息息相关，是入世的。琴尽管谈人世情感也得幽微淡远，但琵琶却常见江湖侠客或禅行者的利落森然。

一般来说，弹琴怕失于内缩枯槁，而弹琵琶则怕流为表相浮躁；善琴者自由无碍，内化于心；善琵琶者开阔大度，吐纳万象；一以情长，一以势胜；一意境悠远，一气象万千；在历史上相互颉颃消长，琴盛琵琶即隐微，琵琶兴琴则落寞，但它们却代表着汉文化心灵在两个重要相对面相上的高度成就，因此要谈中国音乐，即必须兼顾这历史中的两端。

然而，话虽如此，这历史中重要的两端，在近世却都隐微。

隐微，不只是一段时间中学的人少，不为人知，如琴；隐微更因美学人文的失落。

相对于琴，琵琶因接于人世，这些年则较无遗世而独立的尴尬，但也因此，既应于时潮，习琵琶者固愈来愈众，琵琶技巧固看似愈为繁衍，但其实，一派景象竟也常止于"花指繁弦"而已。

花指繁弦，这类的琵琶家多矣！几十年来学院的训练系统基本上已可保证努力学习者，在速度、复杂度的操控上，"逼近人类体能的极限"。然而，在这类的演奏家随处可见之后，我们却发现，就没几人能让你留下印象的，更不用说如前辈琵琶家李廷松、林石城般，让你从音乐的触动中走入历史，走入人文，在其间吟咏慨叹。

这是琵琶发展的现况也是危机，人文的断层使琵琶往往沦为炫技之物，而所谓的琵琶家除花指繁弦外，音乐与生命竟再无令人探寻的空间。而随着

2016年，北京，吴蛮与林谷芳

年华老大，肢体退化，琵琶家的艺术生命也明显短而单薄，很难如其他许多深刻接于人文的艺术，如书画文学般，显其或老辣苍茫，或返璞归真，或深得起落，或淡对大化的生命境界。

然而，虽有此限，要说琵琶家，却仍有可说者，而也因误区如此之大，此可说者乃愈值得珍惜，就此，在寥寥可数中，无论从任何角度切入，你都不得不谈及吴蛮。

谈吴蛮，当然可以因她在西方乐坛或世界音乐的成就，她可以说是国际最知名的琵琶家，参与马友友的"丝绸之路音乐计划"，出版主题性的光盘，种种作为都使人印象深刻。

这样认识吴蛮，没错！更深地，你还可以谈谈她在各类作为中的角色，谈谈她一路走来的历程，乃至谈她对某首乐曲的处理，或者她整体的音乐风格。这样立体的吴蛮，这样时间系列的吴蛮，的确也与其他琵琶家不同。

然而，若再往前逼问一句：是如何的骨干撑起立体的吴蛮？又是怎样的基底让她在时间系列下完成形貌俨然的艺术风格，却又不致因各类跨界角色而模糊特质，则恐怕许多从资料来认知吴蛮者，须在此杜口。

所以说，要谈吴蛮之所以为吴蛮，还得再前一步：你不能只谈她的琵琶，不说她的人文；不能只谈她的艺术，而不及于她生命中的其他。

我认识吴蛮，是从她的人开始的。

1992 年，台北市立国乐团举办了"四大美女"协奏曲音乐会，邀请四位演奏家，分别就历史中的四大美人主题作了音乐演绎，吴蛮演奏的是顾冠仁写的《王昭君》。当时两岸开放不久，彼此在社会经济上尚有一段落差，大陆演奏家来台，无论演奏任何主题，例必浓妆华服，于是你就可以看到如此不协调的画面：一位浓妆穿露背晚礼服的二胡家，在台上极尽悲怆地拉着《江河水》。尽管音乐是抽象的语言，但如此的画面，给人的不协调感，以及音乐是"演"出来的感觉，却总让人荡然无存。

那时见到的吴蛮，排练时，衣着自在，却自有韵味，演绎乐曲，不刻意强调，说的就好像自家心事，与其他演员形成对比。而这样一位做着自己，却将艺术与生命自然结合在一起的年轻音乐家，则是我在那段日子中唯一见到的。

正因如此，缘就结上了。

认识之后，才知她出身江南，是书画世家。书画较之音乐，向来与人文有较多的显性连接，她的"不将自己囿于舞台"，显然其来有自。

然而，话虽如此，这几十年的书画因文艺美学的走向，也多的是在笔墨上恣意纵横，却于生命一无足道之徒，而吴蛮或其家庭显然并非如此。

这种背景与她音乐的关系有多深很难说清，但这种背景使她更容易地贴近人文则不待言。吴蛮在中央音乐学院受教于浦东派大家林石城。林氏的音乐气韵生动，文武判然，但他本人则极其内敛含蓄，沉默寡言，对于自己音乐缘何如此，即便述说，也总让人有难尽其意之感。于是林氏虽为一代大家，认真教学，其学生却多为或不知其意，甚乃离此而竞逐时嘲者，或亦步亦趋，邯郸学步之辈，鲜有能入于师意而出于师授者。

但吴蛮正是极少数这样的学生之一。就此，她的一曲《陈隋》令人印象深刻。

《陈隋》，顾名思义，是写宫词闺怨之曲，但此曲与其他乐曲不同，尽管有几个段落，基本却是一字一句的直抒，并没有一般曲式中的起承转合，所以只想由结构入手者，纵以此曲虽有其味，却总觉不宜久滞，短短三两句之后即不知如何"发展"下去，而想将全曲走完的，也就只能亦步亦趋地照着林石城先生所弹的来走。

但吴蛮不同。她的《陈隋》其宫词之怨尽管如其师林石城，但就有着自己的心情，在单一音的喟叹与乐曲情绪隐约的波动中，勾勒了宫女整体的生命处境及当下的心情，尤其给人有种女性独有的，对命运的"接受"。

这个一般演奏家束手的乐曲，吴蛮弹来，就让你入于她抒写的生命氛围而随其一字一叹。坦白说，在初听她的录音时，所涌起的惊讶与肯定，到如今仍历历在目。

人文，是对过往历史、相关生命的切入，有此，一首乐曲就不只是技巧如何、风格如何，它简直就是生命情境的化身。这样的人文因于生命的涵咏、哲思的观照，到此，就能透过表象，见到文化的本质，也就能在最平常事物中发觉背后丰厚的内涵。而在中国音乐，这种涵养的重要在古琴里就可清楚见到。

琴谱是指法谱，不记节奏，二度创作在此因之有极大空间，将琴谱化为实际音符的过程叫"打谱"，一首琴曲往往须经年累月的打谱功夫，才成为大家所接受的琴曲形貌。而在打谱中，如何让一首乐曲具整体性、深刻性，关键就在琴人的涵养。

这涵养不只在琴手法的掌握，涵养更在契入琴谱的精神，所以有些琴人终其一生在此无以着力，因为你必须两者得兼。

而就此，吴蛮也令人印象深刻。

敦煌琵琶谱的研究和复原是琵琶历史、美学的大事，但诸家在此落点与总结历来不一。不一，是谱的解读不同，对音位、指法不同人有不同的解读；但不一，更来自它是骨干谱，尽管骨干谱是中国音乐的常态，但敦煌琵琶谱所记既简，音型又与后世有别，复原或乃至就以自己认为的面貌应世，对相关者也还是难题，要么，如蚊子叮铁牛，无由切入，要么，就让这传世的琵琶谱音乐变得平板乏味。

然而，吴蛮的一曲《静夜思》却让人惊艳——原来其中的乐曲竟可以如此地有内容，如此地动人。

说有内容，其实外表仍旧是简单的，整曲主要都在"相"上的音转，并无大的推衍与对比，但说它动人，则又富于意境，其空间感固可比拟于古琴，其沉吟处更有直扣心弦的能量。

曾经，就在台北，两岸知名的禅空间"食养山房"，三位中生代的优秀琵琶家于月色下随意拨弦，正因山上寂静，遂使花指繁弦无所用处，正因禅居简约，艺术乃无从在此"表现"，但此时，就见吴蛮以简单的音符，在此曲中撩拨出最深情的观照，让人有其他所示皆不免俗情之叹。

这样的乐曲出自指下，是人文，

这样的乐曲复原出自吴蛮之手，那更是人文。

这样的人文，当然不只在《陈隋》，不只在《静夜思》，它其实贯穿在吴蛮所弹的传统乐曲中，常常，里面就有一份现代演奏家听不到的情怀。

这样的人文，其实也不只在传统乐曲里，吴蛮也尝试了现代音乐的诠释，这从传统逻辑跳过的音乐，从形式到内容，往往都很个人，切入它，正像打谱一样，往往让人无由掌握，但吴蛮弹此，给人的感觉却总不干枯，甚至许多时候，作曲家还从吴蛮的演奏中看到自己曲子原来还有另外的可能。

这样的人文，也就不只在自己文化的乐思中，你在自己的音乐既有人文的厚度，看别人的音乐自然也会由此切入，所以参与"丝路音乐计划"，你总可以看到她对其他音乐的尊重，但也不因此就失掉自己的立基，而她以台湾原住民音乐为素材的作品，也因之就有种特殊的体贴在。

而这样的人文，更是她与多数琵琶家不同之所在。当代的琵琶家常号称技术极致、风格全面，但问题是缺乏人文的观照，就使得艺术与生命剥离。而要谈琵琶，要谈吴蛮，这恰恰是最关键的一点。

有这人文，艺术之路就不致随年华老去而消沉；有这人文，艺术表现就不致只是个人的快意隐显，它就能对接于历史长河。而更重要的还在，有这人文，艺术家才会是个可让人亲近涵咏、观照阅读的生命，许多人之所以喜欢吴蛮，在我看来，其最根底的，其实并不在她的舞台魅力、她的专业成就，更在于此。

而人文，也是使得我这谊属前辈的禅家，在去掉文化评论者的角色后，仍能继续与吴蛮往来的原因，每次见面，我总是送她著作，她，也从来不只就谈琵琶。

有这人文，一个琵琶家才真称得上是位"完整"的琵琶家，在当代，这又何其少也！而吴蛮，这样一位中生代的"完整"琵琶家，尽管还有许多的路要走，尽管臻于美学极致还有待更深的观照，尽管从一个完整的琵琶家到透脱的生命仍须有更深刻的一转，但她之令人期许却是不待言的。也因此，尽管年纪尚轻，尽管写传犹早，但透过一本书让更多人了解她，透过一篇导言让更多人深入她，我个人却还是深自期待的。

林谷芳

禅者、音乐家、文化评论人，台湾佛光大学艺术研究所所长。6岁，有感于死生。有非常高的佛学修为，常年只穿一件单薄的衣服。1950年生，高一读"有起必有落，有生必有死；欲求无死，不如无生"，有省，遂习禅。同年，以一段因缘入中国音乐。1968年进台湾大学人类学系，毕业后隐于市修行。1988年初，以民间身份参与台湾的各种文化建设。2000年淡出文化界，教授禅宗。其论著彰显"道艺一体"生命观。

行走于海峡两岸一百四十余次，又曾以台湾中华文化总会副会长的身份率团参加两岸第一届的汉字艺术节，被誉为台湾文化界数十年来唯一持守中国牌而不倒之文化标杆；冬夏一衲，白衣步履。平和里藏着睿智，儒雅中蕴含透脱的师辈长者；他身上那种道艺一体、浑然天成的圆熟，是艺术家的绝地风光，更是禅者的两刃相交。

著有《千峰映月》《禅两刃相交》《如实生活如是禅》《一个禅者眼中的男女》《谛观有情：中国音乐里的人文世界》《十年去来：一个台湾文化人眼中的大陆》《画禅》《落花寻僧去》等。

吴蛮传记

丝绸之路
琵琶行
ALONG THE SILK ROAD

朱立立

琴碎一声震世界

2013 年 6 月 22 日，在美国航空公司（US Airways）从圣地亚哥到费城的高空中，一把价值昂贵的琵琶在空中航班上被空姐摔在地下，琴颈折断，碎成好几块。

琴碎的声音响彻世界，这个消息马上在网站上如野火般迅速传播，次日出现在全美各地的报纸首页，同时登出破碎琵琶的彩色相片。这之后还余音袅袅，辗转传播在中国、欧洲和澳洲等各地。中国的朋友们也在报刊上读到这个琴碎事件。

这件事之所以如此震撼只因为这把珍贵的琵琶属于吴蛮——西方公认的首席琵琶诠释者，2013 年刚出笼的《美国音乐》（Musical America）"年度演奏家奖"得主。她当时正要到费城转机去康州的纽海文市（耶鲁大学所在地），作为特邀嘉宾加入克罗诺斯四重奏乐团在国际艺术节（International Arts and Ideas）的演奏，这是一个约有四五万观众参与的夏季室外大型音乐会。

吴蛮的声名早已响彻西方音乐界，这一下更是变得家喻户晓。中国人也读到这个消息，看到吴蛮这个不同凡响的名字，知道她是闻名西方的琵琶大师，而且还是从中国去美国的。大家对吴蛮的音乐生涯发生了很大的兴趣，想知道这个碎琴事件的始末。

碎琴记

一登上美航飞机，吴蛮马上开始安排她的宝贝琵琶。她一向亲手提带她的琴，绝不托运，总是小心翼翼地把琴放在头上的行李舱，两边塞上轻柔的包裹，防备别人把粗重的东西挤进来。不巧的是这个小飞机的行李舱位放不下她的琵琶，她只好把琵琶放在旁边空出的座位上。正在要用安全带绑紧琵琶的时候，来了一位一脸不耐烦的空姐。

"你别动，我给你拿到前面大衣柜橱去放。"空姐没有好气地说，不等吴蛮同意，拿起琵琶就往前走。

看到空姐漫不经心的样子，吴蛮恳切地警告她："请你千万小心，这是一件特别的乐器。"

话还没说完，听到一声巨响，吴蛮魂飞魄散，心都要跳出窍了，她马上奔到前面，看到掉在柜橱前的琵琶已经碎裂，琴颈折断。

"你把我的琴跌碎了！你把我的琴跌碎了！你把我的琴跌碎了！"吴蛮

一再重复这句话，她跪在地上抚摩琴的碎片，全身发抖地说不出别的话来。

她意识到这碎琴是无法修理的，眼泪马上就滴下来了。

这位空姐既没有道歉，也没有回答，板着一张没有表情的脸，只是后来嘟囔了一句："柜橱放不下琴。"

吴蛮的心和琴一起碎成片片，她当时就把摔断的琴照了相，留作证据，然后抱着琴下了飞机。她去机场美航办公室跟负责

2015年，北京，吴蛮在琵琶制作大师满瑞新师傅工作室观看琵琶制作。

人理论。美航认为如果行李是托运的，当然航空公司会负责赔偿，然而这把琴既然不是托运行李，他们就无法确定如何来赔偿。

吴蛮马上通知了艺术节的负责人，没有琵琶晚上如何演出？美航不负责任怎么办？吴蛮把琵琶照片放在脸书的同时，克罗诺斯四重奏乐团也马上把这件事发布在脸书上："吴蛮珍贵的琵琶被空姐摔坏了，这正是所有器乐演奏家一向最恐惧的噩梦，而这位空姐居然连一句道歉的话都没说。我们且看美航如何来处理破碎的琵琶和吴蛮破碎的心吧！"

国际艺术节的工作人员也立即

紧张地在纽海文附近搜索，希望找到一把可以替代的琵琶。好不容易终于在车程一个半小时之外的一位在当地教琵琶的老师处找到了一把琵琶，在开演前一小时送到吴蛮手里，得以让吴蛮在当晚演出。转机而到的吴蛮仍然满怀遗憾，今晚，她与克罗诺斯四重奏乐团联手为格拉斯音乐作品进行世界首演，用的居然并不是她自己心爱的琵琶。

她没有想到这个消息会在网络上如野火般蹿红，报纸和收音机都在传播这个消息，不断有记者来电话访问吴蛮，那张吴蛮自己拍摄的断了头的琵琶相片也出现在纽海文当地的主要报纸的首页。也是碰巧，同年年初也出现一件相似的事件，知名的音乐家格尔哈达（Alban Gerhardt）的大提琴被航空保安人员跌碎成两段，最后赔偿了两万美金，人们这才开始注意到乐器在航空中途的危险和缺乏保障的处境。

这一次媒体大哗，执牛耳地位的《纽约时报》三次访问吴蛮，作了专栏报道，《美国音乐》杂志的律师代表吴蛮与美航谈判，这样美航才知道事情闹大了，积极主动要求与吴蛮商讨解决方案，很多乐器专家参与鉴定吴蛮这把琵琶的价值，因为西方专家不熟悉中国传统乐器，这件事也很费周章。经过半年焦头烂额的协商，最后双方才在法庭之外达成协议。

美航赔偿了一把全新制作的琵琶，还送吴蛮回中国两次与制琴的满师傅商谈，选择木料，监视制作，又经半年的时间，吴蛮带着新琵琶出现在舞台上。

回头一看，吴蛮觉得美航也算尽了责任；事情虽然不幸，但是总算有个好的结果。她抚摩着她的新琴说："这个新的琵琶需要一些时间来成熟和适应。我感觉她有潜力，我们相处称心如意，但是必得几年的时间我才能从她那儿找到我的声音。"

碎琴的后面

吴蛮出生于中国，在这块土地上，奠定了她弹奏琵琶的基础，也曾得到中国第一位琵琶演奏硕士和 1989 年全国传统乐器演奏比赛琵琶第一名的殊荣，她在西方世界的发展是在她 1990 年赴美之后。这 25 年来，她的所作所为和对西方音乐界造成的影响，并非一般中国人所知晓。

即将迈入中年的吴蛮，生命的一半是在中国的土地，而恰巧另一半是在美国奋斗的音乐生涯。这位杰出的音乐家，她的生命是不是被东方和西方分割成两半了呢？她是生活在两个不同文化的夹缝之中么？或是她在这两半里找到了妥协和融洽？

大家也不免好奇，一个中国传统的乐器怎么可能进入西方音乐界？琵琶如何能够融合于西方的乐器？甚至对西方音乐创作产生影响？难道琵琶在中国的文化里不会发扬得更辉煌灿烂吗？为什么西方音乐界如是推崇她？她到底做了些什么呢？

这些问题着实无法轻易回答，不是三言两语可以说得清楚的。我们从头开始，跟随吴蛮的成长经历，来探索，来思量吧！

两岁时的吴蛮

启程

"文化大革命"即将在中国爆发的前夕，一个女孩儿出生在浙江省杭州市西湖畔。

她的父母欣然欢迎他们第一个孩子的到来，费尽苦心要为她取一个称心如意的名字；因为中国人相信孩子的名字象征父母寄托于他们的期望，会影响孩子的一生。这家的姓不巧是吴，取得不小心就成了吴德、吴智、吴忠、吴孝这种惹人取笑的反效果名字。这对父母期待这个女儿将来坚强勇敢，能在这世界站稳脚步闯出自己的天地，而不屑像云、雪、花、香之类常用在女孩子身上的美丽字眼。他们又不喜欢当时极为流行的红、专、革命、

建国、武军之类如口号嘶喊的政治名字。他们最后看中了《菩萨蛮》中这个"蛮"字，觉得这个字潇洒豪放，有一种刁蛮泼辣的俏皮劲儿，肯定不是温柔美丽的；而一旦放在吴姓之下，却又有一份缓和的作用。

《菩萨蛮》为唐教坊曲名，约于公元847—859年从西域传入中国；当时女蛮国进贡奇珍异宝，个个穿戴华丽，让人感觉宛如菩萨，他们的音乐和歌舞一时风靡中原，俗称为菩萨蛮，成了曲调中最古老的、而且不断被历代诗人谱词作曲的模式。女蛮国人其实是伊斯兰教徒，菩萨蛮很可能是波斯语Mussulman 的译音。深通文学艺

术的这对夫妇觉得在《菩萨蛮》里总算为他们的女儿找到了一个既源头古老而又中西合璧的好名字。当然他们不可能想到，有一天这女儿的名字会音译为英文的 Wu-Man，与英文中的女人（Woman）极其近似，使她中文和英文的名字都不同凡响，令人一见难忘。

这对夫妇是深爱艺术的年轻知识分子；父亲出身工人家庭，是学西洋画、版画和木刻的艺术家，中年后专攻花鸟国画，精于中西结合的新版国画，他在坐落于杭州的浙江美术学院（如今的中国美术学院）任教；母亲出生书香门第，当医生的外祖父母都是深通古文古诗的读书人，她在杭州市政府附属幼儿园当老师。头胎女儿出生三年后，他们还添了一个男孩。

他们一家四口住在杭州下城区市政府宿舍。这是一栋 20 世纪六七十年代典型的居民楼，也就是北京人叫的筒子楼。一家四口挤在一间小房间内，厕所和洗漱室是公用的，厨房只是门外走廊依墙而搭的一个灶，烧的是那种圆形中间有小孔如蜂窝的煤球。煤球是配给的，是难得的东西，没得用时只能烧碎煤渣，那就更难起火了；他们每天到处找寻废弃的纸张和木屑，用来生火。起火的时候，要拿扇子猛扇，还要祈求煤不潮湿，这才起得了火。每当烧饭的时候，整个走廊乌烟瘴气，气味会侵入每家的小房间。一家烧菜，十家闻香；如果添了一点菜，人人都会跑来问："你家来了稀客吧！"

那时物资极为缺乏，每家都靠配给的食物过活，凭票证每月领一块肥皂，一包火柴，一点米和煤、糖、盐、油，一斤肉，蔬菜倒还比较充沛。偶尔拿到一只苹果，他们全家四人分食。家家户户都是这个样子，左邻右舍过着一个模样的日子，他们也不觉得有什么特别的欠缺；在父母的护卫之下，两个孩子的生活平静而温馨。

西子湖的女儿

到吴蛮进小学的时候，已是 70 年代，浙江美术学院分给他们两间房，就在西湖的柳浪闻莺公园旁边，位于南山路上。三潭印月的美景近在咫尺，沿岸一桃一柳相间对应，每值春日桃花嫣红迎人，柳叶青绿袅袅拂岸，落花和柳絮飘在湖面；大人常说些"上有天堂，下有苏杭"的话，孩子听惯了，心想天堂大概就是这个样子吧！大人也爱说 13 世纪时马可·波罗曾到过此地，赞誉杭州是世界上最优越高贵的城市。两个孩子觉得马可·波罗这名字好滑稽，像是什么可吃的水果；他们在湖旁的柳荫深处玩耍，在花丛中穿梭捉迷藏，幻想马可·波罗也曾和他们一般在西子湖畔嬉戏。

吴蛮的父亲深通古典文学，又有国画的专长，他在吴蛮七八岁的时候就开始教她画国画念古文。在不到10岁的时候，吴蛮就可以把白居易的《琵琶行》倒背如流。这些早年中国固有文化的熏陶深深地影响到她后来的音乐创作。也在这时，满腹经纶的外婆从宁波搬来与两个孩子同住一室，常给孩子们说些古书上的故事，那间房子同时也是他们的饭厅、客厅，和孩子们练琴的地方——因为吴蛮开始学琴，弟弟也开始吹笛子了。父母都深爱音乐，父亲尤其富有音乐感，有一副好嗓子，闲来喜欢在家高声唱歌，唱的都是些艺术歌曲，譬如《在那遥远的地方》和《达坂城的姑娘》，就是不爱唱当时流行的革命样板戏。吴蛮也跟着高声大唱这些艺术

9岁的吴蛮与柳琴

歌曲。

据父母说，当吴蛮还是11个月大的宝宝，话还不会说呢，居然就已经唱起歌来。她两岁多的时候，有一次单位发票让他们全家去看电影，当时的电影院没有电影只放纪录片，那天放的是毛泽东阅兵演讲，欢迎柬埔寨的西哈努克亲王；吴蛮个儿小，坐在椅子扶手上，兴奋非常，看到纪录片里的汽车出现，忍不住"嘀嘀叭叭呜呜"地大唱起来，惹得全场大笑，觉得比银幕上的纪录片有趣多了。电影下幕后，所有的人都来看这位会唱歌的小女孩。

吴蛮的母亲还记得，有一天在幼儿园里听到一群孩子在集体唱歌，有一个声音特别动听，就问是谁。那位老师说是吴蛮，说她的歌唱得出奇地好。又一次他们去当医生的外婆家玩，父母发现院子里有一堆三四年级的学生围着当时还只有4岁的吴蛮，吴蛮又唱又表演，正在手舞足蹈地给这些陌生的大孩子说故事，一点儿也不怕生。吴蛮的母亲得意地述说这些往事，指出吴蛮从小就有音乐天才，表达能力特强，喜欢在人前表演。

吴蛮自己回忆，她从小对艺术就有份莫名的感动，在美的各种表现中感到热情和冲击。也许受到父亲的影响，她的视觉和听觉都特别敏感，这些影响到她一生音

吴蛮、父亲吴国亭和弟弟吴莽

乐的发展和对于舞台设计的灵感。她用后来设计的《上古之舞》（*Ancient Dances*）为例，指出其中有很多父亲创作的油画的影子。她酷爱中国的古典文学，唐诗和宋词是她作曲的源泉，也是她一再制作的曲目题材。走遍世界之后，她最向往的景象仍然是江南的亭台楼阁、小桥流水。杭州将永远是她的灵魂故乡。

在吴蛮父亲就职的美术学院，人人都知道吴老师家有个小美人，作画时常请她作模特儿，她也能乖乖地摆出姿势，不动不闹。在她 14 岁在外读书前，她都是美术学院的义务模特儿。她的画像常出现在当地的挂历上，照片大头像也多次呈现在杭州照相馆的玻璃柜橱里。她的油画肖像很可能至今还挂在杭州某户人家的墙壁上。

邻居中一位在浙江歌舞团工作的朱良楷叔叔，听到她在公共盥洗间唱歌，跑来告诉她父亲："你家女儿爱唱歌，我看她音调准确，很有音乐天赋呢！

你让她学音乐吧！"就像天下的父母一样，这对父母早就深信他们的宝贝女儿必是天才，这一来更是乐不可支，下定决心将来要让她学音乐。

"文化大革命"

杭州这个"天堂"里也有噩梦。在"文化大革命"的十年浩劫中，街上闹哄哄的，总是有人在那里挥双手喊口号，挟着一些戴着奇怪的帽子的"反革命"囚犯，五花大绑地游行。一有风吹草动，这些人就像打摆子一样疯狂地在城里闹起来。这对父母处处小心谨慎，什么也不说，什么都不敢做。父母均是年轻人，不是"反革命"的出身，父亲又幸好教的是国画，如果沾上西方的东西就遭殃了。有些学西画和西方音乐的同事就被抄家，遭到批评和斗争。但是有一天，整个美术学院都收到通知，要响应党要求知识分子下乡的号召，到浙江乡下去当民工，以盖房子来劳动改造。

父亲去了很久，只有过年过节才回来一下。因为孩子们还不识字，他用卡通画把工作和生活情形画出来给他们看，孩子们每次收到他的信都看得笑起来。他纤细秀气拿笔画画的手，变得粗糙变形。有一次他在工地摔跤，把腰骨摔坏了，进了医院；可是当时医疗条件差，没

治疗好，这以后他带着残伤，终身为腰痛而苦。但是他从来没有抱怨过，也不多谈他在乡下的事。孩子们不懂得周遭发生了什么事，父母亲呵护着不让他们感到当时社会的惊恐，只是孩子们也能意识到压抑下的紧张空气。

吴蛮7岁时进入普通小学，同时跟随那位早就赞扬她有歌唱天赋的朱良楷叔叔学柳琴。朱老师是浙江歌舞团的演奏员，那是当时省府一级艺术团体。他们从来也没有付朱老师学费，朱老师只是在来教课的那天下午，留下来吃顿晚餐而已。学柳琴也是一个偶然，只因为那时仓库刚好有那么一把旧琴闲在那儿，可以随便拿来用罢了。那是一个没有个人选择余地的时代，环境给什么就是什么，环境能给就已经难能可贵，从没想到这世界还有个人可以选择这么回事。

柳琴像琵琶一样都是弹拨乐器，体格小一些，只有三根弦，简易很多，适合小孩子学。然而这年纪的孩子一心爱玩，觉得课业完毕还要枯坐练琴是一件苦不堪言的差事。看到别的孩子在外边玩，吴蛮心中就老大不平，恨不得也跑到外面去踢毽子、跳橡皮筋。父亲逼她练琴逼得很紧，她却一有机会就溜走。一旦不小心被父亲抓到，就是一顿痛打。如果是现在，他该是个标准的虎爸。

父亲打起来手下不留情，吴蛮深感委屈。外婆疼她，不愿见她挨打，吴蛮在外头玩耍，外婆就在巷口当守望；一见父亲的身影，外婆就赶回来发警报，吴蛮飞快地溜回家，马上拿起柳琴练起来，这才免了一些痛楚。其实父母都慈祥温和，只是那时的教育崇尚体罚，父母以打孩子为教导的必要手段，人人信奉孩子不打不成器。父亲一定对曾经体罚过他们而心存歉疚，孩子成年以后，他最不爱听人提到这一段往事。

浙江艺术学校

吴蛮在普通小学一直读到三年级，有一天，校长带着一批浙江省艺术学校的老师走进教室来，他们审视学生的面貌和身材，选出一批外貌端庄、手指特长或是腿长而直的孩子，然后再进一步考查他们在唱歌跳舞方面的才能。自从"文化大革命"开始，所有的大学和专科都已经停课，从高中毕业出来的年轻人必须下乡去跟农民学习，从事长期的艰苦劳动改造。只有极少数在艺术、音乐和体育方面有才能的人，才有机会为社会主义的祖国服务，继承神圣的无产阶级事业，逃脱下乡的命运。这批被选出的孩子在特殊的学校读书受训练，不但不需要交学费，一切衣食住行的费用都有国家担负，如被选上就像是中了头奖一样，所以大家都极力争求这个好机会。

吴蛮面目清秀，身材高挑挺拔，马上被艺术学校的老师们从班上选出来。在校长办公室，他们要吴蛮唱一支歌，然后随着音乐节奏做出舞蹈的姿态。吴蛮顺利地通过才艺考试。于是，在老师和同学充满羡慕的眼光之下，进入浙江省艺术学校（即现在的浙江省艺术专科职业学院）住校读书。

老师与父亲谈话，要父亲当时就决定吴蛮一生的发展途径，是要她学音乐还是舞蹈。父亲毫不迟疑地选择了音乐，他说音乐的生涯很长，比较之下舞蹈的生涯就短了一大截。吴蛮就这样走向音乐，从此离开了家，搬进了郊外黄龙洞的校园。学校面对一片青绿的农田，南北两方有高耸的山峰屏障，后山还有深邃的林荫和瀑布，环境至为安静优美。近百个学生全部住校，有专门老师照顾他们的生活起居，生活和学习都十分愉快。艺术学校的课程与普通学校一样，只是空余的时间必须全部用于练琴。吴蛮这时 9 岁，热爱音乐，会唱自己编的歌，有很强烈的乐感；当时在她心底里已经立志要做一个出众的音乐家。

在她 12 岁时，"文化大革命"终于结束，压抑了 10 年的惊恐焦虑一下子萌发为一股新生力，社会上百事待新；就是住在与外界隔绝的艺术学校

12岁时的吴蛮

里，大家也能感觉到空气中这股蓬勃的气息。就在此时，教她柳琴的艺校老师姜水林对她说：

"你的柳琴已经学到底了，所有可学的你已经学到，该是改学琵琶的时候了。"

始弹琵琶

琵琶是一个竖抱的四弦乐器，原是吴蛮父母深爱的乐器，在他们家乡江浙一带普遍流行，与二胡一样，都是自西域传入的外来传统乐器，经历两千多年来的演化，已经融入中国的传统文化。源自中国本身的七弦古琴，是传统文人自娱的主要乐器，仅用以弹唱高山流水，而不加入其他乐器的演奏。琵琶就不同了，一向大众化，是介于文人和民间音乐之间的媒介，又是中国

古典音乐文化的代表之一，可独奏可合奏，可做主角也可当配套，甚至可以在演奏中跑龙套，因之琵琶的适应性和活动性非常高。吴蛮的父母认为琵琶是中国乐器里最丰富多彩的，而手抱琵琶的女孩显得又美丽又优雅，所以极为赞成。

擅长江南丝竹音乐的顾俊老师开始作为吴蛮的琵琶老师，系统地教导她弹奏一些曲调。琵琶的难度很高，光是"轮指"的技术就要学两年，十个手指的灵活性和肌肉的控制性需要不断地练习，于是她把所有的时间都放在学习上，每天练习起来长达六七小时，一弹琵琶就进入一个美好的音韵世界，遨游其间喜爱得不能释手。吴蛮渐渐意识到她们的生命紧密相连，好像她与琵琶有一种共同而独特的语言；铮琮音符从琴弦流出像是从她心底发出来的声音。

学习琵琶两年后，顾老师对她说："北京的中央音乐学院公开招生，要在上海招考，这是一个千载难逢的好机会。"

学校的师生都非常兴奋，这还是自从1949年以来，第一次公开招募艺术人才，要培育一批精英。"文化大革命"过去了，邓小平领导革新，全国大学中学纷纷复学，失学多年的青年都踊跃报考，要回去读书。体育和艺术的人才也将要从全

国各地选拔出来，以最好的条件集中在北京训练，在与外界隔离了 10 年之后，再度进军世界。

吴蛮当然要去上海参加考试。她的父亲说："如果你两天就从上海回来，那就是说你没有机会了；如果你一下子回不来，那就有苗头了。"

进入中央音乐学院

13 岁的吴蛮独自抱着琵琶，满怀兴奋地登上火车，投奔住在上海的舅舅。杭州到上海的距离，今天坐高铁只要不到一小时，当时她却几乎坐了一整天。

吴蛮的表哥陪着她去报名。天哪！没想到从各地赶来报名的人有这么多，一字长龙密密麻麻排了好几条街。这些都是来竞赛音乐才艺的学生，光琵琶这一项目就有 800 人，报名的总人数高达数千人。再一想这不过只是上海一个考试中心而已！全国还有好几个考点呢！那加起来不就是有几万个竞争者吗？而录取的不过百来人。大家都感到竞争的压力，个个沉着应战，没有谁敢浪费时光，排在队里就拿出乐器来练习，或是吟咏歌唱。

这是 1977 年，"文化大革命"以来第一次人们可以不论出生背景而平等地争取入学读书的机会。在"文革"的十年当中，只有那些有"三代红"背景的人才能进入学府学习，其他的人都被送到乡下劳动去了。被"文化大革命"压制了十年之后，有才艺的青年人一下子都挤着从各地方乡村赶来要争取这个进入北京中央音乐学院的机会，再加上像吴蛮这样从地方音乐学校赶来的中学生，所以排队的长龙长达数里。

好在吴蛮从来都有一份能耐，被她的家人笑称为"人来疯"，就是她每逢考试都无比的兴奋，而且是越重要的考试越是兴奋激昂。然而，一旦进入考场，她却能完全集中精神，把这份兴奋化成狂热和专注；所以在考试中，她的表现总能比平时还要出色。次日，吴蛮进入第一轮初试，在李光华老师面前弹了一首《唱支山歌给党听》，这是首西藏民歌改成的琵琶曲；她才弹了一半，李老师就挥手叫她别再弹下去。吴蛮很纳闷，"是不是我弹得不好呢？"随后闷闷不乐地离开了考场。

次日在万头耸动之间，每个考生都紧张地在墙壁上看榜。找不到自己号码的人不肯放弃，一再继续寻找，找到的人，欣喜欢呼。吴蛮找到了自己的号码，她倒没有什么特别的惊喜，心中只是想到父亲的话："两天不回来，就有苗头了。"

轮到第二轮复试已是半夜 12 时，外面正下着倾盆大雨，在上海音乐学

吴蛮与母亲陈启朝

院校园的考场里，主考的是王范地老师，旁边还有十多个老师一字排坐在前面，好大一个阵势。王老师要她弹一首自己喜爱的曲子，吴蛮就弹了一首《彝族舞曲》，这首复杂艰难的琵琶曲，也正是她的拿手戏，她的确是有意在老师面前炫耀。她弹完后，整个教室鸦雀无声，老师们都不说话。

等过了一阵，王老师才说："再弹一曲吧！"于是她又弹了一次《唱支山歌给党听》，这次弹完后所有的

老师一致鼓掌叫好。然后王老师叫她把手伸出来给他看，赞叹地说："手指还挺长的！"又观察她沿着教室走一圈的姿态，说："好的，你回去静等结果吧！"

隔日，吴蛮在榜上看到自己的名字，这一轮她又顺利通过，继续进入第三轮音乐理论考试。等到为时一周的考试一结束，她就回家等候考试的结果。

一周之后的一个下午，顾老师手拿电报，手舞足蹈地跑进他们家，

喊叫着说："全国只选了你一个琵琶考生去北京。文化部和中央音乐学院要你赶快去北京，参加新生汇报的演奏！"

当时吴蛮并不知道，在第二轮考试中很多坐前面的老师其实是全国重大报刊的名记者，包括《人民日报》和《光明日报》等，他们回去后大篇报道她的考试情形，说是 13 岁来自西子湖畔的吴蛮弹起琵琶来使老师们忘了考试，好像在听一场音乐会。一曲弹下来，鸦雀无声。

吴蛮知道她要上路了，仿佛自生下地来她就在往这条路走去；去的是北京，或者更远？远到何处呢？会是宽阔浩瀚的未知世界吗？

进入北京

12岁的吴蛮与琵琶

进入北京时天已经黑了，吴蛮的北京监护人来火车站接她。他们坐着公车沿着长安街经过天安门广场，巨大的毛泽东画像挂在天安门的城楼上盯着他们望。这是吴蛮第一次到北京，当时街上很黑，不像现在的北京灯火辉煌，但是她已经看到街道的宽阔和整齐，建筑的高大和雄伟，北京豪迈的高规格与杭州的小巧玲珑全然不同。她感到这是全国精英之所在，政治文化的中心；她无比兴奋，不能相信自己真的到了北京，也当下就打定了主意，这就是她未来发展之地。

她刚到北京放下行李，就参加了中央音乐学院新生汇报的大演出。

《彝族舞曲》一鸣惊人

北京市体育馆万头耸动，中央电视台实况全国转播，这在当年是空前的大场面。全国选出的音乐才子，演奏小提琴、钢琴、二胡、扬琴的和演唱声乐的都聚集一堂。当今中国社会上有名有姓的音乐界中坚，都是那时一炮而红脱颖而出的。吴蛮到演出时才知道很多重点报纸曾经大肆宣传她在上海考试时的表现，登出她的相片，称赞她是新发现的杭州琵琶天才，所以她是众人瞩目的焦点。好在她是个被家人说笑的"人来疯"，也就是已提到过的每当人越多压力越大她也越兴奋，但也能把这兴奋的情愫专注入表演的特点，她于是聚精会神地演奏《彝族舞曲》，不顾舞台前万头涌动，众目集中注视。一曲既罢，掌声雷动，据说观众里有不少人感动得泪下。

《彝族舞曲》如是成了吴蛮的招牌曲，也成了琵琶乐谱内最热门最受欢迎的一曲。这以后在全国琵琶水平的检定中，指定必弹此曲目。

《彝族舞曲》是王惠然在 1960 年依彝族民间音乐而写出的琵琶曲。彝族是世代居住在中国西南地区的少数民族，男女自由无羁地以歌舞歌颂爱情，彼此对唱山歌来寻找另一半。曲子开始时呈现出彝族山寨迷人的夜色，在皓月当空下男子弹着琴伴奏姑娘的舞蹈，优美抒情的旋律转动在粗犷强悍的节奏下。接着的主题用了琵琶最有光彩的中音区，以柔美的双音用推挽滑音的手法描绘出姑娘轻盈的舞姿。其中又穿插长挑轮指，表达姑娘激情的歌唱。男子接着也跳起了热情的舞蹈，快速的挑轮，表示小伙子抑制不住的兴奋和急迫。舞蹈更加活泼狂野，通过音区逐层翻高，拂轮把音乐推向最高潮。顷刻，象征爱情的山鸟鸣起，夜幕下的山寨变得朦胧飘渺，对对情人隐没在花丛下树荫深处，消失在远方。泛音渐渐静下来，月光下的景物如梦似幻。

吴蛮是一个生逢其时的人，她学习音乐的机缘，正巧碰到最好的时机。这首表扬爱情的曲子在"文化大革命"刚结束的时机演出，好像有一层特别深重的意义。大众压抑已久的感情，借着《彝族舞曲》里男女情爱的兴奋而发泄出来，成了庆祝重新获得表达人性自由的一个象征。人们对"文化大革命"时代的样板戏音乐和对于人性的严酷管制厌烦之至，那时所有个人感情的表露都被当作该受惩罚的资产阶级情调，这下子大众狂热地欢迎题材开放的音乐，彝族男女自由地谈情说爱的音乐正符合观众的心态。另一方面，在"文化大革命"的时代，一切要靠个人政治背景的根正苗红才能过关，这次选出的人才则全靠个人的真才实力，不含任何政治因素。这个大演出象征了一个新时代的来临，中国的艺术界开启了新的一页。

她成了来自西子湖畔的吴蛮，一个会弹琵琶的天才少女，杭州人都以她为荣。在中央电视台实况转播的时候，杭州人到处寻找电视去看她的演奏转播；那时电视很少，极少私人家里会有电视，她的父母也到歌舞团的电视去看她的表演，全城的人都热情地为她助阵。

中央音乐学院附中

中央音乐学院就在长安街边的西单，属于西城区，离民族文化艺术宫不远，以前是清朝恭亲王故居。以往的旧房子作了教室、餐厅、办公室和医务室，空地和花园则盖了楼房作为学生和教师的宿舍。吴蛮在音乐学院附中读书，宿舍里一间房屋住了12个女生，睡上下铺的床；同学来自全国各地，广东、上海、黑龙江、河南等都有。同学相处愉快，数十年之后的她们，都成为中国音乐界的有名之士音乐学校的教授，或是各地交响乐团的演奏家。吴蛮成为了闻名世界的音乐家。

当时吴蛮一进学校就是万众瞩目的明星学生；她做事认真，对人真诚，各科学习成绩都很优越，琵琶专业尤其出众。她从小学到大学一直是模范学生，总是被老师委派为班长。中央音乐学院附中的生活条件很好，除了免费食住之外，还有每月10元左右的零用钱，这是外面一般学生可望而不可即的特殊待遇。只是她最开始的时候非常想家，因为离家太远，只有逢年过节才能回家看看家人。

学校里有教导老师主管政治思想、学习中共党史和国家政策。音乐老师主管音乐教育，以苏联的音乐课程为教学标准。除此以外，他们还与外边普通学生一样要学习文科课业，只有理工科可以不学。在音乐方面，钢琴是必修的副科，还有音乐理论、外国与中国音乐史、视唱练耳、音乐作品分析等等。他们所有空余的时间都花在练琴上。

邝宇忠老师

整个附中有两百多个学生，这一届民族音乐系班上有12个学生，学琵琶的就有6人，都富有才能，所以彼此间的竞争也很厉害。吴蛮的琵琶老师是邝宇忠，与吴蛮的父亲同年，对待学生像父亲一样，不仅教他们音乐，指导他们琵琶的技术，也像父亲般教导他们的生活和为人。他严格中带着慈祥，不轻易有笑颜，如果一旦对你微笑，那就是对你极大的肯定和赞许。他为人正直执着，基础教育坚实，为人认真而内敛，性情坦诚而平和，要做的事会全心全意地去做，一定要做到完善为止，是个旷达豪迈的北方汉子。

新学年的第一个暑假吴蛮没有回家去看父母，而是留在北京练琴。邝老师主动地顶当起父亲的角色，在生活上照顾她，并给她上琵琶"小灶"课。那时老师与学生的关系十分深厚，是一生一世的感情，学生敬重老师，而老师也一辈子始终不歇不休地关照学生。吴蛮深深受到邝老师的教诲，不仅学到他的琵琶技术，在性格上也受到他的影响，一生以他的为人做事为自己的榜样。

邝老师曾往非洲演奏，不幸得了肝炎，如今已过世。吴蛮永远怀念这位恩师。

就读中央音乐学院附中期间的吴蛮

多梦的少女

　　吴蛮在音乐学院附中的生活固定而规律，像是"四点一线"，也就是每天跑在宿舍、琴室、教室、食堂这四点之间。一早起来，就进早餐、做早操、早息、上课，按着时钟摆动，不差一拍。周六仍然一样，只有周日可以休息。

　　那时中学生不许交朋友谈恋爱，就是大学生也同样禁止。社会对于男女之间的关系还是十分保守，男女学生之间也谨慎地保持距离，彼此不相来往，不越界线。他们唯一的娱乐是看看电影，听听音乐，或到美术馆看画展，那时没有逛商场泡酒吧的事。国内的电影题材保守，内容沉闷，他们争先去看"内参片"，那是专为艺术研究所安排作为参考批评的外来电影。他们看了很多台湾编剧琼瑶的电影。校内的女学生本是情窦初开的年龄，对爱情似懂非懂，却是无限地向往琼瑶笔下那种不食人间烟火的爱情，再加上俊男美女的情爱表演，正中她们的心怀，都看得如梦如痴。她们也崇拜邓丽君，爱听她的歌曲，人人拿着一个方砖式的录音机，一再听她的磁带。那些靡靡之音对她们来说非常新奇，原不知歌还可以这么唱；对于音乐的多方面形式，她们有了一个新的了解。她们也特别喜欢三毛写的书，羡慕她自由无缰的飘荡，渴望可以一个人跑到沙漠去流浪；这些女孩子一读再读三毛的《橄榄树》，百读不厌。

吴蛮那时是学习成绩好的优秀生，柔发披肩，身材窈窕，面容姣好，是众多男生的梦中情人。她不时会收到一些校内或是校外完全不认识的男生寄来的情书，她一概置之不理，一心读书和练琴。直到高一的时候，从外地转进来一位男生，是

个英俊潇洒的阳光少年，专习西洋乐器小号。他们无形中发生了朦胧的情意，可是手也不敢拉一下，只是在一起做功课而已，就是这样也被同学当作一对情人捉弄取笑。不久阳光少年转了学，这段感情也就不了了之。

吴蛮这个好学生也曾经被处罚要作自我检讨，这个插曲是这样发生的：他们的生活如军队般的严格和规律，6 时起床，6 时半出操，7 时早餐，然后上课等，晚上 9 时关琴房，10 时上床，随后集体总关灯，然后就有保卫科的警卫带着手电筒来查房巡视，看大家是否乖乖睡觉。

中学部住厢房，从木头窗户可以看到窗外。有天晚上明月皎洁，从窗户照进来，光亮得像大白天一般；大家都睡不着，闹着要吴蛮说鬼故事。吴蛮的外婆是读古书的人，从小就被吴蛮和弟弟缠着讲故事，常常会说些聊斋鬼故事和西湖雷峰塔白娘子的传说，所以吴蛮满肚子都是妖精鬼怪故事。在同学一再怂恿之下，吴蛮绘声绘色地说起鬼故事来，把气氛描画得鬼影幢幢。正当大家听得毛骨悚然之际，有一个同学调皮地拿起手电筒对着自己的脸一照，张嘴怪声大笑，把大家吓得惊魂失魄，以为鬼真的来了，相抱一团尖声大叫。

这一叫就震动了整个宁静的宿

舍，招来了保卫科的警卫。这些严肃的警卫毫无幽默感，一点也不同情这些吓得魂飞魄散的女孩子们。第二天，吴蛮被罚写检查书，检讨自己说鬼故事之过错，不好生睡觉的不是，当班长不作好规范反而要带坏同学之大不韪。这是她一生第一次也是最后一次作自我书面检讨。一边写自白书，一边又想到那位同学在电筒下的鬼脸，而忍不住偷偷地笑起来。

中央音乐学院

从附中毕业后，吴蛮直接进入北京中央音乐学院的大学部。住的地方换了，上课的地方也不同，但是每天还是在恭王府的校区里打转，生活也跟以前一样的固定有规律，四点一线般整天奔跑在宿舍、餐厅、课堂和琴室之间，不错一拍地赶着上课和练琴。她每天无论多忙，也要练琴至少三四小时，以保持十个指头的灵活性。除了琵琶以外，她也需要学钢琴和其他乐器。

这一切好像与中学时代并没有太大的不同，但是她也感觉到自己在潜移默化地改变，对于周遭的人和事，不再像以往一样全盘接受，而开始多了一份深思熟虑，喜欢去作分析比较，试着去了解到底是怎么回事儿。她的个性仍然沉静安详，对人真诚，做事认真。她的话不多，但是一说出来大家都静下来聆听。她又活泼风趣，偶然说一两句笑话，往往让满屋的人笑得喷饭。

陈泽民和刘德海老师

在大学时代遇到两个特别好的老师，都是使她受益终身的贵人。其一是陈泽民老师，陈老师年纪稍大，是个很安静的上海人；声音轻柔，像个典型的文人书生。他继承琵琶大师曹安和的流派，非常擅长刘天华和阿炳的琵琶风格，对他们有独特的见解，他的演奏谨严规范。

吴蛮与父亲吴国亭

另一位是刘德海老师，吴蛮追随他学习，从大学二年级一直到毕业，他是中国琵琶演奏史上的重要人物，始终活跃在音乐舞台上。他面白无须，性格外向，话很多，爱比手画脚地作演奏示范，爱说笑话，爱吃也喜爱自己动手做菜，他的烹饪技术是第一流的。被他选为学生是一大幸事，因为可以吃到他亲手烧的好菜。他常外出演奏不常留在北京，所以有机会上到他的课是非常荣幸、非常值得珍惜的。他住在校外，要转两次公车才能到他家，每次得花一个半到两个小时时间，然而他讲的课太精彩了，分分秒秒都值得这长途的奔波。往往，刘老师会说，教完了，上桌吃饭吧！一边围上围裙，一边仍然不停地讲课。不到半小时，他像魔术家般变出一桌丰富的江浙菜肴，色香味俱全，好吃极了。对吴蛮这个住在宿舍里常年吃大锅饭的学生来说，这是天大的福气。他做的菜和他弹的琵琶一样，富有美丽的色彩，自成体系。

刘老师讲究音乐要从心所欲，强调音乐的创意，一曲琵琶弹出来，每一个音色都应有无数的变化。他要求学生讲究在舞台上演奏的技术，如何使坐在最后一排的观众也能听到，如何控制声音使其尽量美好。刘老师现在八十几，仍然健壮。夫人庄老师是刘老师的同学，学钢琴的，夫人说一不二，刘老师一切俯首听命，要不要收学生也先得夫人同意，在音乐界是有名的"气管炎"（妻管严），被称为模范丈夫。他们育有两子，很懂得生活，家庭和乐，事业有成。吴蛮非常感激刘老师的教诲，在演奏的时候常想到他教的演奏技巧，以及他强调的与观众交流的重要性。

男生的梦中情人

大学的同学仍然和乐相处,然而已经没有中学时候的单纯,人人都是成千上万人中选出的音乐精英,不久都要进入社会工作,也许有一份竞争的压力在友谊背后膨胀发酵吧!大家都认为最好的毕业生才可以留校任职,其次的就任各地乐团演奏员,再次的必须回到原籍,不一定能教音乐,也许只是做普及教育的教学吧!要留校任职就必须要比别人高出一等才行。

吴蛮在大学里是男生的梦中情人!她学习好,人品好,长得秀丽,长发披肩,每天拎着琵琶在校园走动,男生们只能梦想而不敢付诸行动,一些女生也不免心怀忌妒。至今,都已中年的男同学们说起吴蛮,还沉湎在当年美好的记忆中:"哦,她绝对是校花啊!我们都不敢跟她说话!高攀不上嘛!"

有一次她又收到一个男生传来的小条子。这种事发生频繁,她也没有注意就把小条子丢到废纸篓去了。没有想到,一位女生把它拣回来,交到上级打吴蛮的小报告,说吴蛮在谈恋爱了,破坏学校纪律。

班主任是一位思想僵化的老太太,她的工作就是要抓学生的政治思想,以保证他们的思想端正。吴蛮被她叫到系办公室去谈话,被着

实教训了一番;好在经过一顿折腾之后,最后也不了了之;但是,此事使她十分颓丧,消沉了好一阵子。吴蛮想起来就深感委屈,怎么世上会有这样的人?大家还都是学生怎么就已经沾染这丑恶的世俗恶习?可是从另一角度说来,这件事也使她成熟了很多。

20世纪80年代初期,中越打起仗来,邓小平时代的《血染的风采》歌曲风靡一时;中国红十字协会要大学生义务捐血,因为当时国家急需鲜血。虽然说是义务,其实希望大家能自觉捐血。吴蛮在中学和大学里一直都是班长,当时身体状况并不好,但是班长必须带头,她只有硬着头皮去献血。献血之后,她全身过敏肿胀起来,把所有学生都吓坏了,再没人肯去献血。这事闹得很大,学校非常头痛,把全体学生招来开会,说吴蛮身体不好,才会如此,别的学生仍然要继续捐血。结果学生们一边抱怨,一边勉强地去献血。

吴蛮身旁无家人,一人肿胀着身体躺在宿舍,十分紧张焦虑,不知得了什么病,好在这事最后也过去了。这些事都使她变得坚强,她学着去应付,得以成熟长大。她深信生活中充满了考验,都是给她学习的好机会。她对自己说,如果没有这些挫折,我怎么会成长呢?而

且怎么会懂事呢?

初尝爱情

那时恋爱还是禁果, 在中学时代曾有同学因为谈恋爱而被勒令退学。到
吴蛮进大学的时候, 风气渐渐开放, 但是大家的行动还是非常保守, 男女朋
友连手都很少拉一下。她有一位从初中时代就认识的男同学, 两人在一起像
青梅竹马的伴侣般长大, 彼此默默地照顾着对方。他在音乐学院学打击乐器。
在他们大三的时候, 两人偶尔一起去看场电影, 很自然地走在一起成了男女
朋友, 令当时很多男生心酸气馁。这位男孩是湖南人, 到了寒假或暑假的时
候, 他们也曾去看过彼此的家人父母。这样一直做了 5 年朋友。1989 年他
去了日本留学, 那时吴蛮已在读研究生, 没有去日本的计划, 所以无法订下
终身。当时她希望将来去美国, 总觉得中美文化的差异比中日大一些, 去美
国会比去日本有更大的挑战, 她的本性是迎接挑战和面对困难的。

这场云淡风轻的爱情, 没有涟漪波澜, 未经挫折阻碍, 一切听其自然,
也就这么轻易地结束了。双方都没有太多伤心和失落的感觉。在感情这方面,
吴蛮是一个极为理智的人。她从来没有经历过失恋, 也没有爱得失魂落魄过。
即使曾经有很多人追求过她, 她都把握得很稳, 不曾动心。是不是因为她把
热情和梦想都放入音乐之中了?

西方艺术进入

那几年中国日益开放, 有很多国外来的音乐会和画展。美国石油大王哈
默运来大批他个人收藏的名画, 其中有些印象派如雷诺阿、德加、莫奈等的
作品, 当时人人一睹为快, 一票难求, 大家从来没有看过这样的画, 简直为
之疯狂。在音乐方面,指挥家小泽征尔 (Seiji Ozawa) 带着波士顿交响乐团,
奥曼迪 (Eugene Ormandy) 带领费城乐团, 德国的斯图加特带来室内交
响乐团(Stuttgart Chamber Orchestra),小提琴大师艾萨克. 斯特恩(Issac
Stern) 等, 都先后来到北京演奏, 并在中央音乐学院讲课。这还是第二次
世界大战以后首度有国际大音乐家到中国来交流, 演奏出世界级的交响乐,
这是两年前根本想象不到的事。北京为此而沸腾, 全城人如现在人追星一般
跟着这些音乐家在各处跑。当时爱音乐的北京人为了抢一张音乐会的票几乎
争吵起来。

一经接触到西方的音乐, 吴蛮才了解到西方与中国传统音乐各方面之

丝绸之路琵琶行｜吴蛮传记

不同。西方的交响乐通常没有标题，譬如贝多芬《第九交响曲》和《第五交响曲》；而中国的音乐总是有标题的，如《春江花月夜》和《十面埋伏》。中国学院派教学和演奏的方式一向遵循苏俄的模式，亲临西方音乐的现场演奏，吴蛮发现这些音乐家富有罗曼蒂克风格，重视准确性和强大有力的演奏。

20 世纪 80 年代中期，小泽征尔在北京进行了三次演出，其中一次是和吴蛮的琵琶老师刘德海一起演奏有史以来第一首琵琶协奏曲《草原小姐妹》。吴蛮欣喜地看到琵琶和西方的乐器在台上合奏，意识到中国传统乐器也可能走到世界的舞台，也深感庆幸像小泽征尔这样生在中国具有东方血统的音乐家，也能够在美国达到如此崇高的地位。在交响乐团表演之前，他们总是奏出中国和外国的国歌，一次在 "Encore" 时，他们添加美国国家进行曲（Stars and Stripes Forever）。吴蛮从来没有听过这首歌，没有想到能演奏得如此令人热血汹涌，吴蛮的心都激动得痛起来；多少年后，她还记得当时乐团惊心动魄的演奏，和一个少女满怀的狂热，好像能够碰触到美国社会的真诚、开放和热情。

小提琴大师斯特恩

到现在网络里还有人挂帖记载

1988年，北京，"刘德海师生音乐会" 第一次举办，会后刘老师与吴蛮非常开心地合影留念。

这些音乐大师们留下的震撼，在一些人的心灵里它们的余波至今仍然荡漾不息。一次在大礼堂的公演课中，斯特恩听完学生拉的一段关于春天的乐曲后，对她说："你要相信自己的心和耳朵，想一想春天在你心里的印象，想一想它多美。然后你要从心里把自己感受到的美唱出来。你不是在拉琴，你是在倾诉，在说你对这个世界的爱。"小姑娘停了停，再次拉起原来的曲子。白发的斯特恩在琴声中叫起来："太美了！"礼堂里响起一片掌声，台上台下一派融融。

当斯特恩访问上海音乐学院附小，在琴房走廊看到里面的孩子们正在拉琴，白发老者真挚地说："每一扇打开的窗里都有一个天才在成长。"

那是 1978 年的时候，他不仅是说那些孩子，也是说所有刚刚从封闭而压抑的社会走出来的中国人。那时的中国人曾像信赖自己亲人一样信赖这个老人和他背后的国家；他的琴声是优美的，他的鼓励是没有保留的帮助和喝彩，他的信息是以个性来坦诚面对世界，他双手扶着你站起来，像一个真正独立的人在大声鼓励我们表达自己。

斯特恩曾说每一扇打开的窗里都有一个天才在成长，那么也可以说其中一扇窗子后面坐着的小女孩就是吴蛮。吴蛮满怀感动地在礼堂里听白发苍苍的老人演奏，他的小儿子麦克（Michael Stern）坐在一边翻琴谱。多年之后，时过境迁，老人已经过世，男孩也已长大成为一位优秀的指挥家，担任美国和德国交响乐团的指导。那位小女孩也长大了，到了美国，多次应麦克的邀请合作演奏琵琶协奏曲。有一次在闲聊中，吴蛮惊讶地发现当年那个男孩就是他；谈及当年，两人不甚唏嘘，因为过去这段往事而倍感亲切。麦克对中国印象深刻，颇受那次经验的影响。他们从此成为音乐上的好朋友。

艾沙克·斯特恩影响吴蛮甚大，他在北京演奏小提琴，也指导中央音乐学院的大师班，这些都记载在《从毛泽东到莫扎特》这个纪录片内。斯特恩苛求音乐技术完美的程度在音乐界是有名的，吴蛮听过斯特恩的现场讲座，更是注重技术的至善至美。她也发现西方的音乐家注重与观众的交流，彼此的情绪是往返互动的；观众影响到演奏家，当然演奏家也影响到观众，彼此如潮汐起伏，往来不息。斯特恩就特别教导他们如何与观众交流，使吴蛮想起刘德海老师，他还是第一个提醒她注意到这个角度的老师。这些新颖的知识给吴蛮一个醒悟，一个冲击；她不再一心专注于自己弹琴的技术，而开始考虑听众会有什么样的感受，琴声会造成何种效果，在舞台上经历到的是什么样的回响，产生什么样的心灵交流。吴蛮意识到音乐最基本的功能就是音乐家与听众之间的交流与共鸣。这个重大的醒悟影响了她一生。这是课堂上学不到的体验。

第一次出国

80 年代初真是令人兴奋的时代，中国开放了，外地来的新经验新思想一再震撼冲击着他们，连迈克尔·杰克逊、惠特妮、麦当娜，这些大众化的音乐家也都各有他们自己的韵味和独特的意境。自从 20 世纪 50 年代以来，中国音乐一向不重视演奏家个人的性格，而把重心放在曲调和技术上。在中国传统艺术中，个人的性格好像总是隐没在背景之后，埋藏在曲调的技巧和传统的风格里，受到压抑和忽视。这外来的新鲜空气吹醒了吴蛮，一如振奋的号角在呼唤她，使她重新思考她与琵琶的关系。这些年来琵琶和她成了一体，琵琶发出的声音好像也就是她的声音。现在她却开始意识到她并不属于中国琵琶界，也不愿意停留和局限在中国传统的音乐里。她有自己的声音，她还有更多高昂美丽的声音待她自己去发掘，琵琶只是一个表达她的方式，一个工具和手段。

那时的年轻人似乎比现在的年轻人有格调，有理想和抱负；他们竭力追求艺术，渴求外界来的新思想。在"文化大革命"造成一个断层之后，随着社会的开放和改革，西方文化迅速进入，如严冬之后的春风拂面，如枯槁过后的天降甘露，年轻人如饥似渴，疯狂地拥抱新的潮流。

1985 年，吴蛮被选中参加中国青年艺术团，经过中国国务院侨务办事处的安排，由美国华人团体负责接待，到美国 12 个城市作 50 天的巡回表演和参观。这是她第一次出国，感到十分兴奋；能够代表中国年轻艺术家，更是骄傲无比。他们去的城市包括纽约、波士顿、芝加哥、休斯敦、洛杉矶、旧金山、华盛顿、费城、西雅图和圣保罗达等；可以说从东到西，从南到北，

遍及美国主要城市。

那是一次政府交给他们与美国华人接触交流的"任务"，具有统战性质的文化访问团。30 年后的今天，依然可以在海外看到这样的中国访问团。唯一区别是，30 年前是纯义务演出，而今是商业手段。

有了这次经验，吴蛮对美国的风土人情有了一个初略的认识，觉得美国的民风诚挚温暖，人与人之间有礼貌有秩序，城市的空气清新干净，美国人对中国的文化有热情有兴趣。她希望以后还有再访美国的机会，也在心中估量美国人会不会接受中国的传统音乐，是否可能在美国发展她的音乐生涯呢？

1990年，吴蛮与林石城先生

音乐学院研究生学习

吴蛮大学四年是全优生，在1987年经文化部保送直接进入中央音乐学院硕士班学习，专攻琵琶硕士。那时音乐学院刚开硕士班，优秀人才保送研究生的政策才刚制定，硕士级的课程该如何计划？与大学教学应有什么不同？需要定立何样的标准和水平？对于这些问题大家都无所适从，只有走一步瞧一步。老师和学生们可以说都在摸索之中。吴蛮是民乐系里唯一的琵琶研究生。

这个时期，国家政策大为改变，从计划经济转了一个大弯变成市场经济，个体户开始出现，一些音乐家可以到各地进行私人性的演奏，这在当时称为"走穴""跑码头""赶场子"和"走江湖"。唱片业也开始出现，各地成立录音棚，市场上卖的唱片里有流行歌曲、相声和地方剧。自由市场的贸易形式如烽火般从一个城市传到另一个城市，农民纷纷把田里的产物送到自由市场去卖，也有人在马路边铺个摊子吆喝着售卖杂货。配给票已经停止使用了，市上的各项食物和日常用品变得充裕起来，社会日益显示兴盛的景象。到处在大兴土木，学校给老师和教授在校园里盖楼筑屋，一盖都是两层三层高，不再是如以往的平房；街上不仅只是自行车来往，一些男学生骑三菱牌摩托车招摇过市，头发在风中飞扬，显得"酷"极了。

林石城先生

吴蛮在研修硕士时拜师林石城先生，他在琵琶界的辈分最高，年纪也最大，是上海浦东琵琶流派的传人；林老师是硕士的导师，也是吴蛮大学老师刘德海先生的老师，在琵琶界极受尊敬。他亲手传下第一手的浦东琵琶乐谱，教导浦东派正宗的特点，譬如气势雄伟的武曲，沉静细腻的文曲，还有各种特殊的手指弹法和变化、吟奏、音色变化和锣鼓奏法等等。这位爷爷级的老师，话不多，只用手示范，不另加解说，所以学生必须有悟性才能模仿学习。除了琵琶外，他也是个中医，因为在当年，琵琶和中医都是家传的手艺。这位老师爱惜才能出众的吴蛮，如果他在上课时发现她有咳嗽发烧之类的事，会为她摸头把脉，马上开一剂中药给她吃。他开的方子一吃下，没有两天吴蛮就好了。林师母是个能说会道的老太太，在课余休息时，师母会走过来谈天说地，好似为沉默的老师作点补偿，林先生则抽着他的香烟，顶多插入两个呵呵笑声而已。

以往吴蛮专注琵琶的技术，这时她开始回头看，学习琵琶的传统曲子，研究各种流派以及它们的历史、演变和语言的特质；她广及中国琵琶四大流派，除了浦东派以外，还研究崇明派、汪派和平湖派。暑假的时候，林先生曾带她去上海亲自探访汪派的金祖礼先生和崇明派的范佰焱先生。林石城先生曾在1959年著作《琵琶演奏法》，把上海汪昱庭列为琵琶流派之一，尊崇汪派演奏家运用琵琶上出轮的突破。各流派都有不同的特色，比如《十面埋伏》和《月儿高》这些名曲，每个曲子都因流派不同而有十几个版本；吴蛮就把不同的版本拿来作对比，分析它们风格的异同、来龙去脉和渊源传统。

走穴打江湖

研究生在校园里可算是老资格了，看着那些大学部的学生，他们自觉高了一截。硕士生每月可拿65元补贴，吴蛮的爸爸做教授也只拿53元一月，而当幼儿老师的妈妈每月才拿50元薪水。研究生在学校有吃有住，还有这么多钱，像是一步登了天。家里从来没有为吴蛮读书花过钱，她还不时孝敬父母，给他们买了黑白电视（那时还没有彩色电视）和一些小电器，都是当时家家户户羡慕的奢侈品。

吴蛮开始在课余"走穴"赚钱，参加唱片录音。当时民歌开始盛行，也普遍流行邓丽君的歌曲，她以琵琶伴奏民歌流行曲，录音一次100元，赚得好过瘾。录音棚常打电话来找她，一进录音棚，她马上戴上耳机，不到一小时可以录好几首曲子。她看谱的速度很快，拿起曲谱可以立即弹出来，所以这些钱赚得轻松愉快，录音棚特喜欢找她，而她也得到宝贵的录音经验。也有家长带孩子来跟她学琵琶，那时不兴收学费，家长偶尔也会给 5 元或 10 元，或者请她吃顿饭。每当寒暑假，她到外地"走穴"，在各地的舞台参加文艺晚会或是"大杂烩"表演。同学之间会通风报信，说某某地方有个活要不要一起去干，然后大家就组团一起去外地打江湖，河南、山东、安徽等省都这么去过。就这样，吴蛮认识了社会上一些艺术界的朋友。

这些经验让吴蛮受益匪浅，加强了她识谱的能力和速度，认识了舞台的业务情形，尤其是意识到观众的重要性。一个节目一旦登场，就要马上吸引观众，懂得如何定位，如何在仅有的六七分钟内把握观众的注意力。这些地方剧场的观众习惯大声喧哗，在台下彼此聊天吃东西，使吴蛮在最初登场的时候颓丧不已，难过得几乎不想弹下去。随着经验的积累，她渐渐通过观察别人的表演学到一些煽情的能力和技巧，把舞台和剧场当作实验室，努力学着与观众交流。她也不再拘泥于古典的乐曲，乐于伴奏当时的流行音乐，甚至也喜欢独奏流行的曲调。

爱丁堡国际艺术节

在吴蛮读硕士的时候，她加入文化部派出的中国音乐家代表团，经英国文化部的演出邀请，与苏格兰 BBC 交响乐团合作，参加爱丁堡国际艺术节。上次去美国纯粹是与民间的交流，这次他们终于与外国的音乐界有交流了。吴蛮深切地体验到世界各地不同的音乐韵味和演奏的方法，悟到音乐家有必须要走出去看看这个世界。要深入自己传统的音乐绝不是关在自己的家门里可以成功的，必须要走出去听听别人的音乐，见识到别人演奏的风格，才能真正了解中国的音乐，才懂得重视和珍惜自己传统的民间音乐。吴蛮终于了解，要发现琵琶的价值，不能仅是往后面看。她必须往前去看看这世界之广阔无垠，这天地之浩大无际。

第一位琵琶演奏硕士

吴蛮的硕士论文是关于《月儿高》的分析和研究。《月儿高》有几个版本，以汪派为主要流派，之外还有民间化的浦东派版本，两者差异巨大，有些曲调都完全不同。据说唐明皇当年特别喜爱此曲，常命宫廷乐官演奏，配合舞娘月下曼歌起舞。这是一首文曲，抒情而典雅，节奏缓慢，描述金乌西坠，玉兔东升，嫦娥弄月，银光铺满大地，万物隐

1990年，吴蛮与林石城先生

约而又分明。

她的论文是近百页手写的书稿，内附乐谱例子，然后送到工厂用油墨打字，装订成书。论文答辩的时候，满室的教授面对吴蛮，提出各种问题，对于教授们和学生，这都是史无前例的。吴蛮顺利通过答辩，成了中国有史以来第一位琵琶硕士。

答辩之后还有毕业独奏会，当时开独奏音乐会是件稀罕的重大事件，来听的均是内行的人，都想看看这位硕士生的琵琶演奏是个什么水准。演奏的曲目在当时是非常新颖的，除了古曲《月儿高》和《霸王御甲》之外还有新作品《泉》，这是作曲系唐建平同学特地为吴蛮毕业而作的琵琶、长笛与打击乐三重奏。独奏会后，一位音乐学校的副校长、亚洲音乐的研究学者陈老师，走过来对吴蛮说："今天是你 12 年来音乐教育的总结，你跟四位大师学过，但是你今天的演奏谁也不像，是你自己的风格。"吴蛮听得十分感动，在众多溢美之词中，她特别记得这一段话，对自己说："我终于有了自己的声音！"

全国琵琶比赛第一名

吴蛮从研究生毕业后，留校当了青年老师，开始任教，参加学校的演奏会，与学生们一起排练，但是还未正式带学生。她有中央音乐学院的工作证，分了一间房间与另一青年老师共住，头衔变了，薪水也增加了，但是大学里的学生并没有把她当作老师看，反正彼此的年龄差不多，装束也是一个模样。

就像音乐学院其他学生一样，吴蛮从来不谈政治；从小家里就养成不沾政治的风气，生怕一沾政治就麻烦了，凡是听到政治就避之不及。

她全心全意关注的是在 1989 年初将于北京举行的全国第一次中国乐器大竞赛，重庆一家公司赞助出资，定名山城杯。这是前所未有的首次国乐竞赛，演奏的乐器包括所有传统乐器，譬如琵琶、笛子、箫、古笙、二胡、古筝等；专业的各地民乐大师、教授、学生和音乐家都参入竞赛；十几个评委自全国各地选出，都是有权威的音乐家；所以人才济济，叹为观止。比赛又在那时刚开始流行的电视实播演出，当场打分，由中央电视台主办传播到全国各地，像今日的真人秀一样。在那年代是稀罕的大事，有电视的人都争相收看，轰动一时。因为是全国实拍直播，在全国产生很大的影响。至今还有很多人记得这30年前的大事。

林石城老师极力鼓励吴蛮参加，他知道这个比赛和得奖将对吴蛮音乐生涯的发展具有决定性的作用。吴蛮为这比赛准备了半年，林老师一直在旁小心呵护，忙着开中药补身体，像是照顾自己的亲生女儿。那时的师生关系真的是亲密忠诚，一日为师一世为师，师生之间是一生一世的情义，彼此倾心为对方付出。

吴蛮预备了五六首曲目，其中有古乐曲也有新作。在第一轮的比赛中，她把录音带送去给评委审核。通过这一轮以后，进入了第二轮竞赛，这是在北京的现场比赛，有几百人参加。到了最后的决赛，要在电视上直播，这时包括吴蛮在内只剩下五位琵琶竞选者。吴蛮刚得到

中央音乐学院的琵琶硕士学位，人家都注意到她，要看看琵琶硕士是个什么样的水平。她又代表中央音乐学院，这是人人仰望的学府，孕育着最精英的音乐家，明日之师，她总不能让她的学校丢脸。在这样大得几乎难以支持的压力之下，吴蛮在炎夏中日夜不停地练习，几乎身心崩溃。林老师每天泡两根龙须，给她送人参茶过来生精力，生怕她耐不住会生病垮下来。

天气炎热难耐，竞赛的人长时间等待，体力消耗极大，好不容易到了第三轮比赛，吴蛮累得像是脱了一层皮似的。琵琶决赛中的曲目是由各人自由选择，别的琵琶竞赛者都选择《十面埋伏》，它是武曲的代表，需要复杂而快速的指法，以表述项羽和刘邦两方敌我对峙的紧张，冲击时的快马加鞭，兵士的呐喊高呼，刀枪交接的杀戮，和凯旋的军队；这是一首纯粹炫耀快速技巧的曲子。而吴蛮特意选择的《霸王卸甲》却是文武并兼，其中有霸王项羽在战场上的奋勇武戏，也有与娇姬依依不舍的文曲段落，音乐的幅度很大，有激昂的快弹也有缓慢的抒情，音乐境界的深度就高多了。

吴蛮一上台就完全镇静下来。在强烈的电视灯光照耀下，她从容地弹奏起《霸王卸甲》，把战场上的

刀枪交错和马蹄急驰，霸王最后战败卸甲的失落，内心的苍郁和无奈都表现得淋漓尽致。吴蛮跟林老师学习浦东派对内心细腻的描述，长年下的功夫得以当场表达。

评委当场评分，平均分数马上就报告出来。98分！几近满分（从来不兴给100分的），与其他四位竞选者有显著的距离。评委显然对于吴蛮的琵琶技巧，曲目的解译和音乐整体掌控极为满意。

吴蛮再次荣登全国之首，得到首届全国中国乐器演奏比赛（山城杯）琵琶第一名。

奖品是一台彩色大电视机。那些年全国没有多少人家有彩色电视，还是早期中国自己出产的，十分昂贵。吴蛮把它运到杭州，送给双亲。街坊邻居都赶过来看新奇，对电视居然有彩色的而张口结舌惊奇不已。吴蛮光耀门楣，父母以她为荣，杭州人也以她为誉满全国的杭州女儿。中央音乐学院在竞赛后开表扬大会，很多同学都表现良好，给学校争回了全国之首的面子。

第一张数码唱片

山城杯全国第一次中国乐器大赛闹得震天价响，结束之后，中国唱片总公司决定为吴蛮录制独奏专辑，这还是他们第一次为年轻演奏家录音。稿费一次买断，给了800元，吴蛮算是发了个大财，心中欢喜不尽。

这唱片最初以78转黑胶唱盘出现，名字叫《泉》，不久就以CD形式由香港百利唱片公司再版，名字改为《霸王卸甲》。内中的曲目包括：《谨奉礼》《虚籁》《泉》《春雨》《绿》《霸王卸甲》等。百利公司和中国唱片总公司同时还出了一整套琵琶大全的唱片，囊括当时老中轻三代琵琶大师的演奏，其中收集了吴蛮演奏的古曲《陈隋》和《将军令》。

这在音乐的历史上占了一页重要的地位，这是国乐琵琶第一次以数码形式出现于音乐界，而二十刚出头的吴蛮也是第一位被中国最大的唱片公司邀请录音的年轻琵琶家，出了属于她平生第一张个人的数码唱片专辑。

演出电视剧

人生又进入一个新阶段了。她可以看得到平坦顺利的未来，自己会安稳地在音乐学院教书，等待地位与时间一起往上升。吴蛮觉得到这里也可以喘口气了。

就在这时，吴蛮受邀参加选美，这是青年联合会首创的活动，参加的女

生限于大专艺术院校的学生。无论如何选美在当时的社会还是个打破传统的新活动，政府部门大概意识到一般人可能会议论纷纷，而决定只许艺术院校的学生参加，以维持一个高尚的选美的水准。吴蛮觉得选美过于在意外在，缺乏深刻的意义而婉言拒绝了。

那年 4 月，大概是"走穴"认识的一些戏剧界朋友的牵引，吴蛮被北京电影制片厂邀请，参加一部电影的制作。这片子编织在陕西凤酒的传说之上，分上下两集，吴蛮演出的角色是第二女主角，一个会弹琵琶的女侠，会骑马会武功，以弹琵琶来掩饰真实身份。吴蛮和一个老艺人扮演父女，两人伪装在江湖流浪，趁机报仇。演吴蛮父亲的是京剧大师马连良的徒弟，知道这还是吴蛮第一次演戏，很是照顾她，吴蛮也见识到传统艺人的风度和气质。他们到陕西的宝鸡和西安一带实地拍摄，当地的民众大群围着观看。吴蛮看剧本时还在担心，自己不会骑马不会武功怎么行呢？吴蛮对拍电影一无所知，惊讶地发现骑马和武功的戏都是假的，她不过被人牵着坐在一只老马上走了几步就完成了骑马的戏，拿个棒子耍了几下也就完成了武功。整个电影里的东西大多是假的，而使吴蛮对电影的真实性完全幻灭。从这次经历吴蛮也学到一些演戏的技巧，认识到剧组从灯光、布景、演员以致导演的职责；也学会如何在舞台上与人对谈，即使在众人灼灼目光注视下，荧光灯强烈照射下，仍然要从容自如地演出。

进入新大陆

1990 年阳春，经过一番努力，吴蛮申请到了位于美国东部纽黑文市（New Heven）的耶鲁大学的深造机会。她带了七件中国乐器和很简单的行李，就这么道别亲朋好友，别乡远行。她自己也为自己的大胆惊讶，居然就这么"两眼一摸黑"出来了。她没有跟父母拿一分钱，自己"走江湖"辛苦存积下两千元美金，是她带上的全部家当。她飞到纽约的 JFK 机场，飞机还没下地，吴蛮就惊喜地发现天空这般湛蓝，下面的土地如是碧绿。进了城，她好像从一个黑白的世界一下子进入一个灿烂多彩的童话世界，被亮丽的彩色震撼得几乎说不出话来。到

机场接机的是个叫王朋的青年，是中央音乐学院一位英文老师的表弟，这位英文老师看吴蛮在美国没有亲友，就说："我的表弟在耶鲁大学作博士后研究，可以就近照顾你，你们不妨认识一下。"后来才知道，她是有意撮合他们。

神仙伴侣

王朋也是北京来的，家里都是知识界的读书人，母亲是位妇产科名专家，在北京一家有名的妇产儿童医院当院长；父亲是留美的病理医学家，满腔热血一心要服务祖国，所以一学成就归国，他不到 30 岁就成为新中国最年轻的医学教授，撰

吴蛮一家，右为丈夫王朋，中为儿子汶森。

写了中国病理教科书，用于中国各大医学院。

　　王朋秉性聪明性格开朗，忠诚爱朋友，虽然学的是理工，专修的是化学，但是小时候学过钢琴，也热爱音乐，尤其对歌剧情有独钟。他从北京大学毕业后，于 1985 年自费来美求学。他父亲在美的朋友安排他在纽约大学石溪分校（Stony Brook, SUNY）读书，拿到博士学位后，继而到耶鲁大学做博士后研究。因为他的母亲日夜忙于医院的工作，父亲又手脚不便，王朋从小就学会照顾自己，帮做家事，还会做一手好菜。他在校内有不少"闺蜜"好友，只是一直没有碰到让他动心的人儿。现在突然天仙下凡，从天上掉下来这么一位美丽的吴妹妹，又是中国著名的琵琶新星，王朋的天地也一下子从黑白变成彩色，他发现自己掉进一个灿烂炫目的奇妙世界。

耶鲁大学是闻名世界的常青藤盟校之一，学术气氛强烈。耶鲁大学在康州中南部的纽黑文市，全城只有 10 万人左右，是一个安静美丽的大学城，这一带的建筑都是典型新英格兰式红砖老屋，古典而幽雅，很有英国风味。耶鲁大学有很多中国学生，男多于女，不是学理工就是学医的，只有吴蛮一人学音乐。校园一时出现这位才女佳人，在男学生中引起相当大的轰动。看到王朋这个左右不离的护花使者，他们心里有数，对王朋的艳福羡慕不已，不断询问吴蛮还有姐妹吗，中央音乐学院里还有女同学可以介绍吗？吴蛮与王朋情投意合，又有音乐这共同的语言，一年后顺理成章地在耶鲁大学结了婚。婚礼简单而温馨，是同学们集合起来安排的。那个初夏，耶鲁大学里繁花似锦，花飞满天，好像都是为了这对新人的结合特意添加的色彩和芬芳。

从基层认识美国

刚到美国的时候，吴蛮遇到了语言困难，无法与社会人士交流，在校园里也只能和中国学生说话。她意识到英语的重要，立即进入语言中心学习口语和英文写作，也从初级班开始学习电脑，从早到晚成天泡在语言学校。这儿的学生从 18 岁小姑娘到 80 岁老公公一应俱全，都是从世界各国来的，走进课堂听到各种口音像是进入联合国似的。吴蛮领教到美国这个国家的多元性，也对美国建立了一份从基层开始的了解和认识。学校的老师和蔼亲切，尽心尽力地帮助学生，没有一点老师的架子，也和中国老师的态度和教学法很不一样。

在这段时间里，吴蛮并没有忘记她的琵琶，但是在这个无人知道琵琶是什么的国家里，会有人对东方的乐器发生兴趣吗？别的学生纷纷劝她改行学电脑！半年之后，吴蛮的

2002年，芝加哥，亚洲爵士音乐节，与日裔低音提琴家青木达幸，琵琶与低音提琴专场音乐会"真实的姿态"（Posture of Reality）演奏现场。

生活安顿下来，语言也能应付了，开始每个周末去一趟纽约。星期六动身，星期日回来。吴蛮还记得当时来回火车票一张是22元美金，在火车上闲坐时，猛然扑面袭来的是对家乡的渴望和对父母的眷念。

纽约长风中乐团

留美的中央音乐学院同学都住在纽约的哥伦比亚大学附近，例如作曲家谭盾、陈怡、周龙等。他们比吴蛮年级高，当吴蛮还在初中部时，他们就已是大学部的学生了，所以都是吴蛮的学长学姐。他们在20世纪80年代赴美，当吴蛮到美国的时候，他们都已经在美国小有成就，都对这位刚到的小妹妹伸出热情的援助之手。每个周末，吴蛮从纽黑文坐火车到纽约中央火车总站，乐团朋友小慧和启东夫妇来接她，然后大家一起去长风中乐团。

乐团在中国城一个很不显眼的街边上的楼房，楼上是个干洗店，干洗店的老板会拉二胡，把地下室免费借给大家用，这里也是他们排练的地方。这个非牟利的乐队所有的成员都是中国来的第一代移民，因为音乐的共同爱好而自动参加。最初的成员大多是广东或是香港人，平日忙他们各行各业的工作，譬如开餐馆、做会计师、开服装店或杂货店，或是大公司的研究员，也有大学的教授，他们在业余时间聚在这地下室演唱粤剧，有时也到社区去公开表演。当吴蛮到美国的时候，一批八九十年代有音乐专业背景的新移民也加入了乐团，他们多是广州和上海音乐学院毕业的学生，这个乐团的水准于是提高了很多，步入正规的专业水平。在学姐陈怡的介绍下，吴蛮欣喜地加入这个乐团，成了一位中坚分子。

长风中乐团主张以传统中国乐器来演奏现代音乐，并决定每年开一个新作品演奏会。他们这群人到处寻求资金，希望能到纽约莫尔金音乐厅（Merkin Concert Hall）演出。他们幸运地得到了州政府、市政府和联邦政府的经费，一些美国作曲家听到消息，也纷纷支持。大家的兴致更是因而高涨，开始专心作曲，希望利用这个难得的机会来演奏自己的乐器，实现自己的理想。

这批音乐家都穷成一堆，加起来也没有几文钱，可是他们富有理想和热情。六七个人挤坐一辆大型巴士到各地演奏，各人带着自己的便当，在旅馆只订两个套房，男女各一间，睡床铺也好，打地铺也行，相濡以沫分享彼此的志向，热烈地讨论着未来的展望，寄望美好的前途。他们演奏的地方是各地大中小学校，和社区的音乐厅；场地虽然不大，却开始引起音乐界的注意。

1993年，作为第一个登上美国卡内基音乐厅大舞台的中国音乐家，吴蛮与美国交响乐团合作琵琶协奏曲，现场由著名指挥家Dennis Russell Davies指挥，具有历史性的意义。

这些经历对刚到美国的吴蛮极有价值，使她从草根基层认识到这个国家，接触到美国民间的音乐听众，她的英文对话同时也得到了很多实践的机会。

作为长风中乐团的成员之一，吴蛮开始有独奏的机会，只要有场所邀请她弹琵琶，她一概接受。她去过文化庆祝节、教堂、老年人中心、中小学校等等；不论有无酬劳，她都全心全意地把她的音乐介绍给听众。她坚信琵琶在这个国家一定

会有出路，不仅是美国，就是在世界的音乐舞台，琵琶终究会受到重视。每当她走过纽约林肯艺术中心和卡内基音乐厅，她的心会噗噗地跳，她忍不住狂热地对自己说："总有一天我会登上这些舞台！"

卡内基这个举世闻名的音乐厅，是所有音乐家梦想能演出的场地。有一个众所周知的笑话是这么说的，一位走在纽约曼哈顿57街的游客问一位抱着小提琴的先生："卡内基音乐厅要如何进去？"这位先生简单

地回答："练习！练习！再练习！"

吴蛮的梦想就在 1993 年实现了，那年她登上卡内基音乐厅的殿堂，与美国交响乐团合作首演琵琶协奏曲，并在 2009 年担任这个音乐殿堂的"中国音乐节"节目委员会成员，成功地筹划了两场在那儿演出的中国传统音乐会。吴蛮也登上林肯艺术中心的舞台，数次为林肯艺术中心的夏季音乐节演奏，并被称为音乐节的伟大艺术家之一（Great Performers at the Lincoln Center Series），这些都是后话。在吴蛮刚到美国的头几年，未来还蒙盖在模糊的憧憬之中。

走出传统玩爵士

20 世纪 90 年代早期，吴蛮开始在现代爵士音乐里"玩"琵琶，试探琵琶与爵士乐配合的可能性。那时芝加哥的爵士乐界最为新进，大胆地加入南美洲的鼓和笛还有欧洲的手风琴。一些爵士音乐手也与吴蛮合作把琵琶加入爵士乐。各种非传统的声色使爵士乐一时变得五彩缤纷，光芒四射。吴蛮欣喜自己离开了中国按部就班的生活，追寻到这个充满创意的天地，得以有此音乐生涯的转折点，使她如鱼得水，自由自在地在此新天地里伸展。在与西方音乐家排练的过程中，吴蛮学到对新型作品的掌握，能解释出不同音乐的风格，体味到西方音乐的特征，以及一个作品从纸上的音符发展到台上的成品，其间的艰困和曲折。以往在中国受音乐教育时，这些都是老师给学生教学示范的成品；现在，吴蛮得一步步亲自学习它的过程和发展，用自己的心灵去体会这其中的意义。

渐渐地，吴蛮被音乐界瞩目，甚至美国主流音乐界也发现了她而常被邀请到各音乐团体演出；不仅是演奏古典和传统的音乐的团体，还有爵士音乐的乐队，甚至现代和实验性的音乐团都开始邀请吴蛮合作演出。爵士音乐家杜德吉尔（Henry Threadgill）就是与吴蛮一起玩爵士的伙伴之一。这位知名的前锋音乐家曾经在台下听到吴蛮演奏，兴奋地到后台来找她，表示愿意合作。从此两人开始长年合作录制唱片。

纽约是美国文化中心，各种先进的艺术形态在此发起，同时它也是一个文化大熔炉，融合世界各地音乐特色。吴蛮觉得自己像是一块海绵，正在吸收各种新形式的艺术，同时也在积极地追寻自己的声音。在这段时间里，吴蛮也曾为李安导演的《喜宴》和《饮食男女》弹琵琶配音。

克罗诺斯弦乐四重奏

陈怡为吴蛮量身定作的琵琶独奏曲《点》是吴蛮与克罗诺斯弦乐四重奏（Kronos Quartet）结识的媒介。克罗诺斯是美国演奏现代音乐的先锋，是一个现代音乐中最有权威和说服力的乐团。这个乐团从欧洲传统的形式里跳出来，脱离乐团一向依循的欧洲演奏路线。

当这乐团于 1977 年在美国的西雅图成立时，艺术总监音乐家哈灵顿（David Harrington）曾说："我期望着弦乐四重奏有生命有力量，活生生而且'酷'，不怕踏到别人的脚，美丽也好丑恶也罢，它必须表达生命，用优雅、幽默和深度来叙述一个完整的故事。"克罗诺斯四重奏乐团在世界各地寻求地方音乐家，采用非洲、南美和墨西哥的民间音乐，添加爵士和探戈等不同形式的音乐，当时也正在寻找与东方音乐对话的机会。

2015年，美国，与克罗诺斯四重奏东团合奏。

　　碰巧在这个时期，吴蛮从东方走出来，也正在寻找新的途径。她努力思考该走向何方才能把东方的琵琶介绍给西方的听众，使琵琶的声音融于这片土壤让更多的人欣赏，甚至还能传达到更多的国家、说更多的语言。1991年末的一天，哈灵顿在周龙和陈怡家做客，当他听到《点》的演奏，还是他生平第一次接触到琵琶，骤然眼睛一亮，他惊赞琵琶演奏的风范和艺术，直呼吴蛮的琵琶造诣一如海菲兹（Jascha Heifetz）的小提琴。

　　哈灵顿马上打电话给吴蛮，自我介绍并要求合作。克罗诺斯四重奏乐团敬佩吴蛮的艺术鉴赏能力，欣赏她的琵琶演奏风格，从此开始吴蛮与克罗诺斯四重奏乐团长期无间的合作，至今已达 25 年。吴蛮介绍谭盾给哈灵顿，使谭盾得以创作音乐剧场《鬼戏》，吴蛮与克罗诺斯乐团委约周龙作曲琵琶弦乐四重奏《魂》。除了上述的《鬼戏》和《魂》之外，吴蛮与克罗诺斯四重奏乐团合作的作品还包括莱利的《星辰相交的神奇》，格拉斯的《猎人星座魂》，还有吴蛮和克罗诺斯四重奏乐团共同创作的大型多媒体作品《中国

之家》。就在 2015 年底，吴蛮还首次执笔参与了克罗诺斯的弦乐四重奏《四段锦》的创作。与克罗诺斯弦乐四重奏乐团的合作是吴蛮音乐思想的转折点。

第一次到台湾

1992 年，中国大陆音乐家到台湾去演奏很是稀罕，大陆人要进入台湾手续也非常繁琐。台北市立国乐团简称"北市国"，当时的团长王正平也是一位琵琶演奏名家，老家原在杭州，对同乡的吴蛮早有所闻，他先打电话到美国与吴蛮联络，知道吴蛮有兴趣之后即刻发出正式的邀请函件请吴蛮到台湾演奏。入境资料繁杂，把吴蛮弄得手忙脚乱，急着找历来的学位证书、报章曾经登出的报道、所有得奖的证明书、出生证明、中国护照、银行存款证明、音乐家的推荐信等等，还要再把这些拿去公证。这些文件再加上"北市国"的正式担保，一起送到台湾，经过三个月的审察才拿到入境许可。

吴蛮并不在乎这些手续的繁杂，

她一直对台湾充满了好奇，早就想亲自去探访。这个难得的机会使她兴奋不已。果然，她一踏上这片土地就对这儿的风土人情感到无比的亲切。台北街头巷尾弥漫着优雅和祥和，茶室和咖啡馆点缀其间，花树茂密丛生，各地小吃铺林立任你选择，街上行人络绎不绝好像有一份大陆难见到的闲情逸致。小巷子里有衣服在阳光下飘荡，走过时你可以听到院子里的人正在谈天说笑；一阵熟悉感潮涌而来，吴蛮好像回到幼时的杭州。

　　"北市国"排出的国乐演出叫《四大美人》，以历史上四大美人和四个主要的中国乐器为主题：王昭君／琵琶，西施／古筝，杨贵妃／二胡，貂蝉／笛子；吴蛮演奏琵琶，林玲演奏古筝，马晓晖演奏二胡，曾格格演奏笛子。四位著名作曲家分别作曲，其中琵琶协奏曲《王昭君》是由顾冠仁创作；指挥家是著名的陈佐湟，他是中国第一位音乐艺术博士，曾任中国国家大剧院总监。这样的阵容当然轰动一时，音乐厅场场爆满；报章争相报道，记者都来访问。吴蛮回来后还写了一篇文章，发表在大陆报纸上，记载她对台湾的观察和内心的感触。这次台湾之行影响她甚深，带给她一些从未有的新认识。从此，吴蛮与"北市国"建立了友谊，在王团长退休以后，还是继续联络，与以后几位团长和团员都十分友好。也是由于这段因缘，促使后来吴蛮与台湾原住民和台湾室内音乐界的几度合作。

吴蛮儿子汶森，5岁，在迪士尼。　　　　　吴蛮儿子汶森

光耀异乡

丈夫王朋在 1995 结束耶鲁大学的博士后学习，开始在康桥一家医药公司从事生物化学研究，他们搬到麻州的波士顿，吴蛮仍继续发展她的音乐生涯。在 1997 年底，他们心爱的孩子诞生；这个被父母满心期待的男孩取名汶森（Vincent），纪念他们喜爱的印象派荷兰画家文森特·梵·高。

这孩子出生时满头浓黑的婴儿嫩发如冲天炮翘起，由于白人新生婴儿多是光头或是浅色细发，结果汶森在全医院出了名，大家争相传播："有位男婴刚生下来就满头黑发！"引得医生和护士都跑来看这个亚裔新生儿。

吴蛮在怀孕七个月时还在各地演奏，等宝宝两个月大时，她又开始奔波。人生进入一个新的阶层了，吴蛮为人妻为人母，还要以一位音乐家的身份在此异乡担任音乐大使的角色。生活变得繁忙紧迫，千丝万缕都待她操作，常有手脚忙乱得不可开交的感觉。好在妈妈和婆婆轮流来美国帮她照顾儿子，王朋也是一个又体谅又多能的好丈夫，他完全支持爱妻的事业，毫无怨言地把家担当起来，使吴蛮少了不少后顾之忧。汶森也从小就乖巧懂事，聪颖好动，深得父母公婆的宠爱。

与艺术经纪公司

就在这个时候，吴蛮的名声传播

开来了，各地音乐会的邀约越来越多，多得她应接不暇。一些美国音乐界的朋友就建议，应该找个公司为她作整体的打理和安排才是。吴蛮也同意，可是要找一个合适的经纪公司也不是容易的事。当她在纽约市交响乐厅（Symphony Hall）开独奏会的时候，ICM 艺术经纪公司的副总裁布莱克本先生也正巧在那里，朋友们就介绍他们认识；对她说："他是这方面的专家，能从他那儿得到些建议也是挺好的。"

ICM 公司是世界三大艺术经纪公司之一，专经营西方古典音乐，吴蛮觉得琵琶音乐显然不在他们经营的范围之中，也没有抱多少希望，何况同时还有其他的经纪人也正在与她联络，但是次日她还是去了这家公司。

吴蛮与布莱克本谈得异常投合。布莱克本早就听过吴蛮的名字，听了吴蛮对音乐的未来规划和理想的叙述之后，竟然表示有合作的意愿，说要在公司内部开会商讨；ICM 原本只经营古典音乐的，这下要研究研究是否可以走进世界音乐的市场。这种公司是以经济立场作为出发点，要不要代表某位音乐家在于是否有经济利益可图，也就是说完全因这位音乐家的市场价值而定。

几天之后电话来了，ICM 公司要和吴蛮签约。契约正式签定之后，这个专业古典音乐的经纪公司在他们营业的项目中特别为吴蛮添加了琵琶这一栏目。于是，吴蛮与马友友、林昭亮，以及纽约爱乐团等西方大牌音乐家同属 ICM 旗下。她是这个主流公司唯一代表传统中国的音乐家！后来，布莱克本先生聊起签约之事，告诉吴蛮其实当时在见面之前他并没有打算签约，是听了吴蛮对未来音乐理想的描述而深受感动，从她对于音乐的热情和执着中看到了与她合作的未来价值。

直到如今，近 20 年以来 ICM 公司（现称 Opus3 Artists）一直代理吴蛮，他们安排她在美国和世界各地的演奏行程。于是，吴蛮背着琵琶开始在世界知名的音乐厅演出，譬如英国的皇家阿尔伯特音乐厅，皇家伊丽莎白音乐厅，俄罗斯莫斯科大音乐厅，德国波恩的贝多芬音乐厅，波兰的克夫音乐厅，奥地利维也纳的金色大厅，法国巴黎的歌剧院，荷兰阿姆斯特丹音乐厅，美国纽约卡内基音乐厅，林肯中心及华盛顿的肯尼迪艺术中心等。

走游世界

2001 年，吴蛮荣获明尼苏达州长授予的荣誉居民称号。2002 年，在庆祝荷兰王子 76 岁生日的盛典上，吴蛮被邀为欧洲皇室演奏，是获此殊荣的第一位中国音乐家。2003 年，吴蛮被美国阿肯色州立大学的亚洲和中东早期音乐研究中心聘请为客座教授。2004 年，她应中东某王子之邀前往印度新德里参加盛典，并为印度总理和这位中东王子演奏。2005 年，荷兰举办世界艺术节，开幕典礼在阿姆斯特丹皇家音乐厅举办。吴蛮特意率领两位美国民间音乐家，弹奏班卓琴和澳大利亚土族笛子与琵琶结合，展现了精彩的跨界合作。音乐会后，女王与吴蛮两人单独坐下来聊天；女王亲切随和，没有一点皇家贵族的架子。女王还拿起琵琶试探弹拨，发现这把琴"不大听话""很不合作"而哈哈大笑起来。

吴蛮走游世界各地，被邀约参加的不仅是美国各州，还包括其他国家。到今天为止，她的琵琶已经响遍了英国、德国、法国、丹麦、荷兰、芬兰、瑞典、瑞士、卢森堡、奥地利、希腊、埃及、印度、土耳其、墨西哥、阿根廷、新西兰、澳大利亚以及中亚国家乌兹别克斯坦、阿塞拜疆、吉尔吉斯斯坦、哈萨克斯坦和塔吉克斯坦。在亚洲，她也走遍日本、韩国、新加坡，并在中国北京、上海、香港、台北的中国音乐节和亚洲艺术节展示她的艺术风采。

一年中，她有三分之二的时间在跑世界码头，紧密的行程通常使她三天换一个国家，两天换个城市；晚上醒来往往不知身在何处，常出现记不得酒店房号和开错房门的笑话。正是这样的"周游列国"的经历使得吴

蛮看到了琵琶以外的更大、更丰富的音乐世界。由于和吴蛮成功合作的前例，这家艺术经纪公司决定扩大经营项目，开始吸纳其他国家的传统音乐家为其旗下成员，音乐家团体也因之变得丰富多元。

哈佛大学学者奖

常青藤盟校哈佛大学的拉德克利夫学院（Radcliffe College）的班亭学者奖（Bunting Scholar Award），一年奖赏 4 万美元，是为支持美国科学、人文、艺术、政治、社会学等各领域优秀而有成就的学者而立。这不是个人可申请的奖项，而是经过无记名推荐，再由评委会严格评审挑选出多名学者，要求他们提供工作上的成就和研究的计划等等，再从中评选出 50 位，给予一年的研究奖金。

吴蛮有幸在 1998—1999 年成为第一位获此荣誉的世界传统音乐家。

班亭学者们在哈佛校区有一栋专属于自己的小楼，得以有一个聚会和交流的清静环境。这是栋典型英格兰风格的三层红砖洋房，内有学者们的工作室和会议室，楼下还有餐厅和休息室，楼外是大片的绿色草坪。在这一年里，吴蛮仿佛回到了学校，每天与世界各领域的精英交流学习，极力去认识音乐之外的世界，不愿错过任何讲座的机会。同时，吴蛮也集中精力与作曲家合作，为扩大琵琶现代作

品而不辞辛劳，产生了多首琵琶曲，包括林品晶的《轮》和《惊雷》，陈士惠的《伏Ⅰ》和《伏Ⅱ》，伊万的 Current Rate 等等。吴蛮在哈佛的一年里获益颇多！除了上述与林品晶、陈士惠、伊万的合作之外，吴蛮也与其他中国作曲家合作。

在得到哈佛的班亭学者奖的同时，吴蛮也担任班亭研究院音乐评估委员，并成为全美作曲基金会评审委员。这时她已加入全美室内乐协会，是全美作曲家学会的成员。

格伦·古尔德新人奖

1999 年，经由获得当年加拿大著名钢琴大师格伦·古尔德大奖（Glenn Gould Protégé Prize）的前辈马友友推荐，吴蛮获得了古尔德的音乐新人大奖，以表彰她在音乐交流方面的贡献。她是第一位获此荣耀的女性演奏家，也是第一位以非西方乐器演奏获此殊荣的演奏家。

古尔德大奖颁发给对现代社会有特殊贡献的宣传者和音乐家。同时每位古尔德大奖得主还选择一个优秀的年轻人，作为古尔德新人奖得主。历届获奖者包括英国小提琴教育家梅纽因、加拿大的爵士钢琴家奥斯卡·彼得森、日本已故作曲名家武满彻，以及上述 1999 年获得第六届古尔德大奖的美国大提琴家马友友。

就在 1999 年，加拿大国家广播电视台为马友友和吴蛮举行了颁奖典礼，并转播他们的大提琴与琵琶音乐会。吴蛮在典礼中面对观众用英文发表获奖感言，那还是她生平第一次在大众前用英文演讲呢！

时隔 15 年，2015 年，古尔德基金会邀请吴蛮加入第 11 届的评审委员会。除了吴蛮之外，评委包括英国老牌歌手及演员帕图拉·克拉克，美国男高音杰伊·亨特·莫里斯，卢森堡艺术慈善家朱莉公主，加拿大电影及电视学院主席马丁·卡茨，加拿大布克奖得主小说家及诗人迈克尔·翁达杰，加拿大著名演员、导演和作家莎拉·波莉，以及美国著名的女高音德博拉·沃伊特。

2015 年第 11 届古尔德大奖颁发的崭新得主，是吴蛮的老朋友美国作曲家菲利普·格拉斯（Phillip Glass），他曾与吴蛮有过多次合作。

白宫演奏

1999 年 4 月初，时任中国总理朱镕基来美国访问。在此之前几个月的某一天，吴蛮突然接到一个电话，对方自称是白宫打来的，吴蛮心想这是哪个

2011年，瑞典斯德哥尔摩，吴蛮作为特邀颁奖嘉宾出席瑞典Polar Music Prize，为获奖者Kronos Quartet颁奖，与Kronos 成员及嘉宾合影。

无聊的家伙在开玩笑，话也没有说就砰咚一声给他挂了。次日，吴蛮的经纪人和马友友都先后来电话，说是白宫请求他们帮忙，这并非玩笑，白宫的确想邀请吴蛮和马友友为4月8日晚间克林顿总统夫妇为朱镕基总理准备的国宴上演奏。

于是，吴蛮成为了第一个进入白宫演奏的中国音乐家。1999年4月7日下午，吴蛮乘飞机抵达美国首都华盛顿，一位显然是从事国家安全工作的人员来机场接机，他衣着整齐，态度毕恭毕敬，开一辆黑色骄车，挂着白宫特殊的车牌，吴蛮试着与他寒暄，他也只是礼貌地应几声，之后噤若寒蝉，好像生怕泄露什么机密。他把吴蛮送到了著名的水门饭店。

次日下午，吴蛮和马友友在白宫的宴会厅小舞台排练。走进白宫，才发现它好似一座美国历史博物馆，到处都陈列了历史相片和收藏品。白宫右翼是总统办公室，不对外开放。左翼是宴会厅、瓷器收藏厅和厨房等区域。工作人员告诉吴蛮，当天上午朱总理和克林顿总统会面的时候，总统告诉朱总理晚上可以听到琵琶音乐，朱总理非常惊讶，回答说他非常期待。

晚上，吴蛮一身浅黄色旗袍，外罩黑丝绒短外套，提着琵琶坐上接她的白宫骄车，直进白宫大铁门。从车子下来就是长条的红地毯，一直铺到白宫的正门入口，两边的记者团不停地对着她咔嚓闪耀手里的镁光相机，这还是吴蛮第一次尝试到走在红地毯上被记者不断抢照的滋味。她和穿着黑色燕尾服的马友友都被引入一间房间稍作休息，等待他们的节目到来。这间休息室摆满了世界各地的瓷器古董，包括中国明代的青花瓷。

他们演奏的曲子是中国作曲家盛宗亮为他俩量身定制的琵琶与大提琴二重奏作品《中国民歌三首》。演奏完毕，克林顿夫妇和朱镕基夫妇首先上来恭贺。克林顿总统风度翩翩，亲切和善，充满个人魅力。他从吴蛮手上接过琵琶，爱不释手地左右上下看个不停，还说："只有四弦，倒像是有百多根弦似的，真是神奇。"

克林顿自己会吹萨克管，也懂音乐，说的是音乐人的内行话。他的夫人希拉里有高贵的风度，也笑容可掬，对吴蛮赞美不绝。朱镕基说："我一听西洋歌剧就要睡觉，幸好今晚有中国音乐，很高兴在白宫能听到琵琶演奏，见到年轻的音乐家。"他问吴蛮老家在哪儿，听到吴蛮的老家在杭州，他忙说他是江苏人，见到半个老乡备感亲切。他的夫人搭讪了几句，不断地点头微笑。

这以后，听众都云集过来招呼马友友和吴蛮，说一些称赞的话。吴蛮知道这两百位贵宾都是政府的达官要人、各国重要的使节和社会名流，她忙着点头答谢，但是并不认识这些人，也弄不清他们的名字。有一位头上只剩几根稀疏白发的老先生，戴着一副很特别的眼镜，一直想要跟她寒暄，想问一些关于琵琶的事，但是不时有人来打岔。吴蛮心想这么老的人怎么还在政府做事，不知他还能做什么事。

过了几天，吴蛮回到家里正在看电视新闻，那位老头突然成为镜头的焦点，被一群记者争相访问。吴蛮对王朋说："就是这个老头，他一直想要跟我说话，不断被人打岔，别人都想要问他什么事似的。"

王朋大笑起来："你真是有眼无珠哦！连美国联邦储备委员会主席格林斯潘你都不认得！人家别说是美国，就是全世界也是最有威力的人，比克林顿总统的影响力还要大得多。他如果打一个喷嚏，股票市场就要跌上三四百点。他手上老是提着的旧公事包一旦换了个新的，就会引起国际财经界的猜测，很可能导致一场世界金融风暴。"

1999年，吴蛮与马友友在白宫。

与中国作曲家

十年"文化大革命"之后，压抑多年的阴影终于掀开，改革开放以来，"人才"的观念首次出现，科技和艺术都重新受到社会的青睐。高考恢复了，全国的学术气氛乍然振奋起来，一些郁闷多年潜伏乡野的精英纷纷回到大学读书，很多音乐人才趁机进入中央音乐学院，这下子为国家造就了不少出色的音乐家。这些精英后来都成了国家社会的音乐栋梁，甚至扬名国际。这中间大部分的作曲家曾与吴蛮合作，在此，我们来述说八位作曲家。

女中豪杰陈怡

周龙和陈怡这对夫妇，都是哥伦比亚大学作曲系教授周文中在20世纪80年代中从中国挖掘出来的第一批最优秀的音乐才子才女。他们是吴蛮中央音乐学院的师兄师姐，当吴蛮还在中央音乐学院中学部时，他们已经在大学部就读。吴蛮当年敬佩这对出色的作曲搭档，经常看着他们在校园同出同进，形影不离。吴蛮到美国后，与住在纽约的陈怡和周龙联络上，陈怡介绍她到长风中乐团，多次鼓励吴蛮在美国发展音乐。那个时代，中国刚开放，西方对东方的音乐没有接触，虽有好奇但缺乏了解。陈怡通过吴蛮的琵琶独奏作品把她的琵琶演奏带进美国音乐社会之中，同时也把中国的音乐介绍给美国观众；一方面帮助吴蛮，另一方面与吴蛮合作，成就了她自己音乐的发展。

"哎呀，吴蛮呀！你要把你的相片再拍好一点呀！职业音乐家的宣传照是有讲究的，要黑白相片，都有标准尺寸的哦！这是好重要的事呀！哈哈哈！"到现在吴蛮还看得见像大姐姐一样唠叨的陈怡。陈怡是个心肠

2006年，美国密苏里大学，吴蛮拜访作曲家朋友陈怡。

善良的爽快人，声音很大，又爱说爱笑，人还未到笑声就已经到了。她性格豪爽爱帮助人，是一个女中豪杰。

"呵呵！呵呵！"周龙只是笑两声，弹一下手中的烟斗。他的烟斗是永不离手的，像个老学究一样。他曾说过他不抽烟斗就没有作曲的灵感。"很棒，不错。"周龙话不多，顶多这么恭维吴蛮一下，烟斗还是抽个不停。

这一对作曲家夫妇，在创作上两人心灵密切配合，有一份外人进不去的默契；如果他们缺少了对方，当然也不会有今天各自的成就。在生活上也配合得巧妙，只是不同于一般家庭。陈怡是绝不做家事的；烧饭做菜，洗衣清洁之类细碎家事都是周龙一手包办。吴蛮每次去他们家，总能享受到周龙的北方菜手艺。

他们在纽约的家是最热闹的了。纽约 125 街哥伦比亚大学附近他们租赁的公寓，成了中国学生来来往往的中转站。在美国的同学互相之间如果失去联系，往往在他们家可以得到信息传递，从而了解大家的近况。所以落脚美国东岸的音乐学生，没有谁未曾借住过他们的家。吴蛮也是其中之一，到了纽约后她与他们夫妇常聚会来往，商议着怎样在西方音乐界打拼，交流着

1999年，美国Spoleto Festival，参与室内歌剧《银河》，主演织女（盛宗亮作曲）——吴蛮供图。

音乐新的走向，吴蛮也是在他们家打过地铺的成员。

1991年夏季，陈怡申请到资助，到纽约州雅都夏季艺术家居住营（Yado Summer Artists Residency）住宿作曲，她把吴蛮也"偷渡"进营内，在优美清静的环境下住了几天，她俩共同作曲，合作密切。陈怡为吴蛮量身定制琵琶独奏曲《点》；这首独奏曲改变了琵琶传统的定弦，增添了琵琶演奏的难度。为了使其他琵琶同行及年轻学子方便学习，吴蛮花了大量时间亲自为《点》制定琵琶指法。还为此写了一篇关于《点》演奏法的文章发表在美国《长风月刊》；这之后，这篇文章被中央

音乐学院学报转载，也被收录在吴蛮1993年独奏专辑里。20世纪90年代初的国内传统音乐界，大家对于新音乐的认知还很缺乏，处于保守状态，故步自封，不愿去接触新的领域。吴蛮极力向学院派演奏家们推荐《点》，但是无人问津，认为它太艰难而不敢去碰。今天，新生代琵琶家的情况完全改变了，《点》成了现代琵琶独奏曲的代表作，是衡量琵琶演奏者对新作品和新技术掌握的标准量尺。吴蛮非常欣慰，她与陈怡的合作终于取得了成果。

《点》既体现了琵琶"点"的弹拨演奏特点，又表现了中国书法"永"字八法多种"点"的形态。它使用了陕西民间戏曲秦腔音调，其特殊的音律为琵琶增添了一个新颖的风格。这是现代琵琶独奏曲的代表作，成了现今琵琶演奏者必须学习的一曲。另一方面，这独奏曲《点》也成为吴蛮与克罗诺斯弦乐四重奏乐团结识的一个媒介。

音乐学究周龙

克罗诺斯弦乐四重奏乐团的总监哈灵顿有一次应邀在陈怡和周龙家做客，偶然听到这琵琶独奏曲《点》录音带，大为震撼，马上打电话给吴蛮，自我介绍是克罗诺斯弦乐四重奏乐团的艺术总监和第一小提琴手，要求合作。于是，吴蛮与克罗

诺斯委约周龙作曲琵琶与弦乐四重奏《魂》。

这首琵琶与弦乐四重奏的组合形式是史无前例的，也是周龙的第一个专门为克罗诺斯弦乐四重奏乐团和吴蛮创作的五重奏作品。它以京剧唱腔的形式表达，用弦乐器仿效京剧中的唱腔和锣鼓点，以琵琶代表女声青衣唱腔韵律贯穿全曲，是有史以来第一个以这种崭新面貌出现的中西合作。在首演的前一天，经过6个多小时的排练，《魂》在1992年匹兹堡现代音乐节首度演出，观众反应热情；接着克罗诺斯乐团和吴蛮带着《魂》到全美和英国各地巡回演出，为时一年多。

这是吴蛮第一次与西方音乐家和音乐团体合作演出。克罗诺斯弦乐四重奏乐团敬佩吴蛮的艺术能力，欣赏她的琵琶演奏技巧和职业精神。在五重奏合作中，吴蛮深深体会到5件乐器是互相合作辅助的友伴，在音乐的表现中具有平等的地位，乐曲才是演奏的灵魂，每件乐器均担任重要的角色，要共同把这灵魂活显出来。与克罗诺斯乐团合作是吴蛮音乐生涯的转折点，而周龙的《魂》是其中的媒介。

作曲明星谭盾

克罗诺斯弦乐四重奏乐团与吴蛮合作成功之后，继续谈论下个理想作曲家该是谁，吴蛮便想到学校另一位才子谭盾。当时在纽约的中国艺术家很多，都活跃在东村，譬如艾未未、陈丹青、刘丹等，谭盾也是其中之一。他们

2015年，澳大利亚ABC电视新闻"每日新闻节目"采访吴蛮。

都正在寻找自己的定位。就在那时候，谭盾多次打电话来要求吴蛮把他引荐给克罗诺斯弦乐四重奏乐团，吴蛮就安排了一次三人聚会，克罗诺斯弦乐四重奏乐团的艺术总监哈灵顿代表乐团全权参加。三人谈得十分顺利，决定要谭盾写一首具有特殊风格的音乐作品。那一阵谭盾心情高涨，对吴蛮热情有加，不时来个电话，常请她过去吃饭；谭太太静洁也是吴蛮的好友，热情好客。谭盾厨艺精湛，喜爱茗茶，是一位深懂生活品位的丈夫和两个男孩的好父亲，在他家吃饭是一大乐事。

有一天，他在电话里问吴蛮："你可以唱吗？"吴蛮以前在中央音乐学院学过各地民歌，就在电话里唱起她喜爱的河北民歌《小白菜》来，并把从中国带来的民歌集借给谭盾。谭盾花了半年时间精心为琵琶和弦乐四重奏而作的音乐剧场（Musical Theater）《鬼戏》（Ghost Opera）如是问世，《小白菜》这个中国民歌就贯穿全曲，以吴蛮的嗓音定音调，也由吴蛮亲自演唱。《鬼戏》用音乐剧场形式走出了传统音乐会的模式，采用中国传统巫术文化元素譬如：人声、石头、水、纸和铜器打击乐。演奏家们除了琵琶和弦乐器的演奏之外，还得要根据音乐带着表情，用肢体来表演人生戏剧故事，从多方面的角度来突破传统舞台的限制，

使舞台的演奏与音乐的表演合成一气，优雅、幽默而又有深度地说出一个完整的音乐故事。吴蛮那些年正在寻找一种新的音乐思想和审美观，《鬼戏》正符合她创新音乐语言的目标。这是谭盾的第一次突破尝试，也是他最成功、最杰出的作品之一。

《鬼戏》在 1994 年纽约"下一波音乐节"（New York Next Wave Music Festival）首度演出，得到音乐界和媒体一致认同，观众的反应热烈。同年，经华纳兄弟唱片公司（Warren Bros. Records）旗下的龙沙其公司（Nonesuch Records Co.）录音出版，随后德国国家电台也录制出版 DVD。吴蛮与克罗诺斯弦乐四重奏乐团带着这个作品走遍世界，在 3 年时间中到处演出，除了非洲之外遍及四大洲。至今这部音乐剧还在继续演出。这是吴蛮、谭盾与克罗诺斯合作的里程碑。谭盾以后创作的音乐多少带有《鬼戏》的影子。吴蛮也从此与克罗诺斯乐团在这二十多年来一直合作无间。

如今，谭盾是闻名世界的作曲家，一颗耀眼的作曲明星。吴蛮和周龙、陈怡、谭盾，他们这批杰出的中国音乐家，把中国音乐带到西方。他们来到美国共闯天下，是创业的先锋人物，在这新世界茁壮成长，成了今天世界音乐界的顶端人

物。在吴蛮初入美国期间，他们彼此相互协助、密切合作。今天他们几个中央音乐学院的老同学聚在一起时，还会谈起当年在美国打天下的经历，那段艰苦的生活，那份年轻的豪情壮志，种种回忆潮涌而来，而忍不住相对哄堂大笑。

如日当空盛宗亮

盛宗亮的英文名字是 Bright，即明亮的意思；一听到这名字就可感到他的音乐光环。他是"文化大革命"后第一届上海音乐学院的学生，主修作曲；在 1982 年移居美国，获皇后区纽约市立大学音乐硕士学位，又进修哥伦比亚大学，受教伦纳德·伯恩斯坦（Leonard Bernstein）、乔治·彼尔勒（George Perle）、雨果·威斯加尔（Hugo Weisgall）和周文中，获作曲博士学位。他的作品在中国、欧洲和美国频频获奖，最值得一提的是他在 2001 年 11 月获得高达 50 万美金的麦卡瑟天才大奖，这是专门给予有发展前途的年轻人的高额奖金。麦卡瑟天才大奖的委员称他为"具有创造力的作曲家"，介绍说："他的音乐既融合不同文化于一体，又超越传统美学的范畴。他的音乐是跨越文化的新声。他是传统和现代音乐之间的桥梁和能量，是这个运动中重要的一位领袖人物。"

《银河》（Silver River）是他第一部室内歌剧，他从 1996 年开始构思这部取材于中国牛郎织女神话之多元文化的音乐剧。他想与吴蛮合作，特别请吴蛮来担任琵琶演奏作为主角织女，但是他再三思考如何为织女定位，不能决定是否需要织女在歌剧中担任演唱。吴蛮建议用琵琶的演奏表达织女的演唱，并以琵琶与男中音歌唱家牛郎对话。盛宗亮非常赞同这个建议，在电话中他们就达成协议，于是盛宗亮为吴蛮创作的织女角色因而诞生。吴蛮穿着古典的服装上台加入表演，不仅要事先背下整场乐谱，要与台下乐队和指挥配合，还要与台上唱歌和跳舞的演员一起表演。工作沉重，压力相当大。这个织女的角色是盛宗亮专门为吴蛮创作的。盛宗亮对音乐要求十全十美，对演奏家的要求苛刻也是出名的。《银河》由著名作家黄哲伦（David Henry Hwang）编剧，新加坡导演王景生（Ong Keng Sen）执导，第一次雏形版 1996 年于圣塔菲夏季音乐会演出。当时吴蛮怀孕 5 个月，穿着臃肿的戏服以掩遮鼓出的肚子，热得几乎受不了。接着 2000 年炎夏于美国斯波来多（Spoleto）音乐节正式首演，两年后，继而在费城和新加坡演出，并于 2002 年 7 月作为林肯中心艺术节重点曲目公演，受到观众热烈的欢迎。

2015年美国，与克罗诺斯四重奏在演奏中。

这以后，盛宗亮的其他作品只要有琵琶都经吴蛮之手。1999 年 4 月有个插曲，盛宗亮受白宫委约为马友友和吴蛮写一首新作《民歌三首：为大提琴和琵琶而作》，特地在欢迎朱镕基总理来美访问的国宴上首演。从此之后，这首二重奏也多次被安排在吴蛮的各种音乐会中。

大型作品《南京啊！南京》是盛宗亮第一部琵琶协奏曲。2000 年正当全世界都在庆祝千禧年时，德国著名的北方广播交响乐团（The North German Radio Symphony Orchestra, NDR）的指挥大名家、钢琴家克里

斯托夫·艾森巴赫（Christopher Eschenbach）与乐队也在筹划在德国汉堡推出一场长达7小时的跨世纪多元风格的千禧音乐会，并且将由德国广播电台实况转播。琵琶协奏曲《南京啊！南京》由此诞生。吴蛮精致的演奏艺术和知名度，加上与盛宗亮之前的愉快合作，使邀请吴蛮来首演势在必然。通常西方乐团由于音乐家工会制度，乐团排练时间严格控制。如果是新的作品首演，通常会安排一个小时排练，这已是非常客气的了。NDR乐队这次是大手笔制作，委托多首新作品，邀请的都是大牌独奏家，新作品量大，参与的演奏家也多，排练时间变得十分紧凑。吴蛮记得《南京啊！南京》只排练了50分钟，音乐会前几小时从头到尾练一遍，就这么晚上上台与观众见面了。

《南京啊！南京》用陕西民歌作为主题曲，旋律非常美丽，铜管和弦乐发挥得淋漓尽致，相对之下琵琶音乐部分显得单纯些，反倒像是琵琶领奏的交响乐曲。音乐会从晚上8点持续到次晨清早，场地爆满，无人离席，人人都沉醉在欢乐的喜庆气氛之中。"其实我当时很是紧张，也充满了兴奋，"吴蛮回忆起来这么说，"因为2000年是我移居西方10年之时；庆祝千禧年的音乐会，也正好是我作为职业演奏家的10周年纪念。"

2003年3月，纽约爱乐乐团委托盛宗亮制作新作《歌·舞·泪》（The Song and Dance of Tears）四重奏协奏曲，同年，吴蛮与大提琴家马友友、钢琴家艾克斯，和笙家吴彤在大指挥齐门（David Zimman）的指挥下与纽约爱乐乐团演出。此四重协奏曲引用大提琴、钢琴、笙和琵琶，把东方与西方的乐器有史以来第一次相互结合创作，颇受听众的好评；吴蛮的艺术表达能力再次受到评论家和音乐同行的高度赞赏。

盛宗亮的音乐风格近年来多偏向采用中国传统民间音乐素材，在调性变化中游刃有余，颇有自己的风格。自 1995 年以来，他在密歇根大学作曲系任终身正教授。

多才多艺刘索拉

刘索拉也来自中央音乐学院那著名的作曲系 77 班。当她在大学部读书时，吴蛮还是个附中学生，所以只有耳闻而并无来往。她是与谭盾他们同一个时代的出色音乐家。刘索拉是一个才华洋溢的女子，写作小说，能唱能作曲，在 80 年代是位活跃的中国流行音乐人。她家世代是北京人，是家世显赫的红二代。她的个性鲜明而强烈，快人快语，众所周知。她从中国到英国，后来又到了美国，曾经住在纽约。

1994—1995 之际，刘索拉在美国要录制一张爵士音乐唱片，她希望用琵琶作为领衔乐器，唱片公司因而来找吴蛮，她们俩才这样结缘。她们在纽约见面，一拍即合开始工作。吴蛮对这位大姐十分尊敬，喜欢她直率没有掩饰的性格，她们俩

都是那种一头钻进工作就不要命的日夜苦干的人，所以相处愉快。《东方蓝调》（*Blues in the East*）唱片就在 1995 年出版并进入 "Billboard"的排行榜。

这之后她们再度合作，录制制作《中国拼贴》（*China Collage*）——琵琶与人声专辑。为了能专注于创作，吴蛮从康州坐火车到纽约，住在刘索拉的公寓一个星期，两人关门合作，吃喝拉撒和工作都在一起。刘索拉唱吟，吴蛮弹琵琶，人声与琵琶交织是此唱片的特征。《中国拼贴》是刘索拉的创意，吴蛮提供琵琶音乐素材和演奏法，两人合作创作，一唱一弹默契有加。唱片出版发行后，她们以"索拉和吴蛮"（*Sola and Wu Man*）二人组合形式在纽约多个演出场所表演，譬如纽约下城专演试验性音乐的"厨房"（Kitchen），又应邀在纽约现代音乐"敲敲打打音乐节"（Bang on the Can）演出。之后，她们又合作出了一张琵琶独奏《六月雪》（*Snow in June*）唱片，是由刘索拉作曲，吴蛮演奏；十多年前她们俩还一起回到北京和上海参加爵士音乐节的演出并轰动一时。

巴蜀作曲家郭文景

当年中央音乐学院的作曲系内有四大才子，无人不知，他们就是

郭文景、叶小纲、谭盾和瞿小松四人。这些精英后来都成了具有影响的音乐家。如今叶小纲是国内的作曲大师，中央音乐学院的作曲教授，中国音乐家协会主席，谭盾如前所述已经扬名国际，郭文景则高任中央音乐学院的作曲系主任，他们都是中流砥柱的音乐家。

《纽约时报》曾称赞郭文景为唯一未曾在海外长期居住而拥有国际声望的中国作曲家。而生在四川的郭文景却自认是一名永远与大山、大地、大江在一起的巴蜀作曲家。与盛宗亮一样，郭文景也邀请吴蛮合作制作了一部室内歌剧。这个音乐合作缘分来自郭文景与中国剧作家邹静在 1997 年原作的《夜宴》。1998 年郭文景应英国伦敦艺术节委托，和荷兰新音乐团联合运作，其中所有的音乐家、主唱、指挥及幕后人员均由欧美人担任。剧中的琵琶部分担当很重，是剧里贯串全剧的说书人角色。由于吴蛮当时在国际音乐界的声望，音乐节特邀吴蛮从美国飞往英国担任琵琶独奏。

室内歌剧《夜宴》是根据南唐宫廷画家顾闳中的名画《韩熙载夜宴图》创作的，讲述韩熙载因不愿接受皇帝钦点出头做宰相而整日花天酒地的故事。剧中将意大利歌剧优美抒情的音调融合在中国古代精练典雅的旋律之中。全剧以琵琶独白（独奏）形式开场，只见舞台灯光渐渐拉开，韩熙载独自坐在床上，只显出他的背影。主题部分采用琵琶古典温文尔雅平稳的文曲音乐，然而随着剧中人物的心情起伏，琵琶领奏也逐渐有大段落的戏剧化节奏跳跃。琵琶与西洋乐器和打击乐器时而融合，时而对话，观众也可以感受到中西音乐风格巧妙的对比和交替。在排练中吴蛮一如往常慷慨地给予琵琶部分的再度创作，提供给郭文景许多合理的建议和修改。

1998 年在英国伦敦艺术节《夜宴》推出世界首演。接着 2001 年又在法国巴黎秋季艺术节做第二轮由法国制作团体和华裔歌唱家们合作的法国版演出，由美籍华裔舞台剧导演陈士争执导。接着在德国、荷兰和比利时等欧洲国家巡演。2002 年回到美国后，纽约林肯中心艺术节也把《夜宴》重排演出，连演数场，受到热烈欢迎。

对《夜宴》的排演和演出，吴蛮记忆犹新。1998 年她去伦敦参与初版演出时，正是儿子生下不久的时候，想念儿子至深；而 2001 年在法国演出时，在排练中突然传来震惊全世界的"9.11 事件"。那天，吴蛮心情非常压抑低沉。虽然在巴黎的演出得到当地报刊和媒体的高度评价，譬如法国《世界报》(La Monde) 破例地首次以赞美吴蛮的琵琶演奏作为评论歌剧的标题，但是她的心仍然牵挂在这个惨剧上，担心纽约人的伤亡，痛心于美国的遭遇。

郭文景有四川人的豪放，性格火辣，一如川菜里的辣椒。和周龙一样，他也是个老烟枪，只是抽的是香烟。他手从不离烟，满身散发烟气，没有香烟就无法创作。他的性格爽快直接，没有遮掩，说话是大嗓门，一口四川腔的普通话，笑起来声如雷鸣，好像也带有辣椒味。郭文景的作品有出其不意的光彩，淋漓尽致的气魄。他是个多产的作曲家，他的作品众多，包括《诗人李白》《峡》《古磁》《巴》《狂人日记》《山海经》《穆桂英》《花木兰》等，并为四十多部影视剧写过音乐。他带着学生创造潮流，是中国作曲界的领军人物。

白马王子叶小纲

叶小纲是生在上海的广东人，出生于音乐世家，他的父亲是音乐评论家叶纯之，他4岁时就随父亲学钢琴，但是遇到"文化大革命"的时代，中学毕业就下放到农场劳动，后来又进入工厂当焊工6年。"文革"之后，他进入中央音乐学院作曲系，成为公认的四大才子之一，而且风度翩翩，俊朗潇洒，是校园里令人瞩目的白马王子。他的身边不断有美女拥簇，把吴蛮这些中学小女生看得又羡慕又嫉妒。

2000年在千禧年音乐会上吴蛮与德国北部NDR交响乐团首演

盛宗亮的《南京啊！南京》之后，德国国家南方广播交响乐团（The Saarbrücken Radio Symphony Orchestra）总监，由于与吴蛮合作印象极好，专程到后台找到吴蛮要求再度合作，并请吴蛮提出个当代出色的中国作曲家名单。吴蛮提的名单中就有叶小纲的名字；吴蛮信任叶小纲的音乐才华，极力推荐他，加之乐队也积极与叶小纲在欧洲的出版社联系，从而促成了叶小纲《琵琶协奏曲》的诞生。

那个时代电邮（Email）刚出现，还不很普遍。吴蛮和叶小纲就试着以电邮联络，交换作品的意见。但是，那时中国的电邮还非常不发达，发一封信要等好几天才能回信。吴蛮收到乐谱后就把问题和建议写在纸上用传真发给叶小纲，所以他们也只不过是断断续续地以书信联系。他们第一次坐下来讨论乐谱，还是2002年在德国萨尔布吕肯的世界首演前两天。这是他们离开学校后第一次见面，没想到居然是在欧洲，更没有意料到他们的合作是如此地顺利和愉快。叶小纲是个典型的上海男人，细腻而雅致，富有生活品味，说话富有幽默感。

这曲《琵琶协奏曲》可以说是叶小纲为吴蛮而写，曲目光滑亮丽，既有新疆地方的音乐，又有中国北方戏曲节奏的特点；除了旋律动人的歌唱，还有民间舞蹈热烈的动感。中间有段精彩的琵琶华彩段，依照西方传统协奏曲的形式分成三乐章。作品经过吴蛮之手再次诠释后，与乐队配合得天衣无缝，演出十分轰动，很多德国媒体给予很高的评价。这之后，德国广播乐团要求制唱片，吴蛮又再次飞到德国与德国老牌指挥家赫尔彼格（Günther Herbig）合作录制唱片；乐曲收录在叶小纲专辑中，由德国的维果（Weigo）唱片公司出版。叶小纲作品包括舞剧、交响乐等，丰富多样，诸如《红云》《三迭》《地平面》《最后的乐团》《大地之歌》《释迦之沉默》《一个中国人在纽约》和《西藏之光》等。他的作品曾在加拿大、美国、日本、中国台湾、新西兰、英国、德国、芬兰、挪威和瑞士等地演出。他现任中国音乐家协会主席、中央音乐学院作曲系教授、博士生导师，以及上海交响乐团住团作曲家，带出了一批批年轻有为的中国作曲人。

秦声华韵赵季平

　　赵季平在 1970 年毕业于西安音乐学院作曲系，又于 1978 年进入中央音乐学院作曲系进修。赵季平在西安城南文化路上的戏剧研究所工作了整整 21 年，曾担任中国音乐家协会主席、西安音乐学院院长。他的作品丰富，譬如管弦乐《秦川抒怀》，女声独唱《春江花月夜》和《锦绣秦山》，舞剧《秦俑魂》，以及《梦回大地》交响民乐等等。他曾为很多电影和电视剧配乐，一再获得奖牌；譬如为《红高粱》电影片的作曲得到第 8 届"金鸡奖"最佳作曲奖，为《孔繁森》电影作曲得到第 16 届"金鸡奖"最佳作曲奖，为《五个女子和一根绳子》电影作曲得到法国"南特"国际电影节最佳音乐作曲奖。他被推崇为中国音乐的掌门人，是位活跃在世界乐坛的陕西籍音乐家。他在百剧之王的秦腔里翻腾冲浪，呈现出一代音乐弄潮儿的风流雄姿。

　　吴蛮年轻时就听到他为《红高粱》《黄土地》《大红灯笼高高挂》和《大宅门》等影视作品的配乐创作，把《妹妹你大胆地往前走》中的《颠轿曲》唱得纯熟，觉得他把中国传统的音乐操纵得十分自然，原汁原味的憨厚中充满了冲激的创造力。赵季平是吴蛮极为尊敬和爱戴的中国作曲家。要提到吴蛮与赵大师的结缘经过，还得回到 2002 年美国著名的探戈坞夏季音乐节。

　　那时吴蛮还住在波士顿，日本的电视公司 NHK 决定与吴蛮所在的美国丝路乐团合作，要把喜多郎 20 年前第一次拍摄的《丝绸之路》纪录片再度制作，出版《重访丝路》电视纪录片。丝路乐团经多次考虑，决定邀请赵季平和赵麟父子档来担任作曲。于是，赵季平带着夫人及儿子全家前来纽约的探戈坞夏季音乐营参与创作合作。探戈坞的夏天美丽而幽静，附近林木浓密，草坪绿茸，野花遍野，到处弥漫鸟语花香，真是工作的好地方。在高度集中的两个多星期里，乐团和赵家父子每天作曲、排练、

彼此讨论；音乐写成之后，再迁军移师到纽约工作室全身心地投入正式录音。日本NHK的负责人也是全程跟随，满意的笑容整天挂在脸上。

赵季平个性谦和仁厚，是一个典型的爽朗西北汉子。他与吴蛮相

处得特别融洽，两人的音乐理念相似，谈得也投机，异地他乡有缘相聚，一见如故，合作得非常愉快。吴蛮以西北人的习惯叫他赵叔叔，与他的儿子赵麟称姐道弟。"赵叔叔，你能为我写一首琵琶协奏曲吗？我会安排让西方乐团出资委约。"赵季平当时毫不迟疑一口答应。他欣赏吴蛮的才华，乐意为她作曲。当然如果有西方乐团支持，等于是西方音乐界的认可，也是一份荣耀。

吴蛮从各方面寻找机会，也不断与赵季平保持联系。一直到 2013 年，澳大利亚悉尼交响乐团提出要和吴蛮合作，他们愿作为主要委约乐团，并邀 6 个美国乐团一并委约资助；如是，作品可以得到广大的支持，也有在多处演出的机会。赵季平为吴蛮量身定制写出这首《第二琵琶协奏曲》，他看重吴蛮家乡杭州的小桥流水，江南柔美而婉转的吴侬软语，创作出来的旋律准确地把握了琵琶的语言特色，使传统的曲调和西方音乐的色彩配合得天衣无缝，没有一点涩味，只有醇厚和甜美。吴蛮喜爱赵季平的音乐一如喜爱其人，诚朴开朗，撼动人心，没有噱头，不用夸张。令人想到他曾经说过的话："我一直在民间追求作品的人民性。音乐作品不仅要进入音乐史，更要进入人心，这样才成熟。"

2013 年吴蛮从美国圣地亚哥飞到北京，赵季平也从西安赶到北京，两人在一起交流切磋，工作了一个下午。2013 年 10 月底吴蛮带着这首琵琶协奏曲来到悉尼，厅顶如帆船起伏的著名悉尼歌剧院第一次飘扬着琵琶与交响乐交融的声音。遗憾的是赵季平生病了，不能参加首演盛典。但是他后来听了现场的录音，频频称赞演奏得真好。赵季平后来亲自参加了这首琵琶协奏曲的中国首演，这是 2014 年 5 月在北京的中国大剧院，吴蛮与国家交响乐团合作演出，由陈佐湟指挥。次年五月，北京国家交响乐团推出赵季平作品音乐会，系统地发表了赵季平近年的作品，也包括了这琵琶协奏曲，由年轻一代活跃的指导家李心草担任指导。中央电视台当晚在晚间新闻中，报道并播放了一节琵琶协奏曲。

此外，吴蛮还携带《第二琵琶协奏曲》在美国圣地亚哥、圣塔罗莎、圣路易斯、水牛城，欧洲的卢森堡等城市演出。每场演奏吴蛮都受到观众热烈的欢迎。

吴蛮与哈里森及丹尼斯

与西方作曲家

自1970年以来，美国开始出现一些前卫艺术家，在文学、绘画、舞蹈和音乐各方面力图挣脱欧洲传统的箍克以发展个人的新风格。一些成长在美国20世纪六七十年代的音乐家，经过嬉皮士时代的社会潮流洗礼，积极寻求自己的人生理想；他们反战争，接受东方佛教的哲学，也钟情于印度音乐，常常旅行到印度，受印度音乐影响至深。

早期中国还没对外开放，导致这些音乐家纷纷前往印度去寻找东方音律。吴蛮恰巧在20世纪90年代出现在美国，正是这些音乐家渴求中国音乐的时候。吴蛮先后和这些音乐家结识，一起合作制作音乐，

她像是个音乐大使，用音乐作为媒介把中国的历史文化和传统习俗传播到他们的曲谱中。吴蛮曾与许多老中青代作曲家合作；在这里我们来谈三位：哈里森、格拉斯和莱利。

前卫音乐家哈里森

罗·哈里森（Lou Harrison，1917-2003）是音乐界的一位代表人物，是具有影响力的美国现代音乐作曲家。他熟练好几种语言，包括手语、中文和世界语（Esperanto，一种可泛用于世界各地的实验性语言）。他的音乐特色是大量采用非西方的乐器，尤其是在他的打击乐音乐创作中。他终身不

息不休地撞击关闭之门，要达到社会上对不同性取向的人权平等，对不同文化的普遍尊敬，对自然环境的保护，以及对不同地域旋律的欣赏。他是个公开出柜的同志，他的终身伴侣比尔·卫格（Bill Colvig）是一位乐器制作家，这对老伴侣曾长期住在旧金山外的郊外小镇，埋首作曲，共同经营他们的打击乐团。

哈里森在 1960 年间遍游亚洲，去过日本、韩国和中国台湾，并在台湾学习中文。他喜爱东方的音乐，也偏爱爪哇的佳美兰（Javanese Gamelan）音乐。哈里森在 1982 到 1983 年间创作了一部双协奏曲（Double Concerto），勇敢而前卫地把爪哇的乐器加在小提琴和中提琴中一起合奏，引起音乐界强烈的反响。他一生中创作了四部交响曲，其中使用了不同地域的乐器和语言，包括东方的各种音乐。

在哈里森过世前一年，他获得具有百年历史的权威杂志《美国音乐》颁发的"2002 年年度作曲家"（Musical America Composer of the Year）的最高荣耀。值得在此一提的是，11 年后，吴蛮也同样获得《美国音乐》颁发的"2013 年年度演奏家"（Musical America Instrumentalist of the Year）的最高荣耀。

《琵琶与弦乐协奏曲》

哈里森熟悉中国作曲家刘天华，早就知晓中国传统乐器，他与吴蛮认识之后，纽约林肯艺术中心和德国斯图加特弦乐团共同委约他为吴蛮量身定制了《琵琶与弦乐协奏曲》（Concerto for Pipa and String Orchestra），在他 70 岁生日暨庆祝他音乐生涯 60 周年时上演，这同时也是 1997 年度林肯中心艺术节的核心节目，由美国指挥家戴维斯（Dennis Russell Davis）带领的德国斯图加特乐团与吴蛮一起，在纽约林肯艺术中心的爱丽舍杜丽音乐厅（Alice Tully Hall）首演。当时吴蛮刚生下儿子两个月。

这首琵琶与弦乐协奏曲用单旋律，没有琵琶传统惯例的复杂多变的演奏手法，而是采用简洁的单音符，很是单纯清亮，甜美一如加州的阳光；但是用简单的音符来表达音乐的层次往往演奏的难度极高，因为曲谱中没写指法，演奏者必须用自己的想象力去发展指法和风格以便诠释乐曲。这又是一个对吴蛮的挑战，她在演奏此曲时必须建立独立见解，发展二度创作；也就是说，再度创造作曲者的作品，用自己的创造力来诠释原作曲家的创造意境。

哈里森和这批新卫音乐家有个共同点，就是极端尊重每个人的独特性，能够容纳人与人之间的差异和特色，对人对事都绝不画地为牢，这和他喜爱世界各地不同地域音乐一样，来自一个宽容豁达的胸怀，没有虚伪和成见，充满对世上一切美丽事物的喜爱。哈里森和吴蛮合作愉快融洽，在写这首琵琶协奏曲的过程中，他多次虚心请教吴蛮有关琵琶和中国音乐的问题，并且他也鼓励吴蛮发挥创造性，给她一个完全自由的再创作空间。1996 年到 1997 年还是电话和传真的年代，吴蛮和哈里森探讨音乐多是经过无数的电话和传真交流。

哈里森是为吴蛮作曲的第一位西方作曲家，也是西方人为琵琶写下重要音乐作品的第一人。这首协奏曲从 1997 年发表至今，吴蛮一人在世界各地与不同的乐队合作，已演出不下三四十场。吴蛮在二度创作里浸透许多自己的思想和演奏法，此曲好像已成为吴蛮的"专利"，目前还没有其他人去尝试演奏过。这也是近十几年来她在舞台上公开演奏得最多的一首琵琶与弦乐协奏曲。

极简音乐大师格拉斯

菲利普·格拉斯 是当今极有影响力，作品等身的美国作曲家。他受佛教影响深远，是一个信奉藏传佛教、长期吃素祈祷的佛教徒。他自称是个佛教、印度教、犹太教、

道教等混合的教徒，尊敬不同信仰，能从所有的宗教里吸取智慧。他爱好印度音乐，与西塔尔琴大师印度音乐家拉维·香卡（Ravi Shankar）是好朋友。他是一个尊崇极简主义（minimalism）的作曲音乐家，因为他的曲调深受印度拉格（Raga）音乐的影响，曲调常有旋律一再重复出现的特征，一听就知道是他的作品。在 1990 年至 2000 年之间，格拉斯的旋律以罗曼蒂克的形式出现，达到盛产的高峰，他写出很多歌剧、舞台剧、一连 5 部协奏曲和 3 部交响乐。他也为电影作曲，有几部成功的电影录音，得到广大听众的喝彩和音乐评论界的奖牌。他写的歌剧引用文学的源头，譬如著名的《流放殖民地》（The Penal Colony，2000）根据文学大师卡夫卡的原著创作而成。

吴蛮对格拉斯早有所闻，也熟悉他的作品，第一次见到他本人还是 1998 年两人在维也纳金色大厅同台演出的时候。当时维也纳广播交响乐团（ORF）演出格拉斯的新作《第四交响乐》，同时也推出琵琶协奏曲《惊雷》的欧洲首演，这是来自澳门的美籍作曲家林品晶专门为吴蛮创作的琵琶协奏曲，由活跃在欧洲的美国指挥家戴维斯指挥。

在排练、共餐和休闲之中，吴蛮和格拉斯有很多接触和交流的机

吴蛮与菲利普·格拉斯

会。在这到处荡漾着罗曼蒂克气息的音乐之都维也纳，他们闲来在优雅的咖啡店喝下午茶，随意谈天说地；咖啡和红茶的香气满溢一屋，明媚的阳光从花树间斜射进来。吴蛮发现格拉斯对中国音乐非常感兴趣，频频询问中国的文化和习俗。吴蛮也听到格拉斯讲述美国音乐的发展趋势，随他的介绍进入一个新的音乐天地。吴蛮好奇地问他为何如此热衷于印度音乐并形成他自己独特的风格。格拉斯侃侃而谈，回忆起他年轻时在法国学习音乐的时代，在那时结识到西塔琴大师香卡，而开始学习印度音乐。他向往东方文化，吃素、信佛；他家里收藏很多从印度带回的古董菩萨像，东方文化显然是他心灵中的认可。那是格拉斯第一次听到吴蛮的演奏，他由衷地喜爱她的演奏风格，当时就说要为吴蛮作曲。

室内歌剧《声音之歌》

就像所有的艺术品一样，作曲是需要一段时间的沉淀才能成熟的，同时也不能没有一个适当的时机。这个机会一直到 2002 年才出现。这年格拉斯应具影响力的美国话剧团（American Repertory Theater）之委约，创作室内歌剧《声音之歌》（The Sound of a Voice），格拉斯决定从室内乐的形式着手，其中的乐器应以琵琶为主，贯穿全曲，是主要的栋梁，此外还有两男两女4位声乐家，由舞台剧大导演伍德若夫（Robert Woodruff）导演。美国华裔剧作家黄哲伦（David Henry Hwang）写剧本，以一个日本民间的鬼故事为根据，由日本的"聊斋"改写。黄哲伦住在纽约市中央公园附近，吴蛮和格拉斯亲自到黄家专程讨论这次合作的细节。

黄哲伦是美国出生的著名华裔剧作家，他的百老汇剧《蝴蝶君》（M. Butterfly）曾获东尼大奖。在纽约典型的三室一厅豪华居所，吴蛮、格拉斯和黄哲伦坐在现代家居风格的客厅里，从故事选择、乐器组合、歌唱家和导演人选都一一仔细热烈讨论。格拉斯考虑到这是一部以琵琶为主奏乐器的室内歌剧，在乐器组合上特意选择了长笛、大提琴和一组打击乐来配合琵琶。这个歌剧有上下两部，第一部就是《声音之歌》，第二部是《梦的旅舍》（Hotel of Dreams）。

《声音之歌》于2003年5月24日在波士顿的美国话剧团首演。演出受到观众热烈欢迎，场场爆满，连续演出一个月之久。吴蛮全程参与演奏，在这部歌剧之中琵琶的演奏是连结整个戏剧故事的线索，分量极重。当舞台上一位武士独自练习剑术时，吴蛮还独奏一段极富格拉斯风格的琵琶作为陪伴，每次都让全场观众听得热情沸腾，喝彩不绝。

格拉斯的音乐霞光万道，结构丰富而变化无穷；他的音乐受印度的影响，也采用佛教音乐的传统，喜欢采用重复的旋律，一小节音调可以重复30次，但是并不是每次都是一样的，在重复之中渐渐有微妙轻巧的变化，并有其他的乐器逐渐加入，令观众听来心灵受到撼动和撞击。在演奏这种看似简单实则极端复杂的音调时，音乐家不能不高度集中精神，千万不能走神，一走神就回不来了；必须眼观六路耳听八方以便与周遭的乐器和指挥配合。所以一场演奏下来，大家满头大汗，都说格拉斯的音乐极具挑战性。

这是吴蛮第一次和格拉斯合作演出，在这一个月里见识了很多，与格拉斯熟了，对彼此的音乐了解更深，又跨入一个新的音乐戏剧领域。吴蛮也受到舞台演员工会的严格规范考验；譬如排练不能随便加时，超时加班都要加工资，开演前何时到剧场，何时可以离场，音乐家该穿什么颜色的演出服装之类，都有一定的规定；吴蛮也见识了一次演员工会的厉害。

《猎人星座协奏曲》

2004 年世界奥运会在希腊的首府雅典展开，古希腊是奥林匹克竞赛的发源地，所以这次奥运会特别盛大。格拉斯受奥运大会委托，谱曲《猎人星座》(Orion) 在体育竞赛前的艺术节中首演，这部大型组曲由 7 首"迷你"协奏曲组成，分别代表 7 个国家涵盖世界五大洲。吴蛮再度与格拉斯合作，这次她不仅担任琵琶的独奏，也加入了琵琶音乐的写作。

格拉斯在纽约的家是一栋三层红砖小楼，坐落在艺术家云集的东村(East Village)，屋内散布曲谱、书籍和古董菩萨像，周围充满了纽约气氛，街道旁都是酒吧、书店、画廊，还有各国风味的餐馆，到了晚上尤其热闹非凡。格拉斯把他正在写的琵琶曲调用钢琴试弹，吴蛮同时也在琵琶上试弹，再进行共同讨论，彼此交换意见。当吴蛮指出某些曲调的处理不适合琵琶的时候，格拉斯也完全信赖吴蛮而依她的意见修改。格拉斯看重吴蛮在琵琶方面的造诣和对音乐的诠释，再三对她说："你认为怎么弹得舒服如意，就怎么去弹吧！我把曲子交给你，你自己把它二度创作成琵琶曲吧！"

《猎人星座——中国》协奏曲的引子是吴蛮写的，主题曲是格拉斯以吴蛮的 10 分钟即兴独奏为基础创作出来的，到了中间华彩段又是吴蛮的自由即兴发挥。即兴意味当下自由演奏，吴蛮在华彩段的演奏会根据现场不同的心灵感受而尽情表达，每次都不尽相同。因为她加入作曲，吴蛮后来拿到的不仅是演奏的薪酬还有作曲的稿费。

在这次世界奥运会的音乐演奏之中，除了吴蛮以琵琶代表中国之外，还有来自印度的西塔琴，非洲的弹拨琴，南美的巴西打击乐组，大洋洲的原住民迪吉里杜长管，北美加拿大民间小提琴，以及希腊本地歌手，一共有 7 位国际音乐家参与美国格拉斯电声乐队合作。演奏在古希腊遗留下的狄俄尼索斯露天剧场展开(Dionysus Theater)，这个古剧场古迹斑驳，周围的残垣破壁仍然不断地叨念古希腊过去的光耀，大理石柱举臂往天空耸立，拥抱希腊千年不变的灿烂晴空。《猎人星座》的音乐从废墟升起，7 个地区的旋律如猎人星座中 7 颗星辰先后苏醒发光燃烧，一圈又一圈地在露天剧场重复回响，唤醒了古希腊沉睡的灵魂。

中国的琵琶有史以来第一次响彻在古希腊的神殿上，像是两个古文明在拥抱舞蹈！吴蛮仿佛置身在三千多年前古希腊历史之中，忘情忘我地随着琵

2007年，美国纽约卡内基音乐厅后台，吴蛮看望美国大作曲家特里·莱利。

琶的旋律即兴飘荡，曲终时全场不断呼喊"吴蛮！吴蛮！"这才把她唤回。这次震撼人心的演出，使观众和参与的音乐家都终生难忘。从此以后，吴蛮与格拉斯合作无间，直到今天。

古尔德基金会在2015年颁奖给格拉斯，推崇他对音乐的贡献。吴蛮是评审团中唯一的音乐器乐评审委员，对格拉斯的音乐推举和介绍起了决定性作用。我们曾经在前面提过，吴蛮也曾在1999年获得过古尔德音乐新人大奖。他们这两个音乐上合作密切的好友，先后得到了这个荣耀。

音乐魔师莱利

特里·莱利（1935—）是极简音乐主义的前卫级作曲家，在美国音乐界占有举足轻重的地位，从古典、爵士、电子乐、印第安人音乐、蓝调，到世界综合音乐，他无所不通。他创造出来的曲调如梦似幻，所以音乐界称他为神佑的魔师（Blissful Wizard）。莱利这批音乐家成长在美国20世纪60年代的嬉皮士时代，他们反战争，接受东方佛教的哲学，积极寻求自己的人生理想。他也钟情于印度音乐，常常到印度旅行，受印度音乐影响至深。他信奉极简主义，舞台的布置、演员的表演、歌剧的旋律、舞台的台词，都极端简单朴实。他最有影响力的作品是1968年写的《In C》。80年代末期，上海民族音乐团曾经演奏过，莱利还曾很得意地给吴蛮听过那个录音。

在美国，主流的音乐圈子其实很小，志同道合的音乐家常在各种场合碰面。由于和克罗诺斯弦乐四重奏乐团的合作，吴蛮在音乐节和音乐场合认识了莱利，当时莱利还没有接触过中国音乐，吴蛮像一个音乐大使，利用这些机缘向他介绍了中国音乐。20世纪六七十年代的中国还没对外开放，导致这些音乐家纷纷前往印度去寻找东方音律，现在机会到了，正是要传播中国音乐到世界上的时候。吴蛮觉得自己像是在讲故事，用音乐作为媒介把中国的历史文化和传统习俗讲给莱利听。有一次，吴蛮应邀出席德国德累斯顿的音乐节，在排练的空隙中听了一场精彩的音乐会，那就是莱利的即兴钢琴演奏会。莱利的音乐的确有神奇的魔力，既有西方音乐的结构又有东方音乐的神韵，两者相交如奇迹出现，给吴蛮留下深刻的印象。

《星辰的神奇》

顺理成章地，吴蛮和克罗诺斯弦乐四重奏乐团委约托莱利为他们写作，于是《星辰的神奇》（*The Cusp of Magic*，2008）有幸诞生。这首长达43分钟的琵琶与弦乐四重奏的室内音乐，是莱利为庆祝他自己70岁生日而作。其中的琵琶演奏技术相当复杂，吴蛮不仅独担重任，还有几段她要开口歌唱。

这是莱利第一次为琵琶写作，为了更深入地了解琵琶音乐，只要有吴蛮的音乐会，莱利会特地赶到，坐在观众席里聆听。有一次吴蛮在纽约与一些爵士音乐家"玩"了一场音乐会，莱利和他那爵士吉他演奏家的儿子都赶去捧场。他与吴蛮合作一年多，他们不用电子版曲谱，还是依赖邮件传递原版曲谱，每当莱利寄来一段，吴蛮就试着在琵琶上弹奏，然后再由电话讨论改写。在这部音乐里，莱利特别注明吴蛮在创作上的贡献。

《星辰的神奇》包括六个部分：《引子》《佛室》《育婴室》《婚礼》《爱米丽和爱莉丝》和终曲《祈祷圈》，这首室内音乐的名字来自每年一次的双子星与巨蟹星交会的弧线，这个瞬时发生的奇迹，也正是夏令的开始。在西方古老的传说中，夏令是平淡无奇的白日世界的终结，幻梦无稽的黑夜世界的开始；正如莎士比亚的《仲夏夜之梦》所表达的，人们以放肆无忧的载歌载舞的仪式庆祝这个特别季节的来临。莱利这个"魔术师"用此主题把他的音乐带入超自然的境界，好像印第安人吃了有魔幻性的仙人掌，整夜不眠不休地围在野火边祈祷，哼哼唧唧唱歌不绝，在现实和虚幻之间漂游浮沉。

莱利自己说："在这部作品中，琵琶和西方弦乐的音色和共鸣象征两个文化的边际，他们的相交使西方的音乐得以有东方的口音，东方的音乐也得以有西方的腔调。我希望能把这个地区融合得无缝无痕，以致听众在两个世界中游荡，而在曲终的时刻不知他们如何身达此境。"这部音乐作品包揽弦乐、打击乐器、爵士音乐，混合琵琶、人声和儿童玩具发出的声音，以众声的重奏来影射人世的多相多貌。曲调精彩动人却又极端简单，

导致乐器相互之间的配合和演奏极为艰难；节奏又变化多端，紧凑地一环扣着一环，演奏家绝不能分神，只要其中有一人稍微走神就会破坏全曲。在《佛室》和《育婴室》的两段中吴蛮还表演独唱。《育婴室》的中国摇篮曲歌调是莱利作的，中文的词是吴蛮自己填的。吴蛮想到她的幼儿，自己长期在外演奏无法在家看顾他，心里满溢思念之情，满怀柔情地唱着："杨柳轻轻飘，月亮高高挂，妈妈回来了，宝宝快睡吧！"母爱缠绵，听众的心扉无不为之颤动。

这部作品的唱片已由龙萨奇公司（Nonesuch Records Company）在 2008 年出版发行。吴蛮和克罗诺斯弦乐四重奏乐团带着《星辰的神奇》走遍美国各大音乐厅和欧洲音乐节。由于这是莱利为吴蛮和克罗诺斯量身定做的，其中许多音乐演奏的细节都有一定的高难度和精致的要求，除了吴蛮和克罗诺斯弦乐四重奏乐团之外，至今还没有其他音乐组合能演奏这部作品。2015 年 6 月在莱利 80 岁生日的庆典音乐会上，吴蛮与克罗诺斯弦乐四重奏乐团以及一大批音乐界朋友在加州旧金山湾的爵士音乐厅再度演出这个作品，与热情的观众尽情地分享了 45 分钟《星辰的神奇》全曲。

2008年，乌鲁木齐，吴蛮与维吾尔族歌唱家萨努拜尔吐尔逊学习交流。

音乐创作

吴蛮虽是琵琶演奏家，但是琵琶并没有限制住她，反之，她改变了琵琶，给予它新的声音，新的观念；她不断地挑战既成的音乐，创作新的语言，为传统音乐家发展出一条新的路径。她善用时机，创造可能，开辟出中国琵琶在国际世界的一片天空。她一直带领潮流，走在音乐创造的前沿；在过去的 25 年，吴蛮的音乐不断地带给听众惊喜，她的音乐思想影响了年轻的一代音乐家们。

《中国的琵琶音乐》与《吴蛮和乐队》唱片

宁巴斯（Nimbus）是英国著名的唱片公司，专门录制有价值的世界音乐和欧洲早期音乐。吴蛮还在中国时宁巴斯就对她有所闻，已经开始注意到她的动向和发展。吴蛮到了美国后，宁巴斯就在 1993 年邀请她到英国，在古雅的伊丽莎白大殿开独奏会，会后在伦敦郊外的公司录音。这个地区位于起伏的小丘之中，环境优美幽静，有大片绿茸茸的草坪，令人心逸神往，音乐灵感油然而生。吴蛮第一张完成的唱片叫作《中国的琵琶音乐》(Chinese Music for the Pipa)，集多首传统琵琶独奏曲，效果极佳，被英国广播公司评为四颗星。

1996 年吴蛮再度受邀赴英国，参加英国广播公司主办的有百年历史的逍遥音乐节（BBC Proms）。这是个大众化的音乐节，除了交响曲和室内音乐之外，也有个人的歌唱和演奏，大部分节目举行在有百年历史的伦敦皇家阿尔伯特音乐厅（Albert Hall）；厅里不仅坐满了人，听众还可以在舞台前席地而坐，亲密地接近台上的演奏家。吴蛮还是历史上第一个被邀请的中国传统音乐家，她带领了几位居住在美国的中国传统乐器演奏家一起来参加这个音乐节；其中有拉二胡的黄天佐，弹古筝的杨艺，吹笛子和唢呐的刘启超。那真是个具有历史意义的时刻，中国传统音乐第一次响彻伦敦皇家阿尔伯特厅，飘扬在上千人面前。

吴蛮和中国音乐家这次演奏也被录制成唱片，叫作《吴蛮和乐队：中国传统和现代音乐》（*Wu Man and Ensemble: Chinese Traditional and Contemporary Music*）。这张唱片得到英国广播公司的五星评估，被法国音乐杂志评为"世界最佳唱片"前三名。当时国际音乐界对中国音乐的了解还是一片空白，这些演出和唱片填补了一些国际的渴求，吴蛮的名字在英国的音乐界造成影响，早于她的声名流传在美国。

2007年，北京，录制《边疆：吴蛮与丝路音乐大师》唱片，与青海花儿民歌手交流。

《西北寻根》纪录片

2006年5月，吴蛮参加一批采风者队伍，从美国来到中国西北地区——山西和陕西北部的黄土高原一带。除了她是演奏家外，其他的采风同行均是中国音乐理论家和研究者。很久以来吴蛮就向往这些贫乡瘠土上的中国传统音乐，觉得中国农村的音乐形式异常丰富，深受道家的宗教影响，与人民生活紧密结合在一起；譬如结婚"红"事和丧葬"白"事的仪式音乐，皮影子戏曲伴同说唱音乐，还有当地的民歌、器乐等，这些均与传统音乐息息相关。在城市人的生活之中，音乐是娱乐，只是生活的一部分；而对于这些乡下农民来说，这些音乐就是他们的生活。在2005-2007年之际，沿海地区发展迅速，而偏僻的西北农村仍然穷困闭塞，村民居住环境很差，生活各方面条件都匮乏不堪。在这种情形之下，音乐的功能更为重要。另一方面，那些黄河流域中国文化发源的古老小村落，上千年的文化正在慢慢消失零落；年轻人都到大城市去打工了，老一代的音乐传不到子女，家庭代代相承的手艺已经面临失传。这些音乐后继无人，很有断层之忧，如不再鼓励提倡，可能不久就会从这片土地销声匿迹。

吴蛮与这些音乐学者去了一次西北后，目睹这些音乐的没落，深深感到如果不把这些乡土音乐记录下来，它们将会消失得无影无踪。于是在2006年至2008年连续3年，吴蛮毅然决然深入西北乡村，自掏腰包来拍摄和制作一部纪录片。城里的人根本不知道这种音乐，当年在音乐学院时吴蛮自己也未见识到这种真实的民间音乐。朋友们听说吴蛮要去西北乡下纪录乡音，个个惊呼："蛮子，你去那样的地方干吗？疯了吗？"

红白喜事和皮影戏

吴蛮一到北京，当天下午就与摄影师安德列接洽。安德列是个意大利人，20世纪80年代到北京来生活，说一口京片子，有个东北太太和一男一女两个孩子，住在北京十分自在，像一个地道的北京人，大家都叫他老安。老安是一个职业摄影师，曾为意大利及欧洲很多电台制作节目，也像典型的意大利人般爽朗热情，快言快语，而且说起话来手舞足蹈，像意大利人一样满身都是表情。

老安与吴蛮一拍即合，谈得志同道合，满腔热情，都有兴趣去农村为民间音乐作纪录片。还有一个叫小武的年轻助手，是一个在广告业做事的北京人，愿意做他们的义工。他们开着老安的一部本田越野车，吴蛮负责汽油钱，车上堆满摄影器材，三人就这么往西北乡下开去。

老安到底是从出产法拉利的意大利来的，车子开得飞快，又学到了中国的开车习惯，不屑遵守驾驶规律和交通规则。一路他话说不完，双手忙着加重语气，难得放在方向盘上；不到 5 小时，他们就从北京飞车到了西安的阳高县。

他们到的乡镇相当封闭，根本不对外开放。小武和吴蛮都自称是从北京来的，也就混过去了。老安这个高鼻子绿眼睛的人是一个难题。吴蛮建议他冒充是新疆的回族，老安知道她成心戏谑他，瞪着绿眼睛大声说："如是新疆人就完了。"

于是，派出所的人把老安带走了，说是要请他住政府招待所。这堂堂的政府招待所连私人洗浴室也没有，条件恶劣之至，还要每晚收 60 元。吴蛮和小武这两个"北京人"住的县镇旅馆也好不了多少，只是还有个肮脏阴暗的私人厕所，可是连被单都是黑乎乎的；他们穿着衣服倒头就睡，什么都不敢碰。好在他们在旅馆只是睡觉而已，早上 6 时就进村子工作一直到天黑。每天和农民一起吃点白饭泡白菜汤。乡下的艰辛落后不是亲身体验真是不能想象。老安开玩笑戏说这像是第一次世界大战时的农家条件。

吴蛮是与北京中国音乐研究所的教授朋友联络好的，她直接与村庄里的艺人接洽，省去了与当地官方部门的繁杂手续。在乡下，5 月份是办丧事的吉日，冬天死去的尸体都还留在室内，因为天气一直很冷，土地也都还结冻，到 5 月才出葬办白事。道教仪式很复杂，有成套的音乐仪式，不同时辰会采用不同的音乐；他们又讲究风水，出葬的日子、时辰、方向都有其慎重的研究。白事是乡村的大事，全村的人都赶到，丧家发烟和糖给大家，还供 7 天饭，这叫"白事饭"——大盆的白米饭和大木桶的汤，汤里有些白菜，上面浮几片肥肉。吴蛮为了体验当地生活，与村民打成一片，每天都与村民蹲在地上一起吃"白事饭"聊家常，村民把她当作自己人。

村里送葬的行列里，吹喇叭敲锣打鼓，孝子丧服，还有纸扎的童男童女、冰箱、汽车、电视等；村庄里的活人还没有享受到这些摩登玩意呢！白事的音乐最丰富，红事的音乐没有道家的仪式参与就简单多了。他们三人跟踪拍摄山西道教阴阳乐队的活动 10 天之久，陪着他们在各村落走街串巷做仪式看风水。班主是李氏家族，曾在"文革"中停演，后来才恢复。陕西华阳的皮影老腔戏主要是由一个张姓家族传流，"文革"以后，外姓也开始进入。戏班由 5 个人组合，一边唱说故事，一边操作皮影，后面的人合唱或演奏。

故事都是些忠臣良将或孝心感天那种劝人为善的老故事，很有些潜移默化的功能。

农村卫生条件很差，大家住的是上百年的泥土房，大都是破垣残壁，有的村民还住在窑洞里。路上狗和猫成群结队，村民告诉他们这些狗猫都是有人家的，但是养的人不兴喂猫狗，所以它们得自生自灭，各自去找吃的，都是瘦骨嶙峋一副可怜相。村里满地垃圾，苍蝇乱飞。当地人说以往垃圾可作肥料，村民会拿去用，现在垃圾里都是塑胶品，不能作肥料，就没人管了。村里还有丹顶鹤，在往北方迁徙的时候它们在此停留休息，当地人把它们当作吉利的兆头，不伤害它们。

吴蛮把在西北农村拍摄的片子剪接制成 30 分钟的 DVD 纪录片《吴蛮：音乐寻根之旅》，在亚马逊出版。她在美国音乐节和艺术节以及各大学演出时把这部纪录片放映给听众看，让听众以参加讨论的方式认识中国文化。观众兴趣高涨，从民俗、音乐、生活、传统文化的传承等不同的角度热烈发表言论。

2013 年吴蛮在西安音乐学院民族音乐系讲课，放了一段张家班的皮影老腔戏，邀请吴蛮去的乔建中教授说："其实这些东西就在我们家门口，我们怎么没有想到要去搜集？"

即兴创作琵琶新语言

吴蛮常常琢磨即兴演奏与创作之间的关系，恍然悟到中国的民间音乐其实最初都来自即兴创作；譬如江南的丝竹小曲、广东的粤曲、少数民族的民谣和西北农村的吹打乐。我们熟悉的《春江花月夜》和《十面埋伏》等正宗琵琶乐曲，它们均有即兴的根源；在乐曲形成的初期，并没有乐谱，只是音乐家们自己即兴自娱的。进一步来说，就是在西方音乐界，不少大音乐家当初也并无乐谱，都是在灵感潮涌时把心中的感受即兴发挥，是旁边的人把他们演奏的曲谱记录下来，以便可以传遍开来让别人重复演奏。所以说，即兴演奏是人类创作音乐的最基本方式，是民间音乐的典型发展过程。

只有仅仅二十余首古典曲目的琵琶，能否在现代的世界里依赖其传统的形式而继续存在？如何为琵琶找一种新的语言？如何开创一条新的途径？如何打开固有的传统而寻找琵琶的新生命？即兴演奏虽是创作的一个基本方式，而创作的方向更需要深刻的哲理和意境。吴蛮的反思使她悟到伸出手去接触我们的邻居和外在的声音是必要的，何况是通过音乐这个美妙的媒介。当她从"周游列国"再回到自己传统的"琵琶疆土"的时候，她发现了很多新的音乐感受，能从古曲中听到许多以往未曾听到的声音；好像她的音乐仓库里新添了丰盛的食物，可以让她慢慢地享用、消化和取得养分；好像她的音乐触角变得更灵敏，能接触到一个新的空间，能感受到创作的自由和无限。她的音乐也因而变得更厚实而有立体感。

《来自远方——琵琶行》唱片

自从 20 世纪 90 年代后期开始，吴蛮既与格拉斯、赖利等音乐大师合作即兴创作，也与来自非洲、南美、中东、东亚等地方的世界音乐家一起即兴创作爵士、蓝调和其他音乐。在 2003 年发行了第一张她自己制作的即兴创作，把琵琶带进了一个新的领域。在这张被翻译为《来自远方——琵琶行》（*From a Distance，Naxos World*）的唱片里，她这么说：

> "我喜欢不断地挑战自己，并认为琵琶的丰富表现力可以与任何乐器媲美，它不仅源于中国古典音乐，同时亦属于世界的范围。居住在西方后，我曾与许多优秀的音乐家和作曲家合作。与他们一起，我把琵琶带到了不同的音乐领域中。这些工作给予我很多的音乐经历。在这张即兴演奏唱片中，我想看到琵琶到底能走多远？我的音乐风格又能有多大的变化，这就是我做这张唱片的原因。当然，我仍然喜爱传统曲目及新作品的演奏，但我最好奇的领域是——即兴演奏。即兴能给予音乐家许多表达自己的空间和自由……"

在这次唱片制作中，吴蛮和几位音乐家在纽约的录音棚里工作了整整三天。吴蛮邀请的音乐家包括一位演奏班卓琴的美国人，吹奏迪吉里杜管的大洋洲原住民艺人，以及一个磁盘骑士（dish jockey）。演奏家们弹奏吉他和玩具小钢琴，脚踏车的喇叭、乐器、玩具等的声音混在一起好不热闹！每演奏一首曲子，吴蛮先把曲子的意境和气氛描画给大家，然后吴蛮首先录琵琶轨道，接着每位演奏人就把自己的音乐想象融入琵琶的音调上，如是一再重复，层层增添修改，一直到大家都对音乐丰富的层次感到满意的地步，最后才做剪接和混音。这与传统音乐录音的方法完全不同，却是摇滚流行音乐通常录音与创作同时进行的程序。三天下来，他们非常辛苦，却在录音棚成功地完成了 9 首曲子；最后一首与唱片同名《来自远方——琵琶行》的琵琶独奏曲，是夜深人静时吴蛮在家自己即兴独奏时录下的；琵琶琴声委婉如珍珠滚落，传统的琵琶韵味淋漓尽致，从近而远慢慢在唱片里消失。

2007年，俄罗斯莫斯科，与莫斯科独奏家室内乐团合作，排练休息期间，吴蛮与世界著名中提琴家及指挥家尤里·巴舒密特（右）和乐团首席合影。

吴蛮的确把琵琶带到完全不同的音乐领域。譬如在《远古的影子》（Ancient Shadows）一曲中，吴蛮试探用弦来拉琵琶。琵琶本是弹拨的乐器，弦与琴之间很低平，不像提琴或二胡一样有拱起的弦码子。吴蛮尝试着用弓在琵琶上拉，创造出古老苍劲的沙哑声音；她自己说像是躺在大草原的无际蓝天之下，被这音乐带到一个古老的时代，一个像内蒙古般遥远的地方。在《杭州蓝调》（Hangzhou Blues）中，吴蛮从蓝调大师亨德里克斯处得到灵感，把琵琶电化，弹出清脆明朗的曲调，纪念她魂牵梦萦的家乡杭州。《汶森之歌》（Vincent's Tune）来自吴蛮儿子汶森在家常哼唱的调子；在这唱片里，4岁的汶森即兴歌唱，配合玩具琴的叮咚，脚踏车喇叭的呼噜，迪吉里杜管发出的低沉声音，和打击乐器的韵律。

吴蛮的东方根源也明显地流露在这张唱片里，在《祈祷》（Invocation）一曲里，吴蛮借用一首大家耳熟能详的新疆民谣情歌《康定情歌》制作出特殊的音效。《跳吧！》（Dancing!）来自中国北方秧歌舞。《旅程》（Journey）用音乐叙述吴蛮从中国走到西方的漫长途径。《新月在山头》（Crescent Moon

2006年，卡内基音乐厅，吴蛮与 Bob Schulz 合作多媒体作品《上古之舞》琵琶与打击乐，陈怡、吴蛮作曲。

Over the Mountain）来自一首唐诗，在这儿吴蛮想到月亮在她家乡的山头升起的情景。《呐喊》（Ambushed Again）的灵感来自熟悉的琵琶曲《十面埋伏》，但特意加入电声的噪音（distortion）效果，听起来有特别的震撼感。

　　这张唱片推出来后在市场上排名十分好，很多销售网站给予五星的评价；亚马逊（Amazon.com）给予世界音乐类排名第六名。这是个非常成功的试验作，又即兴又流行，进入了时尚音乐的领域。

　　乐迷在网上评论时惊呼："近十年来，最杰出的世界音乐终于问世了！"有一位听众告诉吴蛮她的孩子一听这唱片就要跳起舞来。有的人说，"我把这唱片放在车上，开车时我一定要听它。"佳评云涌，登在各音乐评论里。可是吴蛮最高兴的还是想到那个一听到这唱片就要跳舞的孩子。

　　这唱片把琵琶带进了一个新的领域，闯出了传统，打开了天穹。还没有别人做过这样的尝试。吴蛮第一次尝试作曲后，对自己的作曲有了信心。

《上古之舞》多媒体音乐会

　　音乐、诗词、绘画和书法是中国文化的四大瑰宝。吴蛮思考良久，是否可以通过音乐会的形式来表达这些特点，以便让观众可以更多了解多姿多彩的中国文化呢？ 2006 年沃尔玛（Walmart）家族的华盛顿艺术中心委约吴蛮首创推出一台琵琶与打击乐《上古之舞》的多媒体音乐会，在纽约卡内基音乐厅演出。一时轰动艺术界，媒体争相采访报道。

这个音乐会集唐诗、书法、绘画、音乐为一体，结合视觉与听觉的艺术。吴蛮邀请她的作曲家朋友陈怡合作，采用三首唐诗《静夜思》《早发白帝城》和《望庐山瀑布》。吴蛮觉得陈怡的作曲显示了一种意味，但是她还想再表达另一种意境——一种安宁幽静而又能使用吴侬软语的江南语调。《早发白帝城》和《望庐山瀑布》都快速进行，譬如其中的"疑是银河落九天"或"千里江陵一日还"。可是吴蛮认为这首《静夜思》必须表达沉思静谧。

吴蛮把9世纪的"床前明月光/疑是地上霜/举头望明月/低头思故乡"描述得委婉徘徊，余音袅袅，月光凝固在地，心思沉寂深远。银幕设计是三位分别来自英国、日本和阿根廷的媒体艺术家合制的；当李白的诗句以书法形式出现在银幕上时，琵琶音乐娓娓道来，并具有绘画的动态效果，观众既听又看，有耳目一新之感，赏心悦目之余无不感到内心的震撼。

卡内基中国音乐节

2009年，纽约卡内基音乐厅决定举办中国音乐节，吴蛮应邀筹划两场中国传统音乐会。西方听众对中国音乐的理解非常有限，在海外的中国音乐或是国内输出的节目大多是城市音乐，例如江浙丝竹乐、广东粤音、京剧折子戏，或晚会式的"大杂烩"表演，多以二胡琵琶古筝笛子扬琴为主。

接到卡内基的邀请后，吴蛮决定要推出两台节目，取名为《中国体验》（*Taste of China*）和《中国古韵》（*Ancient Spirit of China*），让美国听众接触地道的"另类"中国传统音乐，从而对中国传统文化有更感性的认识，同时也让中国北方和南方的民间艺人得以进入世界的音乐殿堂。她邀请了三十多位传统民间音乐家来美，代表5项中国传统音乐；其中包括代表道家音乐和仪式的山西李家，代表皮影戏老腔说唱的陕西张家，代表少数民族的广西侗族大歌，北京学院派出来的5位传统打击乐名家团"八大槌"，还有中央音乐学院古琴名家，同时也是吴蛮好朋友的赵家珍教授，表演古琴并介绍中国古代文人音乐。

吴蛮用了一年的时间筹划节目，联系人员，安排具体行程。她的经纪人和助理也全力以赴地协助配合。这两场中国传统音乐会的计划一经公布，立刻成为艺术节的重头节目，门票一抢而空。吴蛮作为音乐节顾问委员肩负多项责任，譬如音乐会筹划、艺术总监、节目指导和演奏家兼领队。她带领三十多位中国音乐家在美国东西两岸的音乐圣殿做了四场演出，包括纽约卡内基音乐厅和加州的橘县表演艺术中心（Orange County Performing Arts Center）。这之外，他们还在华人社区为学生和老人介绍中国传统音乐。

吴蛮本来还担心西方的观众不习惯中国民间乡土音乐，会嫌锣鼓喧天声音太吵，结果在演出中观众情绪热烈，在演奏结束时观众起立鼓掌叫好，掌声不绝于耳。之后还反映说："一点都不吵，声音还可以再大一点。"

BBC和纽约时报都发表新闻和评论，认为"吴蛮筹划的音乐会体现了真正的中国乡土风情和纯粹的传统音乐"。

乡村的民间艺人从未去过北京或上海这些大城市，也没坐过飞机，这次初出国门，在美国闹出不少笑话。在纽约卡内基表演的那一阵，大家都住在时代广场街区的酒店。李家班和张家班的农民艺人不懂英语，未见过美式电梯，不知如何开热水洗澡，或是用卡片打开自己的房门，也不知要怎样与柜台联络。他们不喝冷水，一再要热开水，又不习惯室内不可抽烟。这下到了车水马龙繁华拥挤的时代广场，他们晚上都蹲在路边，长长一排人一个劲儿在那儿抽烟，像是看新奇把戏一般看着金发碧眼的外国人来来往往，看得眼睛圆睁，张口结舌，身体一动不动，就是不要回房睡觉。路过的人看到这些不知哪里来的一排人，像外星人般蹲在路边，也看得目瞪口呆。两方目目相对，够逗了。他们本来就没有什么时间观念，又被时差弄得混乱不堪，纽约的凌晨2—3时大概是他们村里起床干活的时间吧！吴蛮香甜的好梦常会被这样的电话惊醒："吴老师，怎么没有热开水呢？咱们要泡茶喝。"

民间艺人在美走"洋穴"一场后，回到村里变成当地县城名人。皮影戏老腔张家班多次上了中央电视台，又应邀到台湾和香港访问，然后经过吴蛮的介绍还到澳大利亚的悉尼艺术节演出。他们出访北京数次，受到政府的接待，这样一来也受到乡镇地方政府的重视，把皮影戏作为当地区重要保护的民间文化之一。道教笙管乐李家班从美国回去一年后，受到欧洲的邀请，在比利时、英国、意大利和荷兰等地演出，处处造成热烈的高潮。

三十多人的大团体从中国飞往美国，再加上签证、食宿和在美国境内的交通，是一笔巨大的开销。艺术节给予的节目制作经费不足以支付全部开销，吴蛮慷慨解囊，把自己的演奏费几乎全部补贴上去。吴蛮觉得她唯一能做到的也就是让这些民间艺人在国际舞台上露面，如果因此而引起当地政府对于这些传统艺术的重视，使它们受到保护，推动它们的复兴，一切付出都值得，她就感到无比欣慰了。

《光之无限》与其他唱片

在搬到加州的 10 年里，吴蛮制作出版不少唱片，风格多样且产量丰富。《吴蛮与朋友们》《光之无限》和《边疆——吴蛮与来自丝绸之路音乐大师》得到美国独立唱片最佳专辑提名。她与克罗诺斯弦乐四重奏乐团共同制作的《星辰的神奇》（*The Cusp of Magic*）和《你偷了我的心》（*You've Stolen My Heart*）在 2005 年荣获美国格莱美最佳跨界世界音乐专辑提名；她的《传统与转变》（*Traditions and Transformation*）在 2008 年荣获美国格莱美最佳独奏演奏奖提名。此外，她首度与台湾音乐家合作的中文版专辑，囊括琵琶的经典古曲《琵琶蛮》（台湾风潮唱片），荣获台湾金曲奖 2014 最佳传统专辑提名。

吴蛮在 2003 年被美国阿肯色大学亚洲和中东早期音乐研究中心特聘为客座教授，开始和东亚系的沃尔培特教授（Rembrandt Wolpert）长期合作，把他研究的琵琶早期曲调从纸上的音符变成活生生的音乐。吴蛮经 8 年之久才在 2010 年制作成早期佛教音乐唱片《光之无限》（*Immeasurable Light*）；这里搜集了 8 世纪到 12 世纪由印度经西域到长安，然后再流传到日本的一些唐代手抄琵琶曲谱，包括最早的佛曲《南无阿弥陀》（*Namu Amida*）。

在《光之无限》中，吴蛮又进一步以新的注释把这些古曲的内涵表达出来，强调琵琶独特的声音和色彩频繁的变化。琵琶早期曲调受到中亚音乐的影响，弥漫佛教的诵经声。受到这些启发，吴蛮自己创作的曲子也受到影响，在曲中大量使用了左手推拉吟揉的韵味，在构思的框架下设计即兴演奏。从这方面看来，《光之无限》跟所有既有的琵琶曲目都不一样，因为它既有远古的声韵而又有现代的音乐语言。吴蛮希望将来的音乐家可以了解这些曲目的构思，领悟到作曲家的用心，用自己的方法来表达。

8 世纪到 12 世纪是音乐历史上的奇迹，在沉寂了一千多年以后，远古琵琶的声音终于从湮没西域故城的浩瀚沙漠再度响起，我们也终于可以听到敦煌壁上飞天反弹琵琶的璀璨仙乐。吴蛮从琵琶现代的声音追寻到千年前琵琶的源头，并发挥出新的色彩和光辉，作出对历史的一个重大贡献。《光之无限》得到《纽约时报》专文特别推荐，并以巨大篇幅介绍此唱片，是非常难得的殊荣。

《纽约时报》说："就像考古学家从断瓦残垣重新组合出一个完整的过去，研究古代音乐的学者把已经消失了的音乐语言竭力翻译成现代的曲调。早期的佛教音乐谱没有

2007年，日本，庆祝Miho博物馆成立10周年。与美国最著名的女企业家、作家Martha Helen Stewart合影。

注明音调，只备有手指的运作和调音的说明，这些是唯一可以解析这些旋律的密码。吴蛮把这些古代的腔调加入她富有想象力的曲调，使寂静了一千多年的声音重新响起。"

除此之外，《光之无限》还包括5首吴蛮从早期琵琶音乐得到灵感而创作的独奏曲，包括《静夜思》《夕阳钟楼》和《东山烟雨》等。其中《杨花九月飞》便是采用传统琵琶的音乐素材，而展露出琵琶另一种语言的特色。这首曲子的构思最早开始在当年与刘索拉合作《中国拼贴》之际，吴蛮当时就在思考如何从传统乐曲中汲取创作的音乐素材；这个曲子以多次反复变化展现身段，用快速连续转折的风格来表达杨花在空中飞舞的意象，既有琵琶急速跳跃的武曲特色，又有现代摇滚乐的节奏。《杨花九月飞》在Youtube上可以听到。有听众网上发贴："听了吴蛮演奏这首曲子，吉他演奏家都该自叹不如！"

与马友友

马友友当然不需过多介绍，他是位闻名世界的美国华裔大提琴家，文化音乐教育的提倡者，在西方古典音乐界有举足轻重的地位。他出身音乐世家，父亲是中国音乐教育家马孝骏，母亲是出生香港毕业于南京中央大学的声乐家卢雅文，他们俩都在风雨飘摇中离开战乱的中国，而后寄居欧洲。他们在巴黎邂逅后结婚，生下马友友和他的姐姐马友乘，全家靠马孝骏教琴为生，相当拮据。在马友友童年时代，他们搬到了美国纽约，马友友就在那个城市长大。

马友友是一个天才儿童，5岁就开始演奏，7岁的时候被邀到白宫在总统肯尼迪面前演出，8岁时与弹钢琴的姐姐一起在伯恩斯坦音乐大师主持下表演。他曾经在美国首席茱丽亚音乐学院学习，但是没有得到文凭就离开了；当时少年的马友友极力寻求独立的自我，经过了一段桀骜不驯的反叛时代；后来他转学到哈佛大学，开始专心向学，以考古人类学学士的身份毕业。

他与妻子吉儿·荷尔诺（Jill Hornor）长期居住在波士顿，生育了儿子尼可拉和女儿爱米莉。吉儿是哈佛大学的德国文学教授，全家都热爱音乐，一家人生活和乐融洽。

马友友的大提琴造诣是全世界公认的。除了他弦下发出的天籁之

2002年，卡内基音乐厅，吴蛮与马友友及丝绸之路乐团。

音，他发自心底的坦诚和友善，常挂在脸上的微笑，对人的慷慨和爱心，塑造了他独有的形象，这就是马友友的"商标"。他集多种品质于一身：丰富的才华，音乐的创意，艺术的眼光，多元的创作和人性的魅力。他被誉为古典音乐的票房保证，是当今最受人欢迎的艺术家。

2004年，法国南部，丝路乐团夏季工作营。与丝路乐团小提琴家Johnny Gandelsman探讨室内乐新作品。

在马友友已经获得古典音乐界的尊崇之际，他的音乐出现变化，超越了古典音乐的范围，开始试探新的天地；他制作民间音乐、蓝调、阿根廷的探戈音乐、爵士音乐和巴西音乐等；他也为电影配乐，譬如大家熟悉的《卧龙藏虎》和《西藏七年》。这些"越界"和"民间化"的尝试最初受到主流音乐界强烈的排斥和批评，马友友曾因这些重大打击感到无比颓丧，但是他坚定不移，最终这些多元性的突破还是被音乐界和听众所接受。

斯特拉迪瓦里名琴

自从吴蛮到了美国，她与马友友彼此都有所耳闻；其实美国的主流音乐圈子并不大，何况双方都有东方的根源，而且还有很多共同的朋友。在音乐圈子里早就流传这么一句话：吴蛮之于琵琶，一如马友友之于大提琴。他们俩对于这两个乐器造诣之深厚实在无人可望其项背。和马友友一样，吴蛮当时也住在波士顿；有一次吴蛮去听他的大提琴演奏会，会后到后台去看望他，两人谈起来，发现彼此对于东西文化融合的概念十分契合。

有一天，马友友带着那把著名的斯特拉迪瓦里（Stradivarius 1712年制造）大提琴，开着他的奔驰车来到吴蛮家。吴蛮的儿子刚一岁，牙牙学语，在家里地板上到处爬，看见友友叔叔进门，便缠着他要玩。为了躲开儿子的纠缠，吴蛮赶快把马友友请到楼下练琴室。他打开琴盒，拿出那把价值二百多万美元的名琴，二话没说即开始和吴蛮排练。——那已是17年前的事了。

也就是在17年前，1999年的4月，吴蛮与马友友一起被邀请到白宫，为来美国访问的中国总理朱镕基举办了一场小型音乐会，会上演奏了盛宗亮写作的《民歌三首：为琵琶与大提琴而作》。这件吴蛮与马友友在白宫合作演奏的事已经在前有所叙述。

纪念"南京大屠杀"演奏

在 2002 年，明尼苏达州室内乐协会举办了一场音乐会，以纪念"南京大屠杀"。吴蛮与马友友联合美籍韩裔小提琴教授金永南三人共同演奏；曲目是陈怡根据江苏民歌《茉莉花》旋律主线，特为他们三人而写的《宁：琵琶、大提琴和小提琴三重奏》。这三件乐器的音色有很大的差别，无论在力度、节奏还是配合上都有相当的难度。三位演奏家花了好几个小时在马友友的家里排练磨合，从三件乐器力度的调整到乐调的安排，互相仔细地研讨；其中有两大段的琵琶华彩独奏段，二位大师也给吴蛮提出了精确合理的建议，力求乐曲能达到完美的音乐感染力。

这场纪念"南京大屠杀"的音乐会非常轰动，明尼苏达州长特别出席参加了这次的音乐会，当地的电台和媒体也好评如潮。明尼苏达州室内乐协会汇集了中、日、韩、美四国的音乐家，演奏了他们创作的曲子，大家同台纪念"南京大屠杀"这一历史时刻，从各方面来说它的历史意义已超出了音乐演奏的本身。

参与"丝绸之路计划"

在"丝绸之路计划"还未成形之前，吴蛮和马友友就已在华盛顿和纽约的亚洲博物馆做了多次示范讲座，显示传统音乐在音乐作品中重要的地位。吴蛮本是这些博物馆的"常客"，听众早已熟悉她的音乐，马友友当然更不用说，他是世界闻名的大提琴家，在哪里都受到听众的欢迎和仰慕。他们

俩的音乐讲座每次都是爆满，博物馆外排着长龙，有不少挤在角落的观众。听众对于他们提出的"丝绸之路"音乐概念热烈地支持，远远超出了马友友和吴蛮的期望。

这以后几次见面他们继续聊起来，马友友告诉吴蛮他有个想法，"丝绸之路计划"的雏形（Silk Road Project）于是诞生。

"丝绸之路计划"是个连接东方和西方音乐的意想，要把当年丝绸之路上各民族的音乐都再度发掘出来加以

推广。在 2000 年，丝绸之路公司的经营系统正式建立，以一个非商业牟利的体制来寻找音乐的根源，由此而创造新的音乐语言。

在各界热烈的鼓励之下，2000 年的夏天，在麻省波士顿交响乐团的夏季大本营探戈坞（Tanglewood）音乐营，一个新颖的音乐模式——丝绸之路乐团（The Silk Road Ensemble）宣布成立，它是连接东西音乐的桥梁，同时也是执行这个理想的管道。世界各地的演奏家和作曲家来自美国、中国、蒙古、伊朗、印度、乌兹别克斯坦、阿塞拜疆、吉尔吉斯斯坦和哈萨克斯坦等国家，大家聚集在音乐营长达 10 天之久，一边排练各种乐器组合的新作品，一边又不断修改乐谱，是个正在进行中的初步工作步骤。音乐的确是没有国界的语言，即使大家的语言都不同，这些音乐家仍然顺利自如地用音乐交流。

丝绸之路乐团每年与索尼唱片公司发行一张专辑，并安排两个大型的美国巡演，以及欧洲或亚洲国际巡演。乐团的基本骨干演奏家有 15 位，因节目的特色而不时邀约些地方性的演奏家。"丝绸之路计划"当时只有做三年的打算，却一直发展到今天，现在已是有相当规模的知名音乐文化机构，并常驻哈佛大学，担任发展文化艺术教育的重任，为学校提供推行世界音乐活动的资源。马友友是艺术总监，吴蛮是乐团元老成员，乐团中的"顶梁柱"。

丝绸之路是古代东方和西方相互往来的通道，由很多细碎的足迹集合而成，这是民族与民族、文化与文化在荒僻的沙漠里的连结。吴蛮与马友友以及乐团成员共同开发的也是一条现代的丝绸之路，他们使用这一带固有的乐器，搜集居住在这一带的民族的声音，创作出新的东方和西方相交的音乐。吴蛮与马友友均是"丝绸之路计划"的开创者，他们的丝绸之路乐团不断地在世界各地演出合作。这个计划给来自丝绸之路各国的音乐家提供了一个文化交流的平台，也把不同元素和风格的民间音乐汇集到世界的舞台。他们希望能代表各地各形式的文化，与艺术家们一起创作新音乐和新潮流。

平易近人的大哥

说起来也是天时地利人和，西方的演奏家以往只是向前望，并没有人要回头去看过往，即便是马友友，在二十世纪九十年代也意想不到将要回丝绸之路寻根的事。在二十一世纪的前夕，这一批美国前卫音乐家不约而同地要回头寻找蕴藏在各地的民族声音，正巧一个会弹琵琶的中国才女出现在美国

东部的文化中心，可说是水到渠成，一拍即合。因为有共同的音乐理想和目标，吴蛮在音乐成长的道路上也受到马友友极大的影响，把他当作师长和大哥看待，多年来两人一直合作无间。

马友友是一个宽宏大量、爽朗

马友友喜爱江浙菜，与吴蛮的中国食物口味很相似，两人聊天时常聊到干丝、肉松、梅干菜和稀饭之类的食物。他们在欧洲演奏的时候，吃的老是干而乏味的三明治。马友友就跟吴蛮开玩笑说："是不是在想豆腐干丝了？"

开阔、拥抱多元的艺术家，与他合作的人都有充分表达个人风格的空间。台下的马友友谦和热诚，没有一点大音乐家的架子，衣着随便，平易近人，与大家打成一片。马友友从吴蛮那儿学习了解中国传统音乐，对中国文化更感熟悉和亲切，汉语也说得进步多了。

有一次吴蛮因没有时间就没有提前看乐谱便来参加排演，马友友一听就明白了，一脸认真地说："你没有看过乐谱吧？"说了也就算了，只是吴蛮很不好意思，为自己对音乐作品的怠慢和不负责感到惭愧。之后，再忙也要事先准备。

可是也有几次，马友友一走进

排演场就连呼："糟糕了！糟糕了！我没有时间看谱子，对不起！"

大家为他的坦诚感动，一起会心一笑。

"丝绸之路计划"新发展

近 15 年来，丝绸之路的工作蒸蒸日上。吴蛮担当起乐团的领导组成员，从乐团的艺术方针到经营的途径都有参与权，她除了随乐团到各地巡回演出之外，还主持制作唱片曲目、委约新作品和具体安排音乐教育的社区义务活动等，工作繁琐且责任重大。

"丝绸之路计划"与索尼公司连续录制发行了《超越地平线》(*Beyond the Horizon, 2005*)，《新的可能》(*New Possibilities, 2007*) 和《没有边界的音乐表》(*A Playlist Without Boarders, Live from Tanglewood, 2013*)等唱片；她与"丝绸之路计划"合作制成的《地图之外》(*Out off Map*) 荣获美国格莱美最佳 2009 现代音乐唱片提名。

吴蛮在这些唱片里都有举足轻重的角色，她的一些重量级独奏和创作曲都收录其中。在这段时间中，丝绸之路乐团的音乐逐渐改变，由单一的新作品而走向多元化的风格，从地道的传统曲到改编的传统曲，以至即兴的演奏作品。丝绸之路乐团有一些固定的成员，并随音乐的特色添加特别的地方音乐家。音乐会节目的安排以多风格的搭配为基本原则，有丝绸之路组曲集、独奏、重奏和合奏等多元化的体现。任何一个音乐作品的排练和创作过程都大致相同，除了演奏的音符之外，掌握作品的风格才是音乐演出最重要的部分。音乐会采用的一贯方式是请各队友轮流介绍其音乐作品和它的文化背景，与听众一起度过既熟悉又陌生的音乐夜晚！

当演习中国作品时，吴蛮自然而然地负起重任，在排练时介绍给队友乐器的语言特点，指出作品的内容特征，唱一段曲子作示范，探讨音乐的处理方法，以便与队友用最好的模式来诠释作品的风格。其他团员也会用同样的方式来指导大家该如何演奏他们的作品。排练是大家相互学习的最好机会，有时为了找到诠释作品最好的方式，队友们也会发生争执，反复讨论不息，一定要找出最适当的方法把音乐呈现给听众。

哈佛大学音乐会

在每年一次的哈佛大学音乐会里，"丝绸之路计划"推出中国、伊朗、印度、黎巴嫩的音乐，并混合阿拉伯爵士及欧洲古典音乐。除了吴蛮的琵琶和马友友的大提琴之外，小提琴，印度和中东鼓，日本尺八，伊朗的克曼切克琴和桑图琴等纷纷显出声色，缤纷多彩，富丽堂皇，受到听众的热烈欢迎。

这些年来他们安排的曲目还有吉卜赛、伊朗和印度的音乐。《吕斯泰姆》（Rustem）是吉卜赛民间曲，吉卜赛人是源于印度中北部的古老民族，因受到压迫而一再迁移，从中亚、波斯、东欧一直散布到整个欧洲，甚至出现在西欧的西班牙和葡萄牙，在各国的社会边际流浪。这个民族本来就善歌善舞，有围在野火旁闻歌起舞狂野不拘的传统，他们在漂流的途中不断吸收当地的音乐和舞蹈，一如采取各地的花粉，结成了他们独特而富饶的音乐果实。吴蛮用琵琶模仿吉卜赛的扬琴演奏风格，热烈奔放，节奏快速，大跳音符混搭小提琴和低音提琴。

音乐对中国人来说是神圣的，它不仅是为了娱乐，更有寄托人生情怀的意义；自古以来的文人对音乐赋以诗意和内涵，这些传统文化在吴蛮的心头根深蒂固，如梦魂萦绕般环绕着她的音乐创作。吴蛮总是在追求更深的内涵，更多的层次，而不仅是表面的热闹。所以吴蛮对自己的要求很高，在音乐曲目的安排上，如果前头是热情奔放的南美动感韵律，她会特意选择东方淡雅深沉的音乐放在其后。她每次都期望观众和丝绸之路团友们对自己的琵琶表现有新的感动，所以尽可能地避免千篇一律的重复。

林肯艺术中心演出

为了庆祝"丝绸之路计划"成立 12 周年，历经 3 年的筹划和研究，丝绸之路乐团在 2009 年 6 月在林肯艺术中心的杜利厅盛大演出，接连演出 3 场，并同时电台直播；除此之外还有一场在丹若夏公园（Damrosch Park）为大众免费演出的音乐会。

其实，在一年以前这音乐会就已经在联合国的节日展出，在北美各地巡回演出。艺术家来自 11 个国家，特地为这次庆祝而来，阵容浩大。在林肯艺术中心的 3 次演出中，吴蛮选择了 19 世纪轻盈明朗的琵琶独奏曲《阳春白雪》来演奏，成为当晚的亮点之一。电视台特意把吴蛮这段演奏放在网络上播放。

接着 2011 年的国家公众播音台（NPR）的名牌网络节目《小书桌音乐会》（Tiny Desk Concert）的制作人邀请吴蛮做嘉宾。节目不是在节目棚里而是在制作人的办公室书桌前演奏，身后的背景是放满书籍和唱片的书架，摄影机就放在桌前录制，周围都是电台的办公人员，时间是在中午休息中，工作人员们充当听众，边喝咖啡边欣赏动听的音乐，气氛至为轻松和谐。吴蛮为听众讲解并演奏了《十面埋伏》《静夜思》和《阳春白雪》，从紧凑的战场武打到幽静的乡思情怀，再到轻盈明朗的早春白雪在阳光下闪耀，充分表达了中国古乐焕然一新的现代风格。在当时，短短几个月，网上的点击率高达几万次。

"丝绸之路计划"的宗旨始终是寻找音乐的共同根源，和开创新的音乐语言。美国不久即将是一个多民族多元化的国家，白人只占少数，欧洲文化也只是多元文化的一部分。让下一代认识世界文化是非常重要的课题，也是丝绸之路乐团的目标之一。吴蛮的角色已经不限于音乐家，且是一个文化使者。

是马友友捧的吧？

国内朋友有时候会有误解，以为"丝绸之路计划"或丝绸之路乐团是马友友一个人独创，或是马友友一人主持的。他们并不明白，在美国创建一个音乐机构必须有一群志同道合的同事共同合作才能实现。经常会有人问吴蛮："是马友友捧你的吧？"

面对这样的问题，吴蛮常常感到哭笑不得。她也曾开玩笑地告诉马大哥："坊间传说是你捧红我的。"马友友一头雾水，不得其解地反问："是吗？你需要我捧你吗？你比我更学霸哦！"两人于是开怀地大笑起来。

吴蛮认为她有今天的音乐思想和成绩，和曾经与很多中外大师密切合作，受到他们人格和音乐的熏陶有莫大的关系，但是并不是被他们捧红，也并不需要靠谁来捧她。东方和西方在文化习俗方面有根深蒂固的间隔，国内音乐家必须师承某某大师，继承大师的风格和传统，新人要想出人头地也要靠已成名的大师来捧拥提拔；而在西方国家并没有这个习俗，新人也可以创造出自己独特的风格，自己发展，不需大师捧。国内的人难以了解音乐界本是一门平等合作的行业，尤其是在音乐思想开阔的西方国家，音乐人之间没有地位高低之别。音乐由大家合作创作，乐队依靠所有音乐家平等的贡献，大家不分彼此不比高低一起为共同的目标而努力。

国内不熟悉吴蛮在世界各地的音乐成就，中文媒体对她的报道不多，她回国演奏的机会有限，加上她对自己的音乐成绩也并不炫耀，因此被中文媒体认为很是"低调"。然而国外的音乐界和媒体对吴蛮可并不"低调"，他们报道吴蛮用她个人的力量把中国传统乐器介绍到西方，她有可歌可泣的坚强毅力，他们认为丝绸之路乐团如果少了吴蛮，就会失去色彩和光辉。

在本书附录的〈媒体报道〉中，就可以看到西方媒体对吴蛮的看法。

2014年，美国圣地亚哥，与墨西哥民间音乐家合作。

巧遇《星球大战》作曲大师

有一次在丝绸之路乐团波士顿音乐会出了这么个插曲。一位白发老人站在边上，看起来只是个很普通的老先生。音乐会表演完毕后，他走过来对吴蛮大加称赞，说她的琵琶"音乐精致而敏感，是令人不可置信的演奏（incredible performance）"。说的完全是音乐界的内行话，但是吴蛮听惯了赞美，也只是礼貌性地表示感谢。没想到老先生临走时还加了一句："对了，我是约翰·维廉姆斯（By the way, I am John Williams）。"吴蛮张口结舌，震惊得说不出话来，站在后台的门口眼见这位音乐大师缓缓走出去。

　　维廉姆斯是有名的波士顿管弦乐团（Boston POPS）指挥，也是多产的作曲家。他为许多电影配乐，譬如《星球大战》《大白鲨》《哈利·波特》《夺宝奇兵》等，也为几次奥林匹克开幕式创作交响乐；由于这些影片的卖座，他的音乐也变得家喻户晓。他作的曲目不仅添增了影片的成功和票房价值，也有它们本身的音乐地位。他的电影配乐曾经获得 49 次奥斯卡金像奖提名，5 次正式得奖；又获得 4 次金球奖，7 次英国金像奖，以及 22 次格莱美音乐奖。目前没有哪位大众化的作曲家能望其项背。

　　后来维廉姆斯也多次到洛杉矶来听丝绸之路乐团的演奏，当然这时吴蛮也认得出他了。他见到吴蛮就会特地过来与她交谈，有一次还带了他的女儿和太太介绍给吴蛮。他们俩几次交谈中，维廉姆斯说过将来如他的作品需要琵琶，当然非吴蛮不可，一定要来找她。这个"将来"吴蛮还在等待中。

2013年，美国加州，
与美国乡村音乐家Lee Knight在音乐会现场。

美西生活

吴蛮的先生王朋在 2004 年换了工作，要到一家位于加州西南端圣地亚哥的生化公司从事药物研究。正当吴蛮的音乐生涯刚刚在世界起飞之际，他们却要迁居到寂静的美国西南部，于是生活出现了一个转折点，他们离开居住 10 年之久的波士顿，搬到了环境优美的圣地亚哥北郡小城，住进了一栋全新的独立房屋。这社区离海滨不远，有很好的学校，刚好适合开始读小学一年级的汶森。

圣地亚哥新居

从波士顿跋山涉水到圣地亚哥，是从美国的东北角到西南角，如果是中国，就像从哈尔滨到西藏，如果是欧洲，那就等于从中亚到了法国，路途遥远得令人吃惊，而搬家的繁忙琐碎更是难以言喻。他们把一些在温暖的南加州用不到的东西送给邻居，譬如推雪机和铲雪车，又丢了一堆无法搬动的东西，譬如割草机吹叶车和一些心爱的盆花。王朋对这些私底下并不心痛，冬天再不要一早起来铲雪，以后不必为割草扫落叶而费事，真是一大好事，足以抵消搬家的麻烦。就这样他们还是有很多杂物，塞满了一个大运货车让运输公司搬运，他们则自己两手空空地开车告别波士顿，心里有份惶恐和失落感。

东部的一些朋友说圣地亚哥是一个没有文化，历史也缺乏的闭塞地方，有的只是退休老人和军事基地。吴蛮发迹在东部，不知到了新地方还有没有发展音乐事业的机会，心里不免有些七上八下。但是对中国人来说，美国已经够遥远的了，到美国的哪个地方都差不多，没有什么大不同。

　　说来这中间还有一个故事：吴蛮初到美国的2001年，她被邀请在拉荷雅夏季音乐节（La Jolla Summerfest）演出，那还是在台湾来的小提琴家林昭亮主持这音乐节以前，当时所有参加演出的音乐家都住在董事们的家里。拉荷雅的西班牙名字本来就是"珠宝"，位于海滨的拉荷雅亮丽如璀璨的明珠，它风光的旖旎举世闻名，给吴蛮留下了极其美好的印象；她住的董事家后院种了很多水果树，结了嫣红的桃子、黄色的柠檬和果汁欲滴的金色橘子，让爱吃水果的吴蛮惊喜得几乎昏厥。回去后和王朋说这个地方简直是世外桃源，连水果都可以长得这么好，如果哪天能住在这气候宜人风景优美的地方，那将是多么理想！

　　看来，吴蛮是被圣地亚哥的水果引诱来的。

护儿的足球妈

　　对于吴蛮来说，天下没有不能对付的事，"兵来将挡，水来土掩"，到时候慎重应对就是了，反正生活中的问题都是让我们去学习该如何应对的好机会。

　　他们就这样搬来了，安定下来之后，生活开始了新的一页；吴蛮变成了一个"足球妈"（soccer mom），这是美国人称呼那些整天为孩子东奔西跑的妈妈们的

吴蛮与儿子汶森

俚语。她每天忙着接送汶森去打球、学琴和参加各种校外活动，认识了一批妈妈朋友，社交来往的都是妈妈和小孩的圈子。

到了汶森进中学之后，妈妈的角色更是吃重，东部的音乐活动方兴未艾，而西部的音乐活动也急速增加。沿太平洋的西海岸有很多亚洲人，富有东方的文化，对于中国人来说，没有离乡背井的生疏感。吴蛮参加的音乐会从洛杉矶、旧金山、西雅图、温哥华、凤凰城一直到新墨西哥州的圣达菲古城。另外一方面，吴蛮也接触到了拉丁美洲的文化，与墨西哥和中南美洲的音乐界开始合作。10年后回过头来看，她的音乐天地不但没有因为迁居西部而受到阻碍，反而扩大了一倍有余。

娶妻当娶吴阿蛮

在外巡回演奏的音乐家以男性为主，少有女性；而女性音乐家除非是单身，如果有家有室的话则必然有丈夫在后撑腰，否则不可能成功，因为既要在内持家又要在外长期奔波，实在是难以平衡的事。像吴蛮这样事业成功而家庭也美满的女音乐家固然如凤毛麟角，而像王朋这样自己有一番事业还能全力支持妻子的男人更是稀罕。吴蛮常为了安排家庭和工作的日程而焦头烂额。演出季往往在一年前甚至两年

前就开始安排好了，每年演出季的日程一出炉，两口子都要拿着自己的时间表对照，花很多时间来仔细研究和讨论对策。吴蛮的外出演奏和王朋的工作出差免不了有冲突，有时他们在飞机场匆忙见一个面，交代几件事就各走各的路；有时她把汽车停在飞机场就走了，匆忙发一个电子邮件告诉对方车位号，等他从外地飞回来再到停车场去找车自己开回家。

从外人的眼光看来，这个常年不在一起的家庭能够如此和谐几乎是奇迹。这一家三个人却异口同声地回答："这并不难，因为我们三个人都非常的独立，懂得安排自己的生活，同时也尊重对方的生活空间。"

他们三人每天各做自己的早餐，在外吃饭时如果意见不同，也各自点自己要吃的菜，出外旅游时也分别选择自己想要看的景点。例如，在他们刚去过的音乐之都维也纳，儿子要去看皇宫，先生想参观著名的维也纳金色大厅，吴蛮曾在那儿演奏过所以宁可自己一人去逛街和参观莫扎特曾经住过的房屋；三人各走各的，每人都自得其乐。

吴蛮和王朋也会吵架，俩人性格都很强，意见不同时你来我往几句口角是免不了的；可是吵过了也就算了，俩人个性都很爽朗，不屑计较。王朋认为这些争执也是交谈

外婆与外孙

和商议中正常的过程。他认为夫妇最重要的是有共同的价值观，拥抱同样的信念，以及相近的世界观，也就是说对世界和人类有相似的看法。

这两口子并不信教（虽然吴蛮偏向佛家思想），也不属于哪一方政党，可是两人都有豁达开放的社会立场，怜悯那些受到压迫和歧视的人，没有偏见地接受不同的国家、种族、性取向和肤色的人；他们对物质和金钱看得淡泊，着重的是人本的思想和心灵上的追求。

王朋笑着说："娶妻当娶吴阿蛮。我是上辈子欠了她的账，这辈子不得不为她打长工。"显然为娶了这位娇妻而骄傲，并不在乎她长期在外丢给他的家庭负担。

儿子汶森

这家的三个人平等相处，像朋友一样，彼此可以无所顾忌地谈天说地。汶森说在他小时候妈妈挺啰嗦的，会逼他练习钢琴和做功课，就像个典型的中国妈妈。汶森笑起来，顽皮地称妈妈为"虎妈"，成心要说给坐他旁边的妈妈听。现在他进了高中可以主动自发地练琴和读书，妈妈可以完全不管他了——这显然也是说给妈妈听的。

这个英俊的小伙子长得高大出色，举止之中呈现出一份这个年纪的孩子少有的自信和自制力。他觉得他们家与别的家庭没有什么不同，除了一份浓重的音乐气息之外，他的妈妈也只是个很普通的妈妈，既不懂数学和科学（中央音乐学院不教这些），开起车来也缺乏方向感，绝非全能。

只有当他参加妈妈的音乐会时，看到观众的狂热喝彩，惊讶得如大梦初醒，这才觉得妈妈好像有点不同凡响似的。有时吴蛮在家待久了，汶森嫌她管多了，还会逗着她说："嘿！妈妈，我看你是否该要出去演奏了？"

汶森在学校的成绩出众，各学科都均衡发展，但是他倾向于人文，喜爱历史和文艺，钢琴弹得很好，常年在圣地亚哥的中国历史博物馆做义工。汶森会说流利的汉语，也能用中文创作，他的中文和英文写作都曾得到过奖赏和表扬。2014年的3月，他与同校5位同学一起获得长春藤哥伦比亚大学的沙利文奖（Edmund J. Sullivan Award），这是奖励全美及国际高中学生追求真理而在报章发表言论的奖状，同时他们也获得哥伦比亚大学的高中多

样出版物金冠冕大奖，奖励他们在学校编辑杂志长期出色的表现。同年9月，他得到《华人新一代》杂志优秀小记者奖。

看到吴蛮和乐的家庭，觉得她事业和家庭双方俱全，是这般幸福。笔者问她："生活中还有什么遗憾吗？"她毫不考虑地回答："我遗憾没再生一个女儿。我忙于事业，错过了生育的时机，也只有算了罢！"

笔者眼前立刻出现一个可爱的小女孩，就像当年在西子湖旁又唱又跳的那个女孩。笔者也感到遗憾，同时意识到这位音乐家内心浓厚的母性。

本质就是品牌

进入中年的吴蛮成熟而美丽，风姿优雅，身材窈窕，只是头发比以往短了一节，掺杂几根银丝。她固定练习瑜伽术，以保持身体的健康和精神的宁静；她每天练琴至少三个小时，所以手指可以继续灵活地飞跃在琵琶弦上。她朴素无华不事化妆打扮，在台上和居家的穿着都同样的简单朴实。

他们家并没有请佣人帮忙，大家自己动手做家事；吴蛮往往从外面演奏回来，行李一放下地，衣服都没换就开始吸尘、洗厕所，因为她嫌家里两个男人太脏了。她不喜欢购物买东西，从无珠宝手饰，未

拥有任何名牌的衣服和皮包，连结婚戒指也不戴，因为会影响到弹琵琶的手指。只有当她出现在正式的演奏场所，经舞台经理的安排，她才会穿着富有中国色彩的衣服，略微打扮，或是戴个项链之类。她说："我自己就是品牌，不需名牌衣物来配衬。"

他们家有个笑话：汶森小时去听妈妈的演奏会，呆头呆脑地盯着台上演奏的吴蛮，却坚持说那不是他的妈妈，因为妈妈没有涂过口红。

如果你参加她的演奏会，你可以看到她衣着朴素头发随便绾成一束地在台上合奏；在众多的影像带里，你也能看到她也是以这种形象与世界各地的音乐家亲切相处，不论这些音乐家是著名的马友友和格拉斯之流，还是谦逊的陕西乡下的古乐手、中亚的民歌手和来自南美的吹笛手。她像是老邻居般可近可亲，也像是与你从小一起长大的好友般熟悉而自在。这份亲和力就是吴蛮的本质，她精神的延长和她个人的魅力。在很短暂的时间里，吴蛮可以使对方感到安然自若，连不懂彼此语言的陌生音乐家也能与她相通，一起合作创作新曲调；台下的听众也并不觉得是在台下听演奏，倒像是与吴蛮同聚一室并肩而坐，谈心说故事。

吴蛮说："听众就是我家的客人，我通过音乐与他们交流，我在说故事，观众给我回响，我们彼此需要了解对方。只有在亲近无间的气氛下，我们才能接触到对方，让音乐的对话在我们之间流转。我希望观众能感到一些心灵的震动，把它带回去，长留心里。"

写到这儿的时候，吴蛮刚从苏格兰的爱汀堡国际音乐节演奏回来。这个世界闻名的艺术节日为期一周，有电影、爵士乐、戏剧、演唱和乐器演奏等各种节目，参会者踊跃赴会，把古堡连绵的皇宫一里路（Royal Mile）挤得水泄不通。吴蛮原本要与三位来自新疆的维吾尔族音乐家合作，其中两人临时没有得到出国签证，已经安排好的节目全部取消。

吴蛮与另一位维吾尔族音乐家赛努拜尔（Sanubar Tursun）在演出前一天紧急地创作新的二重奏节目，次日的演出居然极为成功，当艺术节总监宣布这是临时创编出的节目时，满场观众起初不可置信，随即欢呼得几乎沸腾起来。

吴蛮说："外人会以为这种临机应变的功夫来自音乐家的素质和经验，我知道比这些更重要的是音乐家在霎时间内彼此建立的信任和默契，以及演出时与观众立即达到的共鸣。"这种能够与音乐家和听众在刹那间建立的共鸣和默契就是吴蛮的魅力。

与贝聿铭大师

吴蛮有一次在巴黎香榭丽舍剧院演出，后台工作人员告诉她有位名人观众要见她。吴蛮跑到贵宾室，惊讶地发现闻名世界的建筑设计师贝聿铭先生站在那儿。这位当时已有80多岁的老人，风度优雅面容和蔼，他笑眯眯地用带着吴侬软语的口音对吴蛮说："我是你的粉丝哦！"并介绍了身旁的另一位法国老人，"这位是卢浮宫博物馆长，我们是一起来听你的音乐会的。"

贝先生非常直接地告诉吴蛮："你的演奏有种魅力，能让观众的眼睛无法离开你。"

2005年，贝先生花了7年的时间，完成了他在苏州老家新建的艺术博物馆。在竣工开幕式上，他特别邀请了吴蛮作为嘉宾出席。贝先生的私人秘书为吴蛮安排好了一切，包括买机票，订酒店，接机和参加当地政府举办的开幕式。第二天，贝先生又举办了他的私人宴会，来宾除了一些亲戚朋友之外，都是世界级博物馆的贵宾和艺术鉴赏专家，来自组约大都会博物馆和巴黎卢浮宫等处。

那天晚上，在苏州博物馆的庭院里，中秋月亮特别晶莹浑圆，映在院子里的湖心正中；只见吴蛮在众目睽睽下拿着琵琶一如仙女下凡，轻盈地走到九曲桥亭台上稳稳坐下，

一曲《夕阳箫鼓》让在座的听者屏住呼吸，沉醉在"鼓楼钟声，望月东山"的诗情画意之中。

贝先生激动不已，像一个小孩似的拉着吴蛮的手。贝太太在一旁悄悄地告诉她："他很喜欢你！你刚才的演奏对他是最好的开幕礼物！"吴蛮看着这两位已达90岁高龄的老人如是可亲可敬，心里感动不已，也非常喜爱他们。

吴蛮当然记得，从美国飞到苏州的那天，贝先生设计事务所的学生林兵先生到飞机场来接待，林兵当时就对吴蛮说："贝先生在设计博物馆中间的九曲桥和湖心亭时，就说过你就是他的灵感。这个亭子就是专门为你设计的！"他又接着说，"他在美国时常跟我们提到你和你的音乐。他一直想象你坐在湖心亭里弹琵琶的画面哦！"坐在苏州湖心亭月下弹琴的吴蛮，仿佛也进入了贝大师构想的画面里。

吴蛮就像是他们的女儿一样，贝先生每次见到吴蛮都喜不自禁。她在纽约开音乐会的时候，总是找机会去看望他们，大家谈天说地听音乐，一团欢喜。有一次，贝先生没来得及穿上讲究的西服外套，贝太太就已经给吴蛮开门让她进来了，结果贝先生认为自己穿戴不体面，九十几岁的老先生心里很是不爽，像孩子似的再三埋怨太太。最后还

2006年，苏州，应吴蛮的忠诚乐迷、著名建筑设计大师贝聿铭先生的邀请，吴蛮作为个人嘉宾出席苏州博物馆建成开幕式。

2010年，中东卡塔尔首都多哈，吴蛮参加贝聿铭先生设计的伊斯兰博物馆开幕式，与贝先生交谈，老先生像小乐迷般拉着吴蛮的手，开心地看着她。

是吴蛮为他套上了西服，他这才安静下来。

时光运转，如今贝太太已经离开人世，贝先生也有一百岁了。老人寂寞，每看到吴蛮总是高兴得像是看到久别的亲人一样，叽叽咕咕地和吴蛮说着苏州话，并且再三感叹只有当她来到，他才有机会听到乡音，说说苏州话。

2015 年在画家蔡国庆纽约的家中，吴蛮再次为贝先生演奏了古曲《阳春白雪》，把她的爱拨在琴弦上，把她的祝福弹在手指间，为这位伟人百岁庆生。贝聿铭大师是吴蛮的粉丝，而他更是吴蛮敬仰爱戴的华裔巨人！

2010年，新疆乌鲁木齐，与维吾尔族音乐家学习交流。吴蛮穿着赠送的维吾尔族裙子，信心满满地混在里面"滥竽充数"。

无限之音

吴蛮搬到加州南部后专注于家庭生活，把音乐的发展分割在外地。在纽约卡内基音乐厅演出《上古之舞》之后，各地音乐厅争相邀约。搬到南加州的第二年，也即 2007 年，拉荷雅音乐协会邀请吴蛮在圣地亚哥演出。消息传出来，当地人才知道吴蛮已经搬到此地，美国西部各地邀约纷纷而至。

与西部音乐界合作

她开始与圣地亚哥交响乐团合作演出，在指挥家林望杰指挥下成功地演奏了作曲家赵季平大师为吴蛮量身定制的《第二琵琶协奏曲》；参加了拉荷雅夏季音乐会（La Jolla SummerFest），与主持这音乐会的台湾著名小提琴家林昭亮合作。几次演出，风靡当地。她也与加州大学圣地亚哥分校打击乐名家席克（Steven Schick）教授合作，参加校内的创作和演出，她还应邀加入一年一度美国具有 70 年历史的欧海现代音乐节（Ojai Music Festival），作为音乐节的特邀独奏家。

吴蛮是 2014—2015 年度加州洛杉矶亨挺顿艺术博物馆（Huntington Library）中国馆的首位驻馆艺术家。她经过深思熟虑之后，策划并推出中日韩三国音乐家的联合音乐会。在这里有一个优雅的中国传统庭院，是由当地华侨慷慨捐款，中

吴蛮与新疆维吾尔族音乐家，吴蛮的左边是歌唱家萨努拜尔。

国匠工用从中国运来的材料，以传统的方法，花了几年的工夫建造出来的。庭院里花木丛生，小桥流水，亭台楼阁，点缀着对联字画；这些正是吴蛮最心仪的艺术景象，使她感到好似回到她杭州的家乡。吴蛮演出时特别感动，把她对故乡的思念都尽情地表现出来了。在此举办的几场音乐会，听众反应极为热烈，门票早半年就一抢而空，演出轰动一时。吴蛮成了南加州的音乐忙人了。

亚利桑那乐器博物馆

亚利桑那乐器博物馆于2014年10月新近建成，是全美国最大最完备的乐器博物馆，也是闻名世界的主要乐器收藏馆之一。克罗诺斯弦乐四重奏乐团是他们的顾问之一，他们曾经告诉博物馆，如果有关于中国弹拨乐器方面的问题，就要请教吴蛮。于是，博物馆的亚洲部负责人皮尔森（Colin Pierson）来信与吴蛮联系，告诉她，博物馆非常希望有机会荣幸地收藏吴蛮的琵琶，专门陈列一个她的展柜，并想请教中国弹拨乐器的一些详情。过了不久，皮尔森请吴蛮从圣地亚哥飞到亚利桑那州的首府凤凰城（Phoenix），亲自带她参观全馆，展示他收集的一些亚洲乐器。

亚利桑那乐器博物馆位于城郊，四边围着起伏的小山，博物馆是个宽敞明亮的平顶现代建筑，像是一个藏在幽谷中的世外桃源。馆内有很大的收藏室，收集了上千件乐器，参观的人很多，也有学生在听专题讲座。其中有一个厅专门陈列音乐家曾经用过的乐器和乐谱，包括很多过去和现代有名的音乐家和歌手，譬如拉维·香卡（Ravi Shanka），吉米·亨德里克斯（Jimmy Hendricks），和猫王埃尔维斯·普雷斯利，连其穿不离身的皮夹克也被陈列在那儿。

第二次去的时候，吴蛮开了一个关于琵琶乐器的讲座。又应皮尔森的要求，捐献了一些个人音乐用品，博物馆为她制作了一个专门介绍吴蛮音乐生涯的展览陈列柜。那儿有她最早用过的琵琶、琴弦和早期用过的绿色琵琶盒子，上面贴满了很多国家的贴纸标志，那些还是吴蛮第一次出国演奏时留下的纪念；吴蛮制作的DVD、唱片、用过的乐谱、演奏时的影像、中国人民音乐出版社早年出版的琵琶选辑等等。旁边的银幕不断重复地放演吴蛮演奏时的影片。

吴蛮与2012年去世的印度音乐家香卡是仅有的两位在此有展览陈列柜的亚洲音乐家。恰巧香卡也是吴蛮最崇拜的音乐家之一。能够与香卡并立来代表东方的音乐，把中国的文化传统介绍给西方人，吴蛮很是骄傲。

吴蛮与朋友

吴蛮与朋友于2005年创办了一个音乐系列项目。在这过去的10年中，这个音乐系列邀请各国音乐家与吴蛮合作，共同创作多文化多风格的音乐会。吴蛮喜欢探讨和思索新的方向，不愿音乐受到形式上的羁绊，她认为21世纪的音乐人眼界更开阔，思想更敏锐，对新的事物有更大的容纳量。如果这世界是一个乡村，所有的民族自然都是我们的邻居；我们必要接触到我们的邻居才能对自己有更深的了解。音乐没有语言的障碍，是人类共同喜爱的，吴蛮希望用音乐去与我们的邻居相会，聆听他们的声音，发掘他们的民谣，像朋友般围坐在一起创制共同的新声音。琵琶只是用以交流的工具，吴蛮其实是游历在各文化地域之间的音乐大使。

首集"吴蛮与朋友"在 2005 年展出，当时有 4 位弹拨乐器演奏家：一位美国班卓琴家来自北卡州代表美洲，一位在印第安纳大学任教的乌干达弹拨乐家代表非洲，另一位是纽约的乌克兰 21 弦琴家代表欧洲，再加上吴蛮以琵琶代表亚洲。他们为"吴蛮与朋友"录制专辑并开始在美国巡演。音乐会以轻松活跃的形式呈现，主题是各大洲的民间音乐，乐器以重奏和独奏互相对话。吴蛮以琵琶和班卓琴合奏出活泼的美国乡村音乐，与诙谐的乌干达民间曲调做音乐游戏，并与乌克兰 21 弦琴深沉对话。这四位音乐家都有强烈的幽默感，在台上与观众随心所欲地交流，笑声连连不断。观众一再哄堂大笑，反响热烈，音乐会完结过后还迟迟不愿离开，纷纷挤进来与音乐家见面相会，争相索取签名。

维吾尔族与中亚音乐

琵琶的祖先来自中亚，让琵琶与"失散的亲戚"见面对话是吴蛮制作《边疆——吴蛮和丝路音乐大师》系列作品的主旨。

吴蛮先前推出的几个项目都是寻找那些鲜为人知的，在中国偏远地区的传统音乐。她还访问了中亚地区，进行了一些由阿迦汗音乐计划（Aga Khan Music Initiative）资助的音乐家项目。吴蛮常常在想：如果琵琶与萨塔尔琴、杜塔尔琴这些中亚的弹拨乐器混合在一起会有什么样的声音？如果用琵琶来演奏维吾尔族的古典木卡姆音乐，或是伊犁的传统民歌，又会是怎样的风格？

吴蛮的想法与阿迦汗音乐计划产生了共鸣，因为他们的目标正是要重新建立中亚地区的音乐遗产，并体现世界性和现代化的中亚音乐形式。在阿迦汗音乐计划基金会的邀请和支持下，吴蛮积极寻找来自新疆地区的杰出音乐家，通过学习、排练和录制唱片，排出了一套传统歌曲、器乐即兴和独奏的混合演奏，又成为吴蛮与朋友的系列作品。吴蛮与维吾尔族音乐大师赛努拜尔、阿布杜拉、艾萨江等人顺利合作，琵琶与中亚乐器的合作展现了属于世界音乐的声音。从风格上来说，维吾尔族的音乐处于中亚腹地与中国汉人的

2015年，土耳其伊斯坦布尔。吴蛮为影片主要角色之一的丝路乐团纪录片《音乐陌生人》（The Music of Strangers）拍摄花絮，吴蛮学习摄影，奥斯卡导演Morgan Neville执导。

音乐之间。有趣的是，中亚听众认为维吾尔族音乐是动听的中国歌曲，而对中国人来说，维吾尔族音乐充满了异国情调，偏向中亚色彩。有好几首维吾尔族歌曲已经翻译成汉文歌曲，它们神秘而迷人，普遍流传在中国，受到中国人的喜爱。

琵琶自汉唐时期传到中国后，已经发展出其独特的音乐语言，中国和中亚音乐有不同的基本音阶音律，最显著的区别是音乐的语调：现代琵琶的声音往往是明亮而高亢的，在与中亚音乐家合作的项目中，吴蛮特意调整了她的琵琶音色，使其更接近中亚的音乐风格，也就是说更接近琵琶原来的色调。

台湾原住民朋友

与台湾原住民艺术家合作的愿望早在 20 年前已经在吴蛮心里播下了种子。大约在 1993 年左右，吴蛮刚从中央音乐学院毕业不久，还是一个在美国寻梦的年轻学子，一次偶然地听到由台湾风潮唱片公司发行的《台湾原住民音乐纪实》唱片集，那种古朴而自然的声音，既陌生又熟悉，将她完全迷住了！这以后她多次去台湾寻找机会去接触原住民的音乐，可惜当时市面上的音乐文献和音响资料并不多。

2005 年她再次与朋友张璇女士谈起她的愿望，她想要创作一场用琵琶与原住民对话的音乐会。经张璇和朋友们多方的热心推荐介绍，吴蛮终于得以去山地亲自和艺人们交流。她在台东海拔 600 米的山里见到一个约 20 多户的村庄，里面住着雾鹿村布农族，村民听说吴蛮上山来了都纷纷聚集在村中心的大棚子里，那就是村会和活动的所在处。在那里，吴蛮听到布农男子八音多声部合唱，这是世界之绝，天下无双的歌声。当歌声响起时，不仅是村里的大人小孩，连猫狗鸡鸭也都赶来凑热闹，乡土气氛极为浓厚有趣。

吴蛮为这八音多声合唱的气势之圆润和谐感动不已，当即拿出琵琶与他们合奏起来。她喝着村民为她准备的小米酒，吃着野火烤的山地猪肉，深深感受到热情淳朴的民风。

这之后她又到屏东的排湾族去听泰武村国小学生合唱团如天使般的歌声。经过音乐老师查马克的帮助，她从中选出 10 个小朋友，再加上会传统口弦和鼻笛的女歌手少妮瑶；阿美族的女高音歌唱名家林惠珍，目前任台湾艺术大学教授，也热情参与。经一年多的策划，由台湾艺术界最好的灯光师、音响师及舞台总监组成团队，在"2011 中国台北国际艺术节"的主办之下推出《吴蛮与台湾原住民朋友》成为"吴蛮与朋友"系列之一。次年这组音乐家在"中国香港新视野艺术节"再度演出，并接着参加艺术节的"原住民音乐研讨会"。

吴蛮希望通过古典琵琶音乐和台湾原住民朋友的独特歌声，让古老的器乐和歌调相互融合，寻找出两个音乐系别的共同点，并且借这样的合作使琵琶的音乐语言更为丰富。她又同时把台湾和香港的观众带进音乐厅，让他们听到原住民朋友的声音，了解到台湾的多元文化。很多观众反映原住民的音乐是台湾本地的声音，多年来未曾得到应有的重视，大多是放在室外活动"露"一下而已，所幸吴蛮把它发扬开来，登上正式的音乐厅堂与主流观众见面，台湾和香港听众都表示这是有意义的音乐会。

与拉丁美洲相会

在 2014 年，吴蛮荣获"圣地亚哥艺术家个人创新奖"（The San Diego Foundation's Creative Catalyst Fund —— Individual Artist Fellowship Program），她又一次推展出新的视野，以融合东方和拉丁美洲的音乐为目的，与墨西哥本地吉他四重奏（Son de San Diego）合作，策

2011年，台北国际艺术节，吴蛮策划的《吴蛮与台湾原住民朋友》与排湾族泰武国小的童声合唱首演。

划出《当中国相遇拉丁美洲》（When China meets Latin America）的"吴蛮与朋友"系列项目。吴蛮看到亚裔和西裔虽然同住圣地亚哥一个城，但在文化和音乐的领域并无太多交流，于是，吴蛮有意通过这个项目把两个族裔通过音乐联接起来，增加双方的了解。

琵琶与吉他其实并不陌生，它们都是来自弹拨乐家族。这个音乐项目在当地举行了一连串的演出，深入社区民间，其中的高潮是最后一场在卡尔斯本音乐节（Carlsbad Music Festival）的演出。圣地亚哥是聚集了最多拉丁裔和亚裔人口的西南端城市，这音乐节深受墨西哥移民的喜爱，拥挤得座无虚席。吴蛮的琵琶演奏表现出高度的容纳性和多元性，琵琶与墨西哥吉他配合得天衣无缝，吴蛮的手指狂热地在弦上飞舞，她不拘一格，勇于冒险的精神赢得全场的欢呼。

她在台上谈笑自如，与其他演奏者顷刻间建立了合作的默契，也与观众轻易地交流共鸣；她以即兴演奏的方式加入 4 把大小不同型的吉他，一起演奏墨西哥音乐和中国民谣，带给观众全新的感受。音乐会结束后，热情的亚裔和墨西哥裔人把吴蛮团团围住，他们难以相信吴蛮与这四位吉他艺人才只磨合了四次就能如此合作无间，一再表示这场音乐会意义非凡。

吴蛮对于艺术和生命都有强烈的热情，音乐是其中的一面，是她最敏感的也是她用以表达心灵的波涛冲激的工具。吴蛮觉得作为一个音乐家不可能对艺术和生命没有这份强烈的感受。她演奏的，与其说是琵琶的曲调，不如说是对生命的歌颂。艺术是人文中最基本的动力，而音乐是艺术里最接近人心搏动的原始舞蹈。吴蛮想要与听众分享对于生命的感动，使音乐进入更深层的境界；她熟知音乐是多元的，每个人对于音乐的感受不同，她希望听众能从她的音乐中带一些东西回去，一些心灵的颤动，一些属于人文的东西。音乐没有限制，如中国的水墨画一样抽象而空灵，辽阔而无边，有无尽的思想空间。音乐本是无限之音。

2013年，吴蛮与荣获《美国音乐》"年度演奏家"称号的音乐家们合照。

瞻前顾后

　　吴蛮已是一位中年音乐家，有了美满的家庭和已经在著名的哥伦比亚大学就读的儿子，她的音乐成就也到了一个高峰，她对自己的音乐生涯有什么感怀呢？

是中国人也是美国人

　　到 2015 年，吴蛮在美国已经整整 25 年了，生命中恰好一半的日子在中国度过，而另一半是在美国度过的。吴蛮觉得自己很幸运地生长在中国，中国给予她丰富的历史文化，音乐学院给予她最坚实的音乐知识和基础，前辈大师们传授给她深厚的琵琶传统根底。她知道自己是一个生逢其时的幸运儿。到她完成学业时，西方又对她打开了大门。她也同样地感到能够来到美国是无比幸运的，这个自由而开放的多元国家给予她成长的营养和创业的机会，向她显示了新的音乐境界之可能性。更巧的是，正逢西方音乐家往东方寻求新的声音之际，他们在吴蛮身上找到了最好的合作伙伴。

　　吴蛮觉得自己是一个中国人，中国的过去仍旧魂萦梦绕，她永远不会遗忘；可是在美国过了半生之后，她也成了美国人，有了在美国建立的家，一个在美国生长的孩子，以及在这儿发展出来的音乐天地。对吴蛮来说，同时作为中国人和美国人并没有冲突，就像传统和现代可以在音乐中相会，不同的国家和文化也可以在音乐里相交。她觉得自己就是一个跨文化、跨国界、走在艺术前沿的世界人。

吴蛮喜欢往前望，她有宽阔的视野，她有不畏艰难和障碍的斗志，前面还有很远的路要走，很多音乐正等待她去发掘去创作；她抱着琵琶前行，她的音乐会冲破天际，她是属于世界的音乐家，是不同文化间的音乐大使，是一个有思想和贡献的现代女性。

吴蛮走过的这条"琵琶行"漫长而多彩。她早已大步走出了中国琵琶家的"国界"，她的贡献也跨越了演奏家的范畴。正如维基百科对吴蛮的记载：

公认的世界首席琵琶大师和领衔的中国音乐大使，格莱美奖提名的吴蛮已经开辟出一个以作曲家、独奏家和教育家闻名的音乐事业。她给予在中国已有两千年历史的琵琶乐器在传统及当代的音乐界一个新的地位。她多次回归她出生的土地采集传统的声音，在她首演几百首新作品的同时，以多媒体艺术来保存和促进中国固有的音乐。她勇于探索的精神，精湛超凡的技艺，与各领域的艺术家合作无间的能力，使她超越文化和音乐的边界而与广大的听众接触。

不是琵琶演奏者

有位知名音乐评论家说吴蛮：
"一位不随波逐流的独特琵琶家。虽然她是刘德海先生最早期的学生，正值刘德海的创作高峰期。在中国琵琶界人人演奏刘德海版本作品的今天，吴蛮却未必投入，且有自己的艺术人文观点。"

中年的吴蛮是如何为自己定位的呢？吴蛮说她自己不是一个琵琶演奏者，而以音乐文化人自居；她自认是一位世界性的音乐大使，一个有思想和贡献的当代女性。也许这会引起很多人的惊讶，尤其是对国内音乐界来说——在国内吴蛮以弹奏琵琶闻名，国人认为她是一个技术精湛享誉美国的琵琶演奏家。为什么她自己不认为她是位琵琶演奏者呢？这实在令人困惑。

吴蛮的发展和成就在很多方面都没有前例可循，国内对她的了解其实非常有限，并不理解一个有创造性的艺术家会不断地发展和变化，而不是永远固定在出发点。这中间有很多层意义值得我们去仔细玩味和分析。

首先，我们都知道成功的音乐家必须要有才能，之外还得不断练习，再加上恒心、毅力和热情；也就是说除了才能之外还要有热忱，能够长期全力赴之于音乐。但是有才能和热情的音乐家也不少，他们

努力不懈地献身音乐，大多数人所能到达的程度还是有限。吴蛮向来一帆风顺，机会好像是从天上掉到她头上来的。

其实，每个人的一生中总会碰到一两次机会，关键在于当机会敲你的门时，你是否预备好了。吴蛮从来没有歇息地为这可能的机会预

2008年，山西采风之行，与滑家吹打班主滑银山在家门口采访交谈（次年银山因癌症去世）。

备自己，她在求学的过程中坚定而有恒地学习，韬光养晦；她在创造

2003年，作为驻美国麻州塞冷镇碧波地博物馆（Peabody Essex Museum）艺术家，摄于安徽迁置的清代民宅古屋"荫余堂"其中一老屋中。

事业中全神贯注，心无二念地昼夜不息，忙碌和艰辛的程度不是外人能想象的。当生活出现困境和僵局，吴蛮定下心来应付，把这些当作对她的挑战，从中学到宝贵的应对方法。她当然也曾经历过多次挫折和失败，在懊恼颓丧之余，她总是重新站起来，探索该如何去面对挫折和改进自己，把不如意的事当作最有意义的生活教训。她从来没有停止学习，从不曾停止成长，绝不是坐在那儿等待机会来敲门，而是主动地去寻找时机，创造可能。然而，以上这些成功的因素仍然拼凑不出这个拼图的完整画面。还有个最核心的板块被我们忽视了。

音乐的视野

听过吴蛮演奏的许多听众都说她在台上有一股迷人的魅力，能够吸引世界各国观众的注意力，使大家听她用琵琶叙述故事，为她的音乐神魂颠倒。笔者与吴蛮22次面谈会晤，与她的家人谈话，参加她的

2008年，山西阳高采风道教音乐，与道教音乐班主李满山及儿子李斌一家，在他家院子里合影。

演奏音乐会，研究她的唱片和录影，详细阅读报章杂志对她的评论和报告，这才意识到其中还有一个往往被人忽略的因素：吴蛮能走到今天不仅是上天给予她的才能和热情，不仅是她自己的努力和她个人的特殊风格，最重要的还是她对音乐的领悟，她独特的见解，和她在潮流尖端的视野。这些才是推举中国琵琶到国际舞台的主要动力，是这些使得吴蛮能够带领潮流，给传统音乐开辟一条新途径，是这些使她从弹琵琶者演进为世界的音乐大使。

视野（vision）是什么呢？这个词汇在中国谈得不多，好像也没有很恰当的字眼能够把它的意思直接表达出来。笔者在此试作解释：视野是一种敏

2003年，作为驻美国麻州塞冷镇碧波地博物馆（Peabody Essex Museum）艺术家与丝路乐团同事康二郎（尺八）和Shane Shanahan（打击乐）。照片摄于安徽省迁置的清代民宅古屋"荫余堂"中。

锐的直觉，一个没有羁绊、不循常规的看待事物的方式，使得当事人能够意识到创造新途径的可能性。

用吴蛮的例子来说，当初她从中国来美时，没什么个人的行李，却带了7件笨重的中国乐器。她那时已经在考虑中国传统乐器在西方演奏的可行性。到了美国不久，她决定要找一条途径让美国人先"听到"中国传统乐器，进而让琵琶"进入"美国音乐市场，她立即意识到以琵琶与西方乐器合奏的可能性。她与交响乐团及弦乐重奏团合作，并扩大琵琶的领域而进入爵士乐、美国乡村音乐和蓝调乐队。克罗诺斯是一个以拥抱多元音乐而名享世界的美国弦乐四重奏团，与吴蛮有共同的视野，所以双方一拍即合，彼此融洽合作一直到今天，使得双方的音乐领域都扩大了很多。吴蛮

创作琵琶新乐曲，以独奏及合奏的形式在各地演奏。

在美国这个自由而开放的多元性国家，吴蛮体会到音乐是无障碍的语言，琵琶可以超越国界普及世界，成为连结丝绸之路众国和民族的主轴，因而与马友友合创丝绸之路计划。吴蛮又直觉地意识到东方和西方的音乐可以相会，世界上的人类都是邻居，她创立"吴蛮与朋友"，进化成了一个联系各地音乐和文化的大使。

在今天，这个时代的音乐家除了具有音乐方面的才能和技术之外，必须有一个宽阔的世界观，敏锐的直觉和无羁的视野，否则不可能意识到创造新天地的可能性。如果一

2008年，山西阳高。与李家父子及纪录片摄影组人员在村里古塔前。

个从事音乐的人没有这份宽广的胸襟和突破陈旧的视野，音乐发展就会受到限制。举例来说，琵琶只有不到30首古典曲目，那么琵琶家即

From Morgan Neville, the Director of the Academy Award·Winning
20 FEET FROM STARDOM

"The intersection of cultures is where new things emerge."

Yo-Yo Ma

the **MUSIC** *of*
STRANGERS
Yo-Yo Ma & The Silk Road Ensemble
IN THEATERS JUNE 10

2016年丝绸之路乐团纪录片《陌生人的音乐》宣传广告（提名格莱美最佳音乐纪录片）之一

197

使再有功力，也只是个琵琶演奏家，从事演奏和传授这近 30 首曲目；当然这些职务也有其价值和功用，只是这些人的音乐才能被他们的乐器所限，既不可变化也无法提升，既然体会不到创造新音乐和开辟新视野的可能性，也更无法成为世界级的音乐家。

进一步来说，在所有的行业中，这份敏锐的直觉和无羁的视野都是创造新作品和突破陈腐必要的动力，譬如创立苹果电脑的史帝夫·乔布斯和微软公司的比尔·盖茨，研究他们身世的人都可以清晰地看出，他们就是具有这种特质的典型人物。不仅是音乐和电脑科技，从文学、艺术到工程、建筑以至于科学、医药，所有的行业里的新天地都来自这份无羁的视野，从想象到实践一步步创造出来的。

2016年，丝绸之路乐团纪录片《陌生人的音乐》宣传广告（提名格莱美最佳音乐纪录片）之二。

　　笔者不知道这种视野是怎么来的，该如何去培养它才可以使其茁壮成长，但是笔者相信只有在开放和自由的社会它才有机会发展出来；如果环境是闭塞的，制度是大一统的，不合时宜的思想会遭到封禁和惩罚的，人们的视野必然有限，创造力也没有机会得以发挥。

回顾传统音乐

　　在引领潮流走在音乐的前线之际，吴蛮从未忘怀她的中国根源，她始终不断思考什么是中国传统音乐？它是从何处来的？要到哪里去寻找它？它将往何处去？她意识到要了解自己过去的根源才能更明确前方要走的路径。在这过去十年的音乐旅程中，她留下的足迹都是这些深思熟虑的音乐结晶。她在回顾过往之际，开辟了许多音乐界的新疆土。

　　吴蛮寻求机会，在各方面筹划如何有效地表达传统音乐的现代面貌。在 2009 年，吴蛮应邀为世界著名的纽约卡内基音乐厅担任中国音乐节节目委员会成员，并成功地筹划出两场中国传统音乐会，其中包括中国民间的皮影戏，道教和佛教的音乐，西北地区的民间音乐，还有西南地带侗族的一种无伴奏女声独唱大歌。中国音乐节把中国传统的音乐带到美国最高的音乐宫殿，获得巨大成功。这些我们曾在第 10 篇吴蛮的音乐创作里谈过。次年，吴蛮与芝加哥交响乐团合作演奏哈里森的《琵琶与弦乐队协奏曲》，以传统的琵琶与弦乐组合。这个演奏收录在芝加哥交响乐团的《丝绸之声之声》唱片中，获得格莱美提名为 2010 年最佳协奏曲独奏家奖。

　　同年，吴蛮再度与前卫而多元的克罗诺斯四重奏乐联合，与享誉国际的亚裔舞台导演陈士争合作，构思策划、创作，最后演出了多媒体舞台音乐剧《中国之家》，这是一部以音乐演奏与多媒体结合的方式介绍中国近代历史的重量级音乐作品。

　　2010 年，吴蛮应美国的国家史密森尼学会（Smithsonian Institute）和阿迦汗音乐计划（Aga Khan Music Initiative）邀约，共同发行了《边疆——吴蛮和丝绸之路音乐大师》（Borderlands: Music of Asia, Master Musicians from the Silk Route）唱片和 DVD。吴蛮与这些来自丝绸之路的音乐大师在北京工作录音，并到巴黎去演奏。丝绸之路正是琵琶从中亚一路传至中国的途径，至今还存在着与琵琶相似的乐器和琵琶当年留下的古老的音乐记忆；丝绸之路上的音乐家自中国新疆维吾尔族自治区、塔吉克斯坦和哈萨克斯坦而来，加上住在甘肃西北部的回族人，带着他们的乐器和他们的民歌，与琵琶合奏出新的声音。这些音乐家后来还在 2012 年上海世界音乐节演奏，一时盛况空

2015 年，英国爱丁堡艺术节，与维吾尔族歌唱家萨努拜尔图尔逊组合二重奏。

2015年12月，吴蛮-丝路乐团纪录片《陌生人的音乐》多伦多电影节首映，吴蛮与马友友及其他四位电影中的主角成员。

前，万人空巷。

最近，吴蛮在 2014 年创意策划的唱片《听见彩虹谣》（Our World in Song, Daniel Ho Creation and Wind Music），力邀曾效力于麦当娜和斯丁乐队，美国流行音乐界的南美洲鼓大腕路易斯·康特（Louis Conte），以及著名夏威夷音乐制作人及弹拨家丹尼尔·荷（Daniel Ho）共同制作，咏诵世界各地的民歌民谣；这唱片荣获格莱美奖提名为 2014 最佳世界音乐专辑，是她的唱片第 6 次获格莱美奖提名。

这些都是她回顾传统音乐而创作出来的新视野。

美国艺术家

2008 年的一个春天，吴蛮正在美国东部巡演途中，突然接到一个电话。对方自称是美国艺术家协会的人，祝贺她被提名为当年"美国艺术家"奖的候选人，要求她把工作资料寄过去。吴蛮没听过这协会的名字，对这艺术家奖没有认识，一下子脑筋还没转得过来，只有马上上网查询。

原来"美国艺术家"奖是美国最有名望的大奖，也是艺术界唯一的奖金协会，奖金高达 5 万美元。对于大多在贫困中挣扎的艺术家来说，真是笔天文数目。这奖金并不是发给已经出名的大艺术家，而是专门给具有潜力且还在继续上升的年轻艺术家，着重他们对于社会的影响和贡献，他们对于艺术的思维和目标。协会主动在全国内挑选有潜力的艺术家，提名有资格的竞争者，然后鼓励提名者呈上申请文件，述说个人的经历，关于艺术的理想和抱负，还有在美国社会的参与和贡献。

吴蛮开始兴奋起来。把需要的资料预备齐全，还附上录音带。寄出去后，再没有去想它，自觉希望不大。半年以后的一个星期五晚上，难得的全家在一起，在油烟四起的厨房里，吴蛮手脚忙乱地炒菜做晚饭。电话响起，居然是美国艺术家协会的人员向她道贺，说经过评审委员们一致通过，她获得了艺术家奖。一时全家大乐，那餐饭吃得可真香。

接着吴蛮赶着上路参加丝绸之路乐团演出，随团在路上巡演。吴蛮从来喜怒不露，有名的外冷内热，所以这个大消息也放在心里，没跟人吹嘘。最后音乐会结束了，大家都放松了，在庆功会的酒席上，吴蛮实在憋不住了，悄悄地告诉马友友："马大哥，我得到了'美国艺术家'奖，有5万元奖哦！"马友友大叫起来："真的？真的？"全场的人看到马友友这么激动地叫喊，不知发生了什么事，都围集过来。于是马友友当场宣布这事，大家哄动起来，嚷嚷着要吴蛮请客。

吴蛮飞到芝加哥领奖。2008年是第三届美国艺术家奖大会，她和当年选出的全国50位各行各业的艺术家共享这个殊荣，满怀激动地发现自己的艺术终于被美国的艺术界肯定了。这些年来，把中国传统音乐介绍给美国人的努力终于得到艺术界的认可。

得奖人中也有与吴蛮合作多年的老友爵士音乐家杜德基尔。得奖的人都非常兴奋，相对述说这是今年最伟大的礼物，艺术界总是经费不足，做艺术家要赚点钱可真不容易。

在开幕式的表演台上，有人唱歌，有人跳舞，也有人说故事，吴蛮当然弹她的琵琶。表演者的水准不齐，并不能称为精彩；有些得奖的艺术家默默无闻，衣着举止看来也很普通；有位建筑师专门设计社区图书馆或是社区会所，利用当地废弃的材料和器材；有位中年女性，身材胖胖的，跳起舞来也不够专业，原来她得奖是由于她长年投入贫穷社区，专门教弱势孩子跳舞。

吴蛮是唯一得奖的亚裔音乐家。从得奖者中形形色色的社会群族可以看到美国社会的各大层面，吴蛮深深感到美国的特色就是这国家的宽大和包容，能以奖金鼓励那些为各种不同文化种族献身的艺术家。

年度演奏家风云人物

2012年12月一个寒冷的纽约冬日，吴蛮正在与她的经纪人布莱克本开会，商量巡回演出的计划。她的宣传公司负责人康妮突然来电话说，具有百年历史的权威杂志《美国音乐》（Musical America）刚宣布吴蛮得了"2012年度演奏家奖"。吴蛮还没会意到，不经心地回答："哦！我正在开会，等一下再回你的电话好吗？"

吴蛮转身告诉了布莱克本，他惊喜得难以置信地问："真的吗？会不会是你听错了？"因为美国还有几个名字相似的中国音乐家，譬如吴涵（Wu-Han），一位著名的华裔钢琴家，名字与吴蛮只差一个英文字母，音乐界常把这两位音乐家弄混。

后来证实这消息千真万确，并没有弄错。这是美国音乐界最大的奖，发给一年一度选出来的成就显赫的音乐家，奖励他们终身的成就。得这奖的华裔音乐家先后一共不到5人，马友友和林昭亮都得过美国音乐年度奖，但是此奖还从来没授给"非西方乐器"的演奏家。吴蛮是唯一一个以传统中国乐器演奏而得到此奖的演奏家。

吴蛮从康妮那儿拿到得奖的具体情形，得知还要预备资料、相片，接受纽约时报采访，以及写一篇得奖发言稿，她就开始很认真地准备。12月底，吴蛮还在台湾风潮唱片公司录音和制作她的琵琶专辑，接着又与台湾原住民一起出现在台北的国际音乐节。接着，2013年1月初

转身赶到纽约，参加林肯中心的颁奖大会。

康妮知道吴蛮一向低调，就是大场合也不甚梳妆，就把吴蛮的行程一手包办，并与专人订约，按时把吴蛮送到各处去做头发，打扮化妆，与媒体见面，忙得不可开交。吴蛮经过专家修饰，美艳出众；她自己平时不在乎这些，感到很不自在。往林肯中心走去参加典礼的时候，所有路过的人均大为惊艳，频频回头向她张望。康妮和她的助理妮亚笑着说："你瞧瞧，打扮了一下，就是不同，回头率这么高！"

出席的全是音乐界有头有脸的大师，大家济济一堂，有说有笑；来自南美的新星洛杉矶交响乐团指挥杜达梅尔（Gustavo Dudamel）也在其中，那年他得到了年度音乐家奖。

会中，《美国音乐》负责人和吴蛮侃侃交谈。他说："我们注意你已经有些时候了。去年就在商量要把年度演奏奖颁给你的，今年终于做到了。这是给你在音乐上的成就一个高度的肯定。"

吴蛮的受奖致词是这么说的：

当我的公关康妮打电话给我说，我已被《美国音乐》宣布为2013年的演奏家时，我以为她在开玩笑。我说："不可能的，这是给演奏西方

古典乐器的音乐家的，你确定他们宣布的不是弹钢琴的吴涵，而是弹琵琶的吴蛮？"（在场的人都哄堂大笑起来，因为这个名字混淆的事的确不时发生。）

谢谢《美国音乐》给我这个奖励。谢谢我的经纪人布莱克本，助理莱恩格和 Opus3 Artists（公司）。谢谢你康妮，妮亚和修漫公司的员工。我最要感谢的是我的家人。我以作为今年年度演奏家为骄傲，如此被美国音乐界认可实在是我的荣幸。

22 年前当我第一次到达纽约 JFK 机场，我随身带来了 7 件中国传统乐器。我梦想有一天我可以把这些乐器及中国的传统音乐与美国听众们或任何喜爱音乐的人分享。我不知道未来会怎样，甚或是否有人会关注我的音乐，但是我始终没有放弃我的梦想。

这个旅程如此令人难以置信，20 多年来的日子充满了兴奋和挑战。我的演奏打开了很多人的眼睛，使他们察觉到中国音乐特殊的语言和富丽的声音。而同时，美国也滋润着我，使我成为一个音乐家、演奏家和教育家，并且还继续不断地给予我创作音乐的无限机会。

有史来第一次我的乐器——琵琶与西方交响乐团一起演出；也是第一次，琵琶得以融入中亚的音乐大师们的演奏中，与台湾的原住民一起歌唱；还是第一次，我能与作曲人格拉斯、哈里森和谭盾合作，与克罗诺斯四重奏及丝绸之路乐团一起演出。美国挑战着我，让我唱、演、作曲、拍摄，无畏无惧地把我和我的琵琶推向音乐的极限。我已经为琵琶开发了新的领域，发现了琵琶新的声音，而用这声音来分享、保存和吹拂新的生命到音乐里。

我走了一条长路，但是我不会停止。我将继续探索新的计划、新的委托和新的首演。我的梦是把这乐器从传统角色中带出来，使她成为不仅是属于中国，也是属于世界的文化，使它成为 21 世纪音乐大家庭的一分子。

谢谢大家。

这最后的一句话是用中文说的。

朱立立

　　笔名荆棘，湖北省黄冈人，台湾大学毕业后留学美国，毕业于新墨西哥大学心理系，获实验心理硕士和教育心理博士。执美国医技士及咨商心理家执照，在美国苏比略湖州立大学、新墨西哥州立大学任教 25 年，并任德州大学及加州大学访问教授。执行美国"少数民族及妇女研究计划"3 年，曾在非洲、中美洲发展中国家做教育发展工作。现任海外华文女作家协会 2016 年会长，圣地亚哥华文作家协会会长。著有散文小说集《荆棘里的南瓜》《异乡的微笑》和小说集《虫与其他》，散文集《金蜘蛛网：非洲蛮荒行》。近年来，她从事健康心理写作，出版了《身心健康在于我》，并多年在《华人月刊》发表同名的专栏，为华侨社区服务。2014 年，简体中文版《南瓜与荆棘》由三联出版社出版发行。有评论家认为她的创作"善于运用象征手法，加上观察人物心理的敏锐眼光，使作品达到一种哲理的层次"。中年之后，因远赴非洲地区帮助发展国家，她的作品转入表现异乡人的心态，她的《荆棘里的南瓜》广受好评，还有不少评论家在台湾报刊对其散文集发表过评论。白先勇在《邻舍的南瓜》一文中说她坚韧的生命力来自两大泉源：其一是她对文学的热爱，其二是对土地和大自然的一种出于天性的亲近。

吴蛮文论与演讲

传统音乐在世界音乐
市场中的角色思考与实践

吴　蛮

每年 10 月，世界传统音乐组织 WOMEX（World Music Expo）都会分期在世界各国举办世界级的不同主题的传统音乐年度博览会。今年是在匈牙利的布达佩斯举办。这是全球范围内的主流"世界音乐"产业活动（http://www.womex.com），由民间组织发起。在此期间，来自全世界的各种传统音乐、民间音乐种类，包括爵士、跨界组合齐聚一堂，主要的经纪公司、唱片公司、音乐杂志出版商，以及音乐家、艺人也会在三天时间里充分学习观摩与交流。博览会白天的活动一般为讲座，介绍如何操作和管理当今的演出市场，经纪人之间也可进行单独的交流。晚上，各国的音乐家轮番登台表演，各（经纪）表演机构、剧场、音乐厅（公司）通过观看演出选择购买自己感兴趣的产品，即音乐家个人独奏（唱）会或整台节目。

今年，我以美国经纪公司（Opus3 Artists）旗下独奏家的身份，首次受邀参展并举办了一场独奏音乐会，看到了很多引人思考的事情。博览会上摆放着呈现各国经纪公司、世界音乐杂志、演奏（唱）家及专辑介绍的展台。印度、中亚、南美、非洲、欧洲等地区的展台非常丰富，而（东）亚洲地区却鲜有展台。日本展台主要呈现了日本的爵士乐，有日本邦乐（传统乐器）与其他种类乐器的融合。韩国展台很大，几乎皆与韩国萨满、"盘索里"音乐及宫廷音乐有关。并且韩国还组织了一支由刚毕业的青年们组成的八人乐团演出，他们的演出完全遵循了过去的历史传统，朴实无华，真诚地展现了历史风貌。遗憾的是，中国并未参加此次大型世界音乐传统博览会，只有一支欧洲经纪公司旗下来自内蒙古的摇滚乐队"九宝"（Nine Treasure），他们的特色是把蒙古传统呼麦唱法与摇滚风格结合。

身为一名华裔音乐家，我百感交集：偌大的国家，拥有如此多彩的传统音乐，却未能在"世界音乐"展现的场合留下一丝声音。这一情况与眼下欧美世界音乐市场的整体趋势相一致：中国传统音乐在世界音乐市场中的地位十分微弱，而我们的东亚邻国日本则在六七十年代便通过极力推广雅乐、能剧及太鼓打击乐已在世界音乐市场中享有了一席之地。目前一直占有强势的潮流为南美洲和非洲音乐，中亚音乐也在慢慢崛起，例如，印度始终是亚洲最活跃的一支，从 20 世纪 60 年代西塔尔琴大师香卡在西方成功地带领印度音乐进入流行音乐界，与"披头士"合作而成为世界音乐市场中的主流。阿塞拜疆、哈萨克斯坦和伊朗这些中西亚国家的音乐、乐人也要比中国的活跃得多。中国的文化传统得到西方大众广泛认同和具市场业绩的不多，台湾的南音（南管），还有福建泉州的木偶剧团等，逐渐展露于西方音乐市场，这首先源于其独树一帜的音乐特质，比如南音承传了唐代典雅的气质，音乐唱腔保留着传统细腻柔软的风格和细嚼慢咽的品味，与日本能剧有异曲同工之妙。而以传承古昔提线木偶艺术为主的泉州木偶剧团，至今拥有传统剧目七百余出和三百余支传统"傀儡调"曲牌及旋律曲调。且传承一整套表演"线规"及"压脚鼓""钲锣""嗳仔""拍板"等古昔乐器及其独特演奏方法，且葆有"唐风宋韵"，为世所珍。加上剧团在行政运营中与世界接轨的良好政策，使得其在与外界交流合作中顺利实施。他们的精彩并非完全依靠海外华裔观众的支持，更重要的是被我的美国经纪公司安排在主流音乐场所和艺术节，得以向更多的主流观众呈现。

然而，中国汉族纯器乐音乐受到普遍欢迎的个例还未出现。少数民族地区的音乐反而更容易得到认可和尊重。包括广西和云南地区，内蒙古和新疆地区的民间音乐。原因是这些地区到目前至少还保留了一些原始的音乐文化风貌。不得不说，我们推广、发展中国传统音乐在海外的传播实在是任重道远。

世界音乐领域经常要面对跨界的发生。跨界，指两个不同领域的转换"越界"，是当下海内外艺术界一种极为活跃的现象。既可以在不同艺术门类之间跨界，也可以在不同文化传统之间跨界。而一旦提及跨界，则又必须面临一个关键问题，即传统文化。就我个人的专业领域来说，中国民族音乐的跨界也必须要回到传统音乐这一环节来讨论。

什么是传统音乐？传统音乐的真正价值是什么？这些问题恐怕对学习或从事传统音乐行业，甚至是从事创作的人来说都极为重要。身为一名中国作曲家，如何创作出具有中国特色、时代特征的作品，如何创作出具有世界性角度与普世情

怀的作品？这不仅是我们专业发展道路的问题，更是我们实现文化身份认同的重要选项。无论如何，中国作曲家笔下的音符与西方世界的作曲家相比较，都脱离不开自己所隶属民族、文化、社会的传统音乐。

首先，音乐家们如果力图探究中国传统音乐的真正意义和价值，就必须跳出框架，以一种客观的"局外人"角度重新审视，并不时地进行自我反思：自己所学的乐器究竟有什么样的文化底蕴？语言的特点在哪里？应当以何种方式去介绍中国音乐？我想，只有通过频繁的自问，才能在回答别人的时候做到胸有成竹。跳出"中国"的区域概念，以全球的眼光去看待，很多的问题才会变得更富有意义，诸多跨界合作的行为才会变得合情合理。反之，如果仅仅只以自身从属于中国、非常主观的角度去看待这片土地，便会把自己束缚于有限的范畴之内。

实际上，打破我们的思维定式，我们便能坦然接受，中国音乐是属于这世界音乐范畴里的一部分，它的价值不光为中国人所有，也属于世界上的所有人，是人类的共同精神财富。从这个角度出发，我们就会发现通过音乐语言来与他人沟通时，自己的音乐语言会变得自然且合理，丰富且深刻。在交流中用"大家共有的"心态，而不是分"你和我"

拘谨的方式来介绍。例如，我与中亚音乐家交流时，我们会首先谈到琵琶作为弹拨乐器在中亚古历史时期的角色风貌，共同探讨它在那个时期的音乐特点，从而发现它可能是一件偏中低音域的弹奏乐器，那么，琵琶在中国扎根后，特别是 19 世纪后期演变至今，音乐有哪些特点，在中国器乐家庭里扮演怎样角色？——这样的讨论与思考是与中亚音乐家们分享示范最快乐的时刻。同样，中亚音乐家也会与我分享他们的音乐风格、乐器的历史细节。那样的交谈合作能更好地介绍和交流各自民族、人群的人文特色，从而对自己手里这件乐器的人文特性有更深刻的理解，在合作或跨界中发挥重要作用，寻找共同点又遵循各自的音乐语言特性，相互间有种"心有灵犀一点通"的愉快默契。

其次，个人的心态和思维方式也极为关键，特别是作为一名音乐家，更需要以开阔的眼界、好学的态度去面对浩瀚而多元的音乐文化，才能丰富和滋养自己的灵魂。之前，对于诸如中亚这些并不熟悉其文化之音乐，我会因其陌生性而产生排斥和偏见，甚至包括先前很少接触的中国戏曲。但是如果继续以这样的心态而选择漠视其他地方的音乐文化，就永远无法了解真正的自己。所以，万事始于第一步，只有勇敢地踏出"接受"的第一步，才能开始真正的洞悉。曾经有一次，我很偶然地听到了伊朗的一种古老乐器"卡曼切"（kamanche，弓弦乐器），与维吾尔族的艾捷克出自同一家族，是板胡和二胡的"前辈"，觉得它的音律听来很奇怪，而且由于在音阶中夹杂着各种微分音，因此总是习惯性地认为其音高极为不准。然而随着更多的了解和交流，我才开始慢慢学会欣赏这件乐器，逐渐体味出它的魅力所在，如今我已爱上这件乐器。对于世界其他音乐文化的学习和积累，是为了从整体层面更好地体会自身的优点与精华所在。这就好比去面试一家公司，如果你都不了解这个公司的性质和性能，那又怎么可能清楚地知道自己能够在公司中承担的角色和发挥的作用呢？

我对其他国家地区音乐的接受有着这样一番过程，那么其他人对于中国传统音乐的接受也必然需要一些了解。了解自己才能与别人对话，有对话才有对话的内容，有了对话内容才有机会介绍，而有了介绍的机会才有话语权。建立在对自身的深入了解之后，我们身处世界音乐市场中，应当清楚自己要突出的因素和独到的地方是哪些。我们都知道中国音乐有一种"韵味"，无论是吹拉弹唱都充满了浓郁"味儿"，这种"味儿"有地方特色，也有乐器本身的语言特质。弹拨类乐器左手"推拉吟揉"就是乐器原有的特色，是其他世界弹拨种类所缺乏的，是中国音乐的魅力所在。印度音乐之所以被世人广泛接受推崇，不管是西塔尔琴、塔布拉鼓，还是民歌，就是因为他们一直保留了非常强烈的印度特色。那么，我们为什么要把有深厚文化底蕴意义的"韵味"这样的宝贵财富放弃，而追求传统乐器演绎成竖琴、钢琴、吉他或小提琴呢？甚至民间小调都用西洋唱法了？这也是我近来尤为强烈的感悟。只有透彻掌握了自己的人文特性和音乐传统风格，同时了解其他不同门类的音乐、乐器，最终与这些音乐家进行合作时才能知道应当如何跨界。

说起今天被认可和推崇的琵琶与弦乐四重奏形式，我由衷地感到骄傲。1992年，我与世界著名的现代音乐先锋乐团"克罗诺斯四重奏"在匹兹堡首次开创了世上第一首琵琶与西洋弦乐四重奏的作品《魂》（周龙作曲）。那是一次由作曲、中国弹拨、西洋拉弦三方面共同试验首创。《魂》采用京剧的紧打慢唱结构，用琵琶作唱腔与弦乐锣鼓点相结合的西皮二黄特点，5件乐器在作品里都担任了重要角色，将琵琶的演奏特点和西洋弦乐器融合，在当年是很新颖的开创之举，至今都是意义非凡，是当今成功的跨界组合例子。我常看到音乐学生和演奏家喜欢用钢琴为传统乐器"伴奏"作为

音乐会演奏曲目，我个人认为这是一种未经思考毫无意义的跨界。由于钢琴无论是音律、音色还是音乐语言，都与中国传统乐器的韵味大相径庭，往往感觉是两种完全不搭界的东西硬生生地被凑在一起……同时也破坏了两件乐器本身的魅力，有种咖啡和茶倒在一起喝的苦涩滋味。还有一种我认为失败的例子，即把传统乐器仅仅作为作品中的色彩点缀，没有音乐内涵。所以，跨界也是需要通过思考和研究，才能实现真正意义上的跨界，而非简单随意的拼凑。

再次，传统的音乐如何与现代人的审美观念产生连接？这是一个异常复杂的问题，多年的表演实践与切身经历也给予了我诸多启发。《静夜思》是我自己2006年创作的一首琵琶独奏作品，以敦煌琵琶谱的音阶为灵感。10年前与阿肯色大学（University of Arkansas）专门研究中国早期琵琶音乐（8世纪至19世纪）的Rembrandt Wolpert教授共同合作。他给我看了许多我从未见过的敦煌琵琶谱以及琵琶佛曲的曲调（曲谱现存于日本奈良正仓院）。尽管有的曲调只有几个小节动机（例如"庆云乐"），大多需要即兴发挥，但初听却与日本的琉球音阶（音阶为mi-fa-so-si-do-mi）极为相似。于是，我根据这一音

丝绸之路琵琶行｜大师笔谈的世界音乐叙事

阶的数个音，以即兴的方式创作出《静夜思》（突出琵琶低音区域的左手色彩变化）。这可以视为我试图联结古代与现代的一种实验性尝试。

2009年，索尼唱片公司为我们"丝绸之路乐团"出版发行专辑时提出希望收录此曲并以我演奏琵琶独奏曲的方式呈现。但是我身边不乏众多极为优秀的日本、韩国音乐家。我希望邀请日本的尺八、韩国的杖鼓和中国琵琶这三样乐器来一起合作，因为不同乐器和相似文化的融合往往会产生出其不意的效果。我在构思自己所承担的琵琶部分时，选择了采用非常传统且具有独特个性的琵琶"韵味"，同时也借鉴了一些古琴的淖、注等技法。此曲已成为丝路乐团音乐会的主要曲目。所以，于我而言，即使是当下的新作我也脱离不了中国传统的音乐语汇。

21世纪，艺术和商业运作是合作的模式。在我看来，艺术无需去特意迎合市场，而艺术家、音乐家应将好的艺术提供给市场。每一种类的音乐都会有自己的观众群体，也就是各自的市场需求。我个人认为音乐家的责任应该是有创造力、想象力的，是引领和培养观众，开发各异的艺术风格作品提供给市场，从而丰富音乐市场。

我曾经委约过很多首作品，也首演过近百首作品，与各国交响乐团、作曲家都有过合作。我深切体会到，各国各地区的音乐语言不一样，乐器的发音体质也不一样。所以，不仅作曲家本人需要先行了解乐器的本质，演奏家也需要熟知作品的结构和意图，才能对作品有更好的掌握和理解。在我的演奏生涯中，很多作品昙花一现，仅首演过一次便再没有后文，产生这种现象的原因很多是源于作品本身缺乏特点或是演奏技法的不合理，真正有说服力的音乐还是源于传统。

日本的作曲大师武满彻在20世纪60年代创作了一部交响乐作品《十一月的脚步》（*November Steps*），由纽约爱乐乐团委约，小泽征尔担任指挥。当时，他运用了两件日本的传统乐器：一件是尺八，一件则是琵琶。到了今天，这部作品成为了很多亚洲作曲家学习的典范。武满彻在其中所运用的音乐色彩和传统乐器独具匠心。他的创作个性鲜明，音乐语言新颖独特，他深受日本传统音乐的影响，在日本音调基础上运用西方作曲技术，具有时代新鲜感。他的作品基本上都是慢速度的，充满了东方哲学的韵味，可谓前无古人后无来者。

2015年年初，作曲家赵季平先生为我量身定制《第二琵琶协奏曲》，而这首作品从开始构想到最后完成历经了10年时光。我之所以委约赵老师创

丝绸之路琵琶行
吴蛮文论与演讲

作协奏曲，是因为赵老师的音乐真挚感人，他与武满彻大师都是以传统音乐素材为创作基础并运用西方作曲技术手法，有强烈的艺术感染力，具有时代特色。在与赵老师沟通过程中，我表示想演奏有深度内涵的且"有意思"的音乐。于是，赵老师决定以我故乡的评弹音乐为动机素材，而对于我来说，来自家乡的语言倍感亲切熟悉，演绎起来也格外游刃有余。可喜的是，这首作品在国内外的接受度都很高，于中国人而言，优美的旋律来自熟悉的音乐语言，可听性很强；于外国听众而言，在第一时间就能亲临实处地感受到中国原味的旋律曲调，加上西洋乐队天衣无缝的衬托更突出了琵琶柔美的吴侬软语。许多西方听众在音乐会后告诉我协奏曲既熟悉又新颖，仿佛把他们带到了中国，有种身临其境的感受。所以，通过这次十分成功的合作，我渐渐悟出演奏者和创作者实际上是一种合作关系，只有两者在充分的沟通后才有可能创作出一部成功且能够在世界舞台上占据一定地位的作品。

中国音乐，绝不仅限于这些我们熟悉的几件民族乐器，或是学院派作曲家们创作的几首曲子。如果打开视角，拓宽眼界，我们会切身体会到中国音乐的丰富，包括民歌、器乐、戏曲、皮影、说唱、宗教音乐，以及许多少数民族地区的传统音乐等等。能够与传统音乐相遇是我人生之幸事，因其传达的语言特色、人文特色都是我们精神文化之根源，熟悉而亲切。如今，不仅在中国，世界上其他很多国家也同样面临同样的遭遇：传统文化在流失。尽管现实不够乐观，很多国家还是出台或执行着积极的保护政策。试想，假设世界上每一个人都穿一样的衣服，吃一样的东西，听一样的音乐，这个世界将是多么的枯燥和可怕。因此，世界的意义在于其多样性。而传统的音乐如若失去了特色，与他者文化渐趋同化，那么音乐传统也失去了存在于世界的价值。

我很希望能在世界音乐市场中不久的将来多听到有中国精神和特色的高质量音乐。

（2015年11月23日于中央音乐学院
讲座内容）

我为编舞大师
马克·莫里斯
(Mark Morris)
"打酱油"

吴 蛮

今晚的演出在观众热烈欢呼和追捧下成功落幕!

此时,旧金山已秋风阵阵,寒意袭来。回到酒店已是深夜,坐在桌前,还是不禁拿起笔……

距离 10 月 18 日北京国际音乐节公益项目跨界音乐专场"琵琶行——吴蛮与朋友们"(2016 年)还有十多天时间,虽然很想休息几天,整理一下即将回国的心情和工作状态,但工作在身难以实现。

上星期,美国西部名校伯克利大学表演艺术中心(UC Berkeley,

CalPerformances）正如火如荼地排练，准备迎接一个新颖独特的世界首演作品。丝绸之路乐团（The Silk Road Ensemble）与马克·莫里斯舞团（Mark Morris Dance Group），以及来自中亚国家阿塞拜疆的传统木卡姆音乐大师阿利姆·卡斯摩夫（Alim Qasimov）聚集在此，在马克·莫里斯编导带领下共同完成一部爱情音乐史诗《莱拉与玛吉努》（Layla and Majnun），类似于《罗密欧与朱丽叶》或《梁山伯与祝英台》，人间永恒不变的爱情悲剧故事。

为什么说是"打酱油"呢，且听我细细道来。

合作背景

《莱拉与玛吉努》是伊斯兰传统爱情悲剧，最早出现于阿拉伯史诗，后传到波斯，流传千古，家喻户晓，并出现于许多艺术题材中。1908年阿塞拜疆第一次采用传统木卡姆演唱与交响乐结合的方式，在首都巴库上演。那天，音乐厅门口人潮涌动，拥挤不堪。最后音乐厅老板决定打开大门让市民免费欣赏长达三小时的音乐会，可以想象那天的情景有多么美好。

2007年阿塞拜疆的传统木卡姆音乐大师阿利姆·卡斯摩夫向丝绸之路乐团提出重新编排的想法。丝

绸之路乐团在2009年第一次与木卡姆合作推出了室内乐版本并开始巡演，同时与马克·莫里斯联系，希望他能加入创意。今晚，10年后，由音乐、现代舞、木卡姆传统演唱以及舞美服装设计大师霍华德·霍奇金（Howard Hodgkin）合作推出的艺术作品《莱拉与玛吉努》终于与观众见面了。

谁是马克·莫里斯（MARK MORRIS）

我估计脱口秀主持人金星一定会告诉你马克是谁。但凡喜爱现代舞的舞迷们肯定知道他，并对他舞团的风格如数家珍。马克·莫里斯，被誉为"目前活着的最成功和最有影响力的编舞大师，且毫无疑问是最有音乐天赋的"（《纽约时报》）。1956年8月29日莫里斯出生于华盛顿州西雅图市，在那里他向维尔拉·弗拉弗斯（Verla Flowers）和佩里·布伦森（Perry Brunson）习舞。早年他与多位具有开创性的舞者开始其职业生涯。1980年成立自己的马克·莫里斯舞蹈团（MMDG），自创建以来发表近150个作品。1988年—1991年，担任比利时布鲁塞尔德拉莫奈皇家剧院舞蹈总监，比利时国家歌剧院舞蹈总监。1990年，他与米哈伊尔·巴雷什尼科夫（Mikhail Baryshnikov）

创办了"白桦木"舞蹈项目。莫里斯也是一个著名的芭蕾编舞大师，他的20多部作品在全球范围内被众多芭蕾舞团演出。

他对音乐有特殊的才华和感情，几乎所有的舞蹈作品都采用现场演奏的形式。他被形容为"对音乐的挚爱坚定不移"（《纽约客》杂志）。2006年开始，他还作为指挥家出现在纽约林肯中心国际艺术节、布鲁克林艺术节。2013年他担任奥海（Ojai）现代音乐节的音乐总监。莫里斯还作为歌剧导演和编舞任职于纽约大都会歌剧院、纽约市歌剧院、英国国家歌剧院、皇家歌剧院和考文特花园等等。

1991年莫里斯获麦克阿瑟基金会的荣誉大奖，迄今已收到了11个荣誉博士学位。他曾任教于华盛顿大学、普林斯顿大学和坦格伍德音乐中心。市面上有许多关于他的传记，他既是编舞大师、导演，又是音乐指挥、公共教育家，就是这样一位不按常理出牌的天才。我所碰到的业内人士，只要提到他都不约而同地说："他是个天赋异禀的疯子！"

合作趣闻

我亲自领教了马克的"疯狂"个性，我用"疯狂"形容他一点不为过。上星期，第一天见面，他主动走过来与我握手致意，我像粉丝一般，立刻站起来说："我是吴蛮，太高兴又见到你了！"（注意，英文里没有'您'的用法），他回答："Yes，他妈的我知道你是谁！"我顿时语塞。我们对视着，然后大笑。在排练中，我领教了他那非常直接的表达方式，毫不留余地的脏话真是出口成章。对于舞者们，他大声嚷着："嘿，你们干啥呢！他妈的，傻逼啊！我要节奏感！""手的位置在哪儿？放在奶子下面！你好……"

然后，走过来对我们乐团说："听着！乐队，我要你们的音乐躲在后面，拿出百分之五十即可，这不是音乐会！我不需要你们的舞台表现，这不是你们的'秀'，是我的！"我再次无语了。

他又转身直接对尺八演奏家说："我喜欢日本许多东西，但我特别讨厌尺八的音色，让我想起New Age的俗气音乐感觉。你想想办法解决这个问题吧！幸亏你长得还帅，要不然，杀了我吧！……"我惊呆了！

"唉呦，你那个手鼓的声音不对，太恶心；我也不要那串铃，像在非洲森林里要猴子，听着我就来气……"打击乐家脸已变绿，正要发作，马克一个优美的舞姿轻盈地转身，带给你孩子般的纯真笑容，说完走了……

我……我简直要疯了！

马克的创作

马克在排练过程中的嚣张跋扈，真是让人难以忍受。音乐家本身是具有独立创意的个体，尤其是我们丝绸之路乐团，每位都是响当当的，怎能忍受马克如此的"无礼"？

然而，当作品呈现出来以后，所有在场的，包括台上的表演者和台下的观众无不被作品的精致完美，内涵的深刻隽永所感动。强烈的艺术感染力触及我的心灵深处，我完全被他的天赋所震撼！我突然明白了他的用意。而他的口无遮拦变得不再重要，他的"嚣张"也让人心服口服。

前面说到，马克对作品的要求极其苛刻，尤其重视舞者对每一个动作的传递，以及对音乐和节奏的敏锐度。现场的灯光效果、音响师的调配、音乐的声音控制、演奏力度的把握，甚至节奏精确到每小节重复几次都要绝对准确。这些艺术细节上的高品质在今晚的舞台上充分展现了！

我开始很不理解他为何对乐队如此严苛，让演奏家无法在自由的演奏空间淋漓酣畅地发挥。现在我明白了。因为，每个动作的设计都是建立在音乐的基础上，他的创作灵感来源于音乐，音乐理解先于舞蹈设计，先有音乐感觉后才有编舞创作，且每个肢体动作是根据音乐

一环扣一环地链接而成，舞蹈和音乐的结合是如此的天衣无缝！

马友友告诉我 1992 年他和马克合作的巴赫大提琴变奏曲《跌下楼梯》(Falling Down Stairs)的一段故事。那年，马友友找到马克提出合作建议，但马克并未立刻答应，说要考虑一下。之后几年杳无音讯，突然有一天，马克告诉友友说，昨晚梦见从楼梯跌落下来时听见了巴赫的变奏曲。那便是马克与马友友著名的《跌下楼梯》合作的开始。可见音乐在马克创作中的重要性，首先是对音乐内涵起了共鸣，然后才有舞蹈的想象，难怪他对音乐如此挑剔。

马克常年去印度与舞蹈大师习舞，对东方文化由衷地喜欢，所以他的作品里可以看到芭蕾舞、现代舞以及印度、印尼、阿拉伯等地舞蹈的痕迹，且非常自然地被糅合到一起，形成马克独特的风格。

什么是木卡姆

木卡姆（Muqum 或 Mugham）是伊斯兰传统的音乐财富和民族文化的骄傲。许多伊斯兰国家都保留有木卡姆音乐传统，例如土耳其、伊朗、巴基斯坦、阿富汗等等。我们维吾尔族的十二木卡姆就是其中古老的一支。它是一部音乐史诗，有着非常繁复的音乐形式，其中包括诗词

歌赋、人声演唱、器乐演奏。歌词内容基本表达歌颂、思念、痛苦、欢乐。音乐风格每个国家均有些差异。维吾尔族的木卡姆结构较整齐，由前奏、主段、间奏、尾声贯穿，歌唱和器乐段落相间隔。十二种不同的曲调形成十二段木卡姆。其中富含许多音乐细节，如歌唱者的韵味风格、乐句掌控、音乐灵魂传递、乐器演奏者怎样在音乐中间自由"加花"变奏而恰到好处地衬托歌唱者。就像京剧戏迷，想知道谁是大师，几句一听便明了。

　　一般来说散板开场，歌唱和乐器演奏穿插其中，这样循序渐进，直到最后欢乐快板，这个时候听众和演奏者往往都会热情奔放地一同欢歌起舞，就是我们常见的维吾尔族传统"Party"，直到热闹过后，音乐通常回到平静的结束语（尾声）。听木卡姆是当地人的一种生活状态和精神风貌，亲朋好友在一起，边听边歌边舞，还有水果点心"伺候"着，那是一种心灵上的幸福感！这种情况就像我们江浙人喝茶听丝竹音乐，精神享受，其乐无穷。

　　阿塞拜疆的木卡姆大多是在一个基本的曲调上，歌唱者完全自由即兴发挥，只有两件主奏乐器——塔尔（弹拨乐器）和卡曼切（拉弦乐器）游走在唱腔之间，穿插性地加一小段精彩绝伦的独奏段，但还是以演唱为主，乐器为辅。演唱时间随意，根据情绪可长可短，收放自如，音乐风格高亢热情，一上来就是震撼的高音，每次听得我热血沸腾，起鸡皮疙瘩，猛烈地触及到内心深处。

谁是阿利姆·卡斯摩夫（ALIM QASIMOV）

　　"嘿嗨！……呀！……师傅，木香辣！"（阿拉伯语，大意：上帝保佑太美妙！）一个武术动作造型，那是我和阿利姆每次行的见面礼。老先生酷爱中国武术，特别幽默风趣，除了说阿塞拜疆母语，其他一概不会，英语只会一句带有浓郁口音的"三口油万里马骑"（Thank you very much）。

　　阿利姆·卡斯摩夫是阿塞拜疆"国宝"级的木卡姆歌唱家。他少年时对木卡姆音乐充满激情，但没有机会追求音乐生涯，曾经做过农活，当过司机。直到19岁，他就读于阿萨夫则纳里音乐学院（Asaf Zeynalli Music College）和阿塞拜疆艺术大学。他的老师是著名的木卡姆歌唱家阿卜杜拉耶夫。

　　阿利姆的贡献是不仅将木卡姆的表演艺术在舞台上发挥得淋漓尽致、深入人心，还大胆地将木卡姆与其他音乐艺术风格结合。他认为木卡姆音乐不仅可被视为一种阿塞拜疆古老的艺术和音乐文化遗产，也可以作为不断发展的传统。1999年，为了表彰他对世界和平做出的音乐贡献，他被授予联合国教科文音乐奖。他的众多奖项还包括阿塞拜疆人民艺术家称号、全国艺术最高军衔。在2007年他的50岁生日那天，阿塞拜疆总统给他颁发了荣耀勋章。

"啊……啊……咦……咦……"阿利姆正在后台开嗓子，我敲门问候，"阿利姆，你知道这段音乐吗？"我想考考他是否了解中国的木卡姆音乐。接着，我拿起琵琶弹了一小段维吾尔族的"且比亚特木卡姆"的开头部分。听着听着，只见阿利姆突然睁大眼睛，两眼放光，跟着我大声唱了起来，兴奋地大喊："这是玛呼儿！"（"玛呼儿"是一种伊斯兰传统音乐的音阶调子名称。）我得意地告诉他"这是一段中国维吾尔族的'切尔尕'木卡姆音乐"。

可见文化艺术本来就是人类共同分享的世界财富。

角色位置的思考

首演的极大成功，观众受作品的心灵冲击而热情高涨的情景，让我思绪万千。人的一生不可能每时每刻当"主角"，"打酱油"的配角也是人生的一部分，不同的位置有着不可替代的作用。琵琶在这部作品里是代表众多艺术形式间对话的参与者之一，是配角，却又是不可缺少的"特助"！我在演奏时需要收敛起"独奏家"的"范儿"，而与木卡姆传统音乐融为一体，细润入深，恰到好处地衬托出整体的音乐风格。

通常我们会不自觉地以狭义"自我"为中心，尤其是在表演艺术行业，舞台上"角儿"的自我感觉时常存在。然而现实生活中并非如此，也许更多时候是需要"打酱油"，重点是清楚你的位置在哪里。无论从事哪一行或是哪个领域，有"逗哏"即有"捧哏"，有决策者就有执行者，只要找对了自己的位置，同样可以精彩一生。

马克的观点不无道理，"《莱拉与玛吉努》不是舞剧，也不是歌剧，更不是音乐会，而是三组艺术家共同献给观众的一部集音乐、舞蹈和传统木卡姆的综合艺术品"。是的，在这部作品里我们都是"调料"，主角是故事里的莱拉和玛吉努，是流传千年的木卡姆传统艺术，更是走进剧场来欣赏艺术的观众们！

这不就是艺术的最高境界吗？

正当全球面临各种令人担忧的问题，尤其是中东局势，还有各种对伊斯兰世界的误解和不友善，此时马克·莫里斯与丝绸之路乐团及阿利姆合作推出《莱拉与玛吉努》，并在美国巡演显得格外重要，艺术家担当起各民族间相互沟通的对话人，架起了最真诚、最直接的桥梁。这不就是人生价值的体现吗？

此时，我放下手里的笔，犹豫是否应该把一个大艺术家的真实个性如实地"暴露"给读者，万一使得读者对他的崇敬大打折扣……又想，与其用赞美的空话来捧角儿，还不如让大家自己看艺术家的官网罢了……

"嗨，马克，打搅一下，我想为发我的中国微信朋友圈与你合影可以吗？"。"你不是已经每天都在（他妈的）打搅我吗？"说完，一把搂住我的腰，对着镜头笑了……这就是马克·莫里斯。

这"酱油"我打得值了。

我在上海国际特奥委会开幕式"露了一手"

吴蛮

2008年是中国好事多磨之年，经历风风雨雨后，喜事将临。8月8日是北京奥运开幕式的日子。有关开幕式内容坊间有各种传说猜测。听说奥运组委会云集了上百位海内外名人高手献计献策，每天都有新的设想方案出台。其间又经历了国际艺术顾问退出，中途换人之风波。今年初，张艺谋总导演宣布目前开幕式已进入彩排阶段，到时要给全世界一个惊喜！

面向全球电视转播开幕式是奥运会的开场戏，它主要是显示主办国的民族特色和高度的世界包容性，又充满了娱乐气氛。当我们在观赏绚丽多彩的焰火、五颜六色的灯光、千变万化的大舞台表演时，你是否好奇舞台后面是个什么样呢？这些大型的制作又是如何运行的呢？

我有幸应邀参加了 2007 年上海"特殊奥运会"的开幕式，就此经历给大家透露些幕后的"故事"吧！

上海特奥开幕式

2007 年 10 月 7 日上海举办了特殊奥运会。开幕式的规模不小于夏季的北京奥运会开幕式。总导演是曾制作过洛杉矶及亚特兰大奥运会开幕式的美国好莱坞大导演，他有极丰富的掌控大场面的经验。开幕式聚集了很多中外嘉宾，各国首脑纷纷出席，当然也少不了明星、超级名模、音乐大师、体育名人。总之，报上电视中常见到的名流都聚集一堂。我有幸应邀与马友友先生及丝绸之路乐团作为当晚的音乐演奏嘉宾之一。特奥开幕式在上海体育场举办。据说有七八万人出席，其中演职人员就有上万人。场面之大可想而知。

先期排练录音

整个开幕式 3 小时，其中包括首脑要人讲话，歌舞音乐表演，运动员代表绕场，中间还穿插着明星们的朗诵。每个环节控制在限定的时间内。组委会给我们 4 分钟的音乐演奏时间，也就是说我们的节目不得短于或超过 4 分钟。乐曲是委托美籍阿根廷作曲家哥阿乔夫所作，取了中国名《快乐》。这是一首中西合璧，且有中国流行风格的乐曲。10 月初音乐家们提前 3 天从美国东西岸分别到达上海。组委会安排了一批会说英文的大学生志愿者作为我们的"陪同"，那天上午我到了上海国际机场，下了飞机还没有时间放下行李就马不停蹄地直奔录音棚。我是最晚到达的一个，大家都在棚里等我呢。"陪同"带我进入了一栋居民楼，我正纳闷此地是何处？"陪同"告诉我们这里就是录音的地方。走进一个单元室，才知道录音室是建造在两套单元室里，说这是上海最好的录音棚和录音师。放下箱子，马上干活吧！我拿到乐谱，在时差和睡梦里开始了排练，我们边排练边修改，调整录音麦克风，直到认为满意为止。10 月的上海依然闷热，街道的嘈杂声使我们不得不关上窗户。没有中央空调，更不能打开室内大型空调有噪音），我们十几个人闷在一个房间内，汗流浃背，滋味实在不好受。好在 4 分钟的音乐对我们这些"高手"来说是"小菜一碟"，半天功夫完成了从排练、修改到录音的全部工作。

说到这里，朋友会问为什么要录音？先期录音通常是大型室外表演及现场电视直播必经的"头道菜"，主要是为了保证现场电视转播的音乐声音质量，预防现场音响设备出现状况，此外，还便于全场调动时现场快速得到控制。由于是露天"行为"，考虑到天公是否作美，音响设备是否"听话"等各种因素，要确保演出顺利进行，这"头道菜"很重要。到时候我们在现场就可放心地听着录音对自己的口型、手型即可，不算作弊吧？

彩排及开幕

录音完成之后，傍晚我才到达酒店登记入住，当音乐家太辛苦啰！第二天晚上进入彩排，彩排即是带"色彩"的排练，"色彩"是指画着妆，穿上正式舞台服。音乐家通常叫 Sound Check（声音调整）或 Run through（走一遍）。彩排是正式开幕前必须的程序。总导演要调度全场，指挥摄影师走机位，镜头切换、远近推拉，熟悉节目的内容。演艺人员要熟悉每个节目之间的上下场顺序。还有音响灯光的连接，放烟花的时间计算，舞台道具位置的调整，中外工作人员间的沟通合作，各部门之间的许多技术环节需要"过场"。北京奥运开幕式的策划至今已有 8 年之久。上海特奥开幕式据我所知也有 4 年之多。你想啊，首先要定下开幕式的"色调"风格，然后确定节目内容，挑选演艺团队，还要邀请政界要人、明星大腕前来捧场……这几项就得折腾好几年。言归正传，大部分国内嘉宾由大会统一安排住在体育场旁新建的宾馆中，我们这些"外宾"都住在市内的洋酒店，体育场酒店内有个会议厅供我们乐团休息。10 月 7 日开幕当天，为了安全问题，组委会要求全体参演人员一律上午 10 点开始进场，在酒店中等待晚上 8 点的开幕式。好嘛，我又大早地把自己闹醒，早饭也顾不上，跳上巴士跟大伙奔向体育场。在去的路上车内安静至极，以往音乐家是最热闹的"动物"，此时都沉浸在美国时间操控的睡梦中。特别是来自印度和伊朗的音乐家直接在车上打起了呼噜。下车，过安检进入休息厅后，这下全醒了，大家开始兴奋了，特别是见到各房门贴着的名字让人喜出望外。你看成龙、姚明等国内明星，还有州长施瓦辛格、大爵士音乐家琼斯（Quincy Jones）、国际名模等等。有些"腕儿"大的有把门的保安。我们这边也有超级大腕——马先生（Yoyo Ma）啊！"大腕"给我们休息室增添不少的"麻烦"。一会儿郎朗，一会儿张艺谋，一会儿琼斯，热闹了好一阵。开幕这天，这家酒

丝绸之路昆蕾行

大师呈献的世界音乐叙事

店绝对是藏龙卧虎之地。等待刚开始，音乐家们聊聊天，听听音乐或玩玩计算机里的游戏——不然还能干什么？十几个人像坐长途飞机似的被关在休息室里10个小时，真是无聊至极。我觉得头快要炸了，腰也酸了，眼皮儿重了，腿也软了，坐立不安。这时不知谁先说"我想躺下"，这句话提醒了大家。结果你猜怎么着？全体队员包括马友友先生都倒地趴下了！

终于熬到晚上8点半，我们该出场了。从休息厅到后台有很长一段室外步行街，炎热的上海闷得让人透不过气。我抱着琵琶，踩着高跟鞋，"啪嗒啪嗒"地扭到后台已是大汗淋漓。再一看几百位舞者穿着厚厚的舞衣挤在狭窄的通道中。许多小演员兴高采烈地"叽叽喳喳"说个不停。我夹在"小鸟"和"舞者"中不停地自语："快上场吧！"不一会儿几个手拿对讲机的西方工作人员操着英国腔告诉我们还有两分钟上场。于是乎，我竭尽全力钻出人群。前方还在进行着热火朝天的武术表演，这时已经能感受到前台的那种急风暴雨般热热的气氛。我的思绪还在满世界梦游时，我们的舞台已经缓缓上升了。顿时只见空中电光般的火焰眼花缭乱，五彩缤纷的灯光飞向四面八方，周围人群四海鼎沸般地欢呼。我的脑袋"轰"的一声，头发竖起，头皮发麻，热血沸腾，太震撼了！站在万众瞩目的舞台中央，只有一个念头："一辈子只有一次，值得来！"

4分钟音乐曲

4分钟在电视上不算短，但开幕式的4分钟要包含许多内容。摄影镜头除了我们舞台，还要包括政界要人的特写、观众群的舞动、天空、火焰、灯光的变化，还有火球飞车的穿越表演，时而大景，时而推远，远近切换搭配，把整个实况纪录并传达给全世界。在如此壮观的场景中，我们的舞台犹如蚂蚁般微小，几乎不见人影，所以摄影机成了我们的放大镜。短短的4分钟很快就过去了，舞台又慢慢地下降，我们不停地向观众挥手告别。舞台停稳后，我们这时是"连滚带爬"地撤出来，因为舞者们已站在旁边等候上场了。折腾一整天，回到酒店已经是凌晨三点。我连衣服都懒得脱，筋疲力尽地倒在床上。

第二天朋友来电话兴奋地说在电视上看到我了，大镜头一摇，特写在我弹琴的手上停留了好几秒钟，但他们又抱怨摄影师真"外行"，特写只给"手"不给"脸"。我开玩笑说能拍到手已经大给面子了，不然可能连影子都看不清。三天很快就过去了，这成了我音乐生涯中最激烈、刺激的三天。

结语

人们期待奥运开幕式是因为在像过节般的国际大盛宴中能感受到主办国的精神面貌，同时欣赏到高水平的精彩表演。人们想参加奥运开幕式，因为那是一种荣誉。对艺术家而言虽没有任何艺术体现上的真正意义，但这是件"露脸"的事，而且是大场面的"露脸"。虽然荣誉后面渗透了精力和体力的辛苦劳累，但哪怕能在台上面露一"脸"或一"手"，甚至露一"腿"，那也是魅力无穷。

2008 年 6 月 26 日圣地亚哥

我的杂感

吴 蛮

之一："有趣的现象"（2006）

我发现一个有趣的现象。在华人（中国）记者采访时，或在华人朋友的闲谈里常听到这样的问题——"西方人对我们中国音乐怎么看？""他们听得懂琵琶吗？""与外国乐器合作，琵琶会失去特色吗？"与音乐学者交流时，更是顾虑重重地担心这种交叉文化或跨界的创新是否会带来中国音乐"不纯"的后果。

在国外"闯荡"20余年，与各国朋友、音乐人、记者、音乐评论家的采访交流时我却从未听说"中国人怎么看我们的音乐？""中国人懂我们的音乐吗？"诸如此类的问题，似乎也不担心如果演奏非西方作曲家的作品西洋乐器是否会失去特色……比如，中国人写钢琴协奏曲、交响乐、室内乐，甚至歌剧，却无人（包括中国人自己）怀疑这种西方文化特色的传统失去了"纯质"。这些问题对他们好像不重要，相反是以打开心胸，接受的态度，大力支持，热情宣传，隆重上演，积极评论。

为什么？是因为中国人一向看重所谓的大中华文化精神，对中国传统文化主义中心观念根深蒂固，同时又自认为中国音乐处于世界弱势位置，怕外人不接受而不自信、不平衡的矛盾心理？可是事情还没做，先说不能做，菜还没烧就说不好吃。不试，不做，怎能知道好坏？

2006年由我策划联系，历经一年后并带着美国著名的克罗诺斯弦乐四重奏乐团在上海音乐厅举办了《KRONOS与吴蛮，琵琶与弦乐四重奏音乐会》。这场音乐会被内地乐评人和音乐杂志《中国留声机》评为2006年度上海最佳古典音乐会及最佳乐团组合。但我却被告知因为是中国琵琶，所以不在获奖范畴之内，得奖的只是KRONOS乐团。而我们此次是以琵琶与弦乐五重奏

创意组合形式在上海（1996年我们这个组合在北京首次登场中国）首次登台，获最佳年度音乐会奖又是根据这场音乐会表现而得，怎么能只挑拣出西洋弦乐评奖，而在五重奏中占主要分量的中国琵琶不算之内？道理上解释不通。克罗诺斯四重奏乐团成员和我的经纪人都深表不可理解。我的音乐生涯里也是首次遇到此"礼遇"，且在"自家"里，不可思议吧？

虽然目前有"愤青"（推崇民族主义的人）之说，但西洋音乐比中国音乐"高级"，西洋音乐家比中国音乐家"重要"的"歧视"心态依然无所不在。后来，有人读到我这篇短文，说我是没吃到葡萄就说葡萄酸。我承认有"酸"味，因为我重视国内对我音乐创意和创作的尊重，却失望之至。

之二："传统的差异"（2007）

今年初，得知旧金山歌剧院要上演Amy Tan的新歌剧《波尼斯特的女儿》（*The Bonesetter's Daughter*）。作曲的是一位美国纽约人斯特瓦尔特·瓦莱斯（Stewart Wallace）。中国故事中当然少不了用中国乐器。剧院四处面试中国吹管乐器。据说国乐手们碰到了许多"没面子"的事。例如：国乐手节奏不准确，视谱慢，不习惯看指挥等等。对此，

丝绸之路琵琶行
大师吴蛮的世界音乐叙事

听说这位美国作曲兼指挥颇有微词——正说明了他对其他国家的音乐传统毫无知识。

我还听说过有一位中国作曲家写二胡、笙、中阮、古筝和西洋乐器混合的室内乐作品，为此美方特地从中国请了几位音乐家来参与排练。指挥是一位中国人。排练过程时，中方音乐家没有太多看指挥的经验，既兼顾音符又要看指挥，所以读谱较西乐手慢。只见这位中国指挥当着全体乐手大喊："你们中国人太丢人，看指挥都不会！"

那么，音乐家不读谱或不看指挥，是否就是"不合格"的音乐家？我读过一本关于音乐家的笑话集子。说，要想让爵士音乐家停止演奏，就在他（她）面前放乐谱。又说，反之古典音乐家离开乐谱后就不知所措了，云云。这些笑话在西方音乐圈里很是流行。这是一个有趣的文化现象。音乐演奏形式多种多样，由于文化习俗各异，才有了今天的南美音乐、黑人蓝调、印度拉格、非洲节奏、中国音乐、西洋交响乐等等各类品种。无论是"即兴"还是"读谱"，品种丰富多样的形式是地球人用各自的方法创造的财富。这位美国作曲和那位中国指挥的故事，提醒了我们，互相交流学习，了解你的"左右邻舍"是现如今重要的课题，不然就会有如此无知的幼稚言行，变成笑话。

与我合作过的印度、伊朗、乌干达、赞比亚、日本、以色列、美国、中国等许多民间音乐家都不是以读乐谱为演奏依据，而采用即兴表演方法抒发他们的音乐。每次演奏都有不同的新鲜感受，他们在演奏过程中不断地创作。他们的音乐自然真诚，有浓郁的人情味。与他们合作是一种享受，听他们音乐有一种愉快感。

旧金山歌剧院的例子让我想起另一件事。记得以前听过一首作品，阿塞拜疆作曲家阿莉萨德作的曲，国宝级木卡姆歌唱名家阿利姆与西洋弦乐、竖琴和打击乐一起演出。原本是颇有创意的组合，但由于写作结构的局限，加上指挥的参与，使得阿利姆既要顾及乐队，又要看指挥，无法充分发挥自己的特长。最后，作品没有达到预期的效果。作曲和演奏是"鱼"和"水"的关系。作曲家提供了结构、音符、节奏、在纸上的想象，再由演奏家完成将此想象赋予生命的二度创作。作曲家在写创意作品时要了解音乐家的文化背景、乐器特点、音乐风格，给音乐家再度创作的空间，音乐家能够有最佳演奏状态，无顾虑地把作品的音乐内涵真实自然地传递给听众。否则，对音乐作品，对音乐家，对听众都不公平。

之三："陕北的采风"（2006）

2006 年 8 月，对于我一个传统乐器演奏家来说，能与中西音乐学者们一起去陕北实地采风考察，真是件极难得的事！由于职业的关系，我走遍了世界各地许多国家，有幸学习、了解到各国的音乐文化，这经历使得我对于再认识中国传统音乐的欲望变得更加强烈，尤其特别想听到实实在在的民间音乐，感受当地真实的民情风貌。我非常庆幸有这次机会！

我在城市长大，过去对陕北音乐的认识只停留在上学时的民歌课和电影音乐中。虽说如此，但我还是对它有种特殊的衷情，喜爱它那种高昂凄凉，自由粗犷的音乐线条。我是带着极强的好奇心想了解"当地的音乐活动是在什么情况下展开的，他们的真实生活环境又怎样？"在山西、陕西、内蒙交界的三边地区，以及安边、顺边、靖边，我第一次听到、看到皮影戏、说书、民歌小调、秧歌、道教吹打和乡村庙会等等，太多丰富的内容。

任何国家的民间音乐都与生活关系密切。比如，黑人蓝调音乐多数是以性爱、情爱为主，美国乡村民歌也是唱日常生活的爱情故事。这次实地考察，再次证实了民间音乐在生活中的实用性至今依然极重

要，每个种类都有各自的作用。比如，秧歌用于沿门子及祭雨求神，民歌多是为求爱，与性有关的"酸曲"，老式说书是以娱乐性的"黄色"故事为主，如《十八摸》；道家吹打乐班忙于为乡里做红白喜事道教仪式；皮影戏用于村里的娱乐活动之外也参与红白喜事……这是真实的民间音乐！我对皮影戏（目前称为陕西老腔）音乐印象尤其深刻，曲调豪放有力，凄惨揪心的独唱，加上高亢激昂的伴唱，相当精彩！

采风回来后我一直在思考一个问题：近几年，南美音乐、非洲音乐、阿富汗、伊朗、印度、巴基斯坦等等许多国家音乐在全球非常热门，受到极大关注，为什么？因为他们是真实、真挚的传统音乐文化。近年来中国带去西方的往往是面对当地华人的杂乱拼盘式的歌舞晚会类，或不中不西的中国式交响乐，它们并不完全代表中国真实的音乐和传统文化……

此次学习考察，给我更深层面课题。从演奏者的角度看，怎样把这些音乐素材用于我的作品演奏中？怎样能把这真实的中国民间音乐，以音乐会的方式介绍给世界的观众？

吴蛮
音乐生涯自述

我是在与美国有很大差异的文化和教育体制下长大的。我出生在中国杭州的一个艺术家庭。中国杭州，正如探险家马可·波罗所描述的 13 世纪末期"世界上无可争议的最好最高尚的"地方。自中华文明形成初期，该地区就一直保留着中国传统文化丰富和肥沃的土壤。

我上小学的时候，正值中国的"文化大革命"时期，所有形式的传统艺术被废除或禁止。这种状态从 1966 年持续到 1976 年。

在当今遍及 iPod 和卫星广播

的世界，不能选择自己所听，似乎是不可思议的事情。但在那个年代，伴随我长大的唯一音乐就是在收音机（那时电视是很罕见的）里听到的革命歌曲以及样板戏。

那个时候，对于中学毕业后的年轻人而言，唯一的出路就是被送到农村，通过农场艰苦的劳动接受"再教育"。没有别的选择，因为在"文化大革命"初期，大学都已停止招生。唯一逃避再教育的途径就是学习一项技能，例如音乐、艺术或体育，成为特殊人才，以便能够服务于"伟大的社会主义祖国"，而这种命运仅限于少数几个人。

在我9岁时，我的父母决定让我学习乐器，他们先选择了柳琴（后来进艺校开始学习琵琶）。柳琴和琵琶是泪珠形状的、四弦、琉特琴样的弹拨乐器。琵琶两千年前由中亚流传至中国。从传至中国开始，它就成为中国最流行的乐器之一，与传统的中国画和古诗词相提并论。我的父亲是美术学院的教授，他之所以为我选择音乐，是因为他和其他人都注意到我唱的样板戏"很在行"，且我的父母都认为女孩子弹奏柳琴和琵琶是非常高雅优美的。

我居住的院子位于非常著名的风景秀丽的西湖边上，住在那里的人们都是美术学院的教授或职员，因此为我寻找一位柳琴老师是很容易的事。我喜欢柳琴，但从未想过能拥有一把属于自己的乐器，因为我从未向父母索要过玩具或礼物。当我还是小女孩时，一个洋娃娃是我仅有的玩具。不玩玩具，我就自己用类似于橡皮圈那样的小东西来发明游戏。这对我是非常有利的，因为当我练琴时，不会分散注意力。我很快爱上了柳琴，但从未想过能成为一名专业的音乐家，直到发生了一件事。

在父母（可以称为"虎爸""虎妈"）的严格监督下学习音乐。几个月后，浙江省艺术学校开始挨家挨户地从每个小学寻找在艺术方面有特殊天赋的孩子。对于这种国家级别的人才搜索，被选中的孩子将享受许多国家资源，而这些资源对其他孩子是不公开的。例如，每个人都有指定的音乐老师和另一位生活在寄宿学校的老师。所有的学费、食宿费都由国家承担。被选中的孩子就像社区里的彩票中奖者，他们是父母的骄傲。对大多数孩子来说，特别是来自贫困家庭的孩子，去艺术学校和体育学校是发生在他们身上最好的事情。

我仍然记得招募人员来到我们学校时的情景。当校长带着一群陌生人突然走进教室时，我们正在上课。一个字都不说，这些人在教室里走了一圈，看着每个学生，偶尔看看他们的手。最后，他们指着我们中的几个人说："你，你，还有你，出来。"我是其中之一。没有人知道我们怎么了，每个人都很紧张。

我们鱼贯而出聚集到校长办公室。校长告诉我们，省艺术学校的老师来我们学校挑选"无产阶级接班人"。招募人员在全国各地的学校挑选长相好、身材好或是手指长的学生。因为我长得漂亮，特别是柳琴弹得好，我被省艺术学校选中了。

兴奋的同时，我并没有意识到这是我离开家独自生活的开始。9 岁，我就开始了寄宿学校的生活，直到大学。现在想起来，在艺术学校的 4 年间我很满足，因为至少每周末都能见到我的父母，尽管学校离家有 4 小时的车程。这是奢侈的，因为当我 13 岁来到北京的中央音乐学院的时候，我一年才能见到父母一次。在艺术学校，音乐成为我的生命、我的家庭和我的未来。

进了艺校之后，我在柳琴学习上进步非常快，没有多久，老师就让我学习琵琶。从此，就与琵琶结下了缘分。艺术学校的课程和其他学校是一致的，只是要把所有的业余时间都用于练习乐器和准备音乐会上，每天长达 6 到 7 个小时。我没有时间玩，不夸张地说，练琴就是我玩耍的时间。这是很辛苦的工作，但是我知道我的余生想成为一名音乐家。似乎是我的父母和国家为我作出了选择，我热爱琵琶。我现在感觉很幸运，强加于我身上的技能正是我所热爱的。尽管练习的时间很长，但如果我讨厌练习时的每一分钟，那就会显得更漫长。

和我同时代的艺术家相比，我是相当幸运的。因为在 1977 年，正当我离开艺术学校的时候，国家恢复了大学招生。"文化大革命"结束了，但艺术家仍然享受特殊地位。音乐学院和艺术大学可以在其他大学之前挑选生源。那时，因为 10 年的中断，巨大的人才库需要重建，音乐院校开放附属中学招揽有才能的学生。这些附属中学与大学一起分享校园和教授，而且政府再次承担所有费用。

北京的中央音乐学院是学生们的第一选择，因为它被认为（现在仍然）是最负盛名的。1977 年，不考虑政治背景的考试全面开放。与"文化大革命"末期不同，过去十年，只有三代都是无产阶级（贫苦工人和农民）的学生才能进入音乐学院。许多有才华的学生被拒之门外，因为他们的父母在政治审核中被认定是"不可信的"。开放试音的消息如同久旱后渴望已久的风暴，席卷全国。各地有才华的学生都渴望尝试，有点像现在的美国偶像节目。试音首先在中央音乐学院及其附属中学展开。招募人员在覆盖全国的四个主要城市进行选拔。我所在区域的选拔地点是上海市。

从我的家乡杭州到上海的行程，花费了近一天的时间（现在乘坐高铁仅仅需要一个小时左右）。我一个人来到上海，因为对我的家庭来说，多人陪同的车票太贵了。我父母把我送上车，我叔叔在上海接我。在去上海的路上，我一直在心里默默练习。

考试那天终于到来，我以为能看到许多像我这样的孩子，但让我惊讶的是在门口我看到了几千名学生。蛇形队伍排满了周围几个街区。800名学生参加琵琶试音，仅仅10个学生能进入到第二轮。我是其中之一。

当我参加第二轮考试时，已经接近午夜并且下着雨。我走进房间，大约有10个人在等着我，都是些教授和新闻记者，他们都准备听我演奏。我认为从第一轮考试的琵琶老师那里，他们都已经知道了我的音乐才华（如今那位考试的老师仍然开玩笑说，在任何时候看到我，都会把我"挖"出来）。在我演奏完《彝族舞曲》之后，所有观众都鼓掌，让我再来一个，就像音乐会一样。

第二天，两家全国最大的报纸刊登了我的考试故事，似乎想让所有人都知道有一位年轻的琵琶演奏者，名叫吴蛮。一夜之间，我成了

青年明星。不久以后，我出现在北京最大的体育馆举行的音乐会上，音乐会旨在展现1977年挖掘出的所有青年才俊。音乐会邀请到了国家副主席以及其他政府官员出席，并在全国实况转播。这是中国政府发出的信号，暗示音乐和艺术再次在中国复兴。在那次聚集中国乐器和西洋乐器的音乐会上，我是唯一的琵琶演奏者。我的表演在全国播放，突然间我就成了所有青年琵琶学生的楷模。在第二年的考试中，所有人都演奏《彝族舞曲》。

接下来的12年里，我在北京的中央音乐学院学习，之后是研究生学习，都在同一个校园里。1977年，中央音乐学院共招收200名学生。我们被告知，我们是"皇冠上的宝石"，是中国的未来。中央政府指派给我们最优秀的教授和最好的资源。我有三位老师：一位负责我的专业学习（他就像我的教父），一位负责我的日常生活，另一位要保证我有正确的思想意识。

中国的音乐教育体系是苏联教育家在20世纪50年代建立起来的，它是系统化的、严苛的。我几乎每天都要走方队，从宿舍到教室，从教室到食堂，从食堂到练习室然后回到宿舍。学校禁止谈恋爱。受到如此优待并且知道自己肩负的责任，我们都不想让人失望。我们平均每

天练习 8 小时。那几年，我的老师们是全国最好的学者和琵琶大师，他们都像是我的父母。即使后来我移民美国，我仍然定期给他们写信，每次回到北京都会去拜访他们，直到他们中的一位去世。

在中央音乐学院时，有两件事使我对西方世界产生了强烈的好奇心。1979 年，指挥家小泽征尔（Seiji Ozawa）和波士顿交响乐团在北京演出。这是第二次世界大战以来世界级交响乐团的第一次访问演出，这在两年前简直是不可思议的事情。想象一下音乐爱好者在北京为获得音乐会门票而挥舞的情景。北京当时没有足够大的音乐厅，因此音乐会是在 1977 年我演出的那个体育馆举行的。

当看到出生于中国的音乐大师指挥时，我被其浪漫的风格、精准度、力量以及管弦乐队的职业化所震撼。音乐会的开始，他们演奏了两个国家的国歌，结束时作为加演节目，演奏了《星条旗永不落》（*Stars and Stripes Forever*）。我以前从未听过《星条旗》（*Star-Spangled Banner*）和《星条旗永不落》，但音乐的能量和精神却让我产生了心痛的感觉。他们在北京共表演了三场音乐会，并和我的琵琶导师刘德海共同演绎了琵琶协奏曲《草原小姐妹》。这是第一次，我看到中国传统乐器走上世界舞台。像小泽先生那样有才华的亚洲音乐家，可以在美国那片充满机遇的土地上成为传奇，这给我留下了深刻印象。

第二件对我职业生涯产生巨大影响的事情，发生于 20 世纪 80 年代。那一年，小提琴大师艾萨克·斯特恩（Isaac Stern）来到北京。他举办音乐会并在中央音乐学院开设大师班，此行被收录于《从毛泽东到莫扎特》（*From Mao to Mozart*）纪录片中。这是我第一次参加大师班，我着迷于斯特恩先生的教学风格以及他对音乐的诠释和表演的至善论。在音乐学院，我们的楷模是帕格尼尼及其魔鬼训练法，因此斯特恩先生所主张的技巧完美论，我完全认同。

因为斯特恩先生和纽约卡内基音乐厅之间的密切关系，我从他那里知道了这个世界著名的音乐厅。当时，能在卡内基音乐厅表演是中国杰出音乐家梦寐以求的事情。我可以自豪地说，现在的我可以频繁地出现在卡内基音乐厅进行表演。

我在音乐学院学习期间，中国变得越来越开放。许多音乐新思潮来到中国，例如无调性概念、约翰·凯奇、极简主义音乐的代表人物赖利（Terry Reily）、里奇（Steve Reich）、格拉斯（Philip Glass）等等。我是第一批积极尝试这些新思潮的学生之一。我基本上演奏过所有中国青年作曲家创作的新音乐，后来这些音乐家也获得了西方的认可。

1985 年，作为中国青年艺术团成员，我访问了美国的 7 个城市，获得了美国第一手的亲身经历。然而，第一次真正意义上与西方音乐团体的互动、合作，是在 1993 年我移居美国之后，在匹兹堡新音乐节上与克罗诺斯四重奏乐团的合作。这是有着两千年历史的乐器新时代的开始。从那时起，凭借与全球最有声望的音乐大厅的合作与表演，我带着琵琶站到世界的舞台之上。

如今，想起我的父母、我的老师和每一次演奏《彝族舞曲》的学校，我都会在心里千百次地感谢他们。是他们成就了今天的我，我永远都感激他们。

大师吴蛮的
世界音乐叙事

中文翻译：魏琳琳

瑰宝乐器的再次绽放

吴蛮使用她的新琵琶与哈特福德交响乐团的首演

詹姆斯·奥斯特莱克

October 9, 2013

Reincarnation of Treasured Instrument
Wu Man Set for Debut With Her New Pipa at Hartford Symphony

Wu Man Plays the Pipa: The musician performs a piece on her pipa, a traditional Chinese instrument.

By JAMES R. OESTREICH

This was a sound no musician should have to suffer: the destruction of her longtime instrument. In Wu Man's case, in June, it was a loud crack, heard from her seat as a flight attendant, trying to stow her pipa in a coat closet up front, dropped it, breaking its neck.

The pipa is a Chinese lute of ancient origin, with four plucked strings and a pear-shaped body, played upright in the lap. Its back consists of a single heavy piece of wood, exquisitely curved from a rounded bottom to a tapering neck.

With that neck broken clean off the body, Ms. Wu's instrument of 17 years, valued at some $50,000 and uninsured, was deemed irreparable. But thanks to US Airways, whose

《纽约时报》
2013年10月9日

这种声音几乎没有哪位音乐家能够容忍：长久以来伴随自己的乐器的碎裂声。2013年6月，这样的事情就发生在吴蛮身上。当空乘人员试图把她的琵琶放到前面的衣柜里时，响亮的碎裂声从她的座位处传来。琵琶掉落下来，折断颈部。

琵琶起源于古代中国的琉特琴，有四根弹拨琴弦和梨状外形，演奏时直立于大腿之上。其背面是一块厚重的木板，巧妙地从圆形底部弯曲至颈部。

被损坏的琵琶，已经陪伴了吴女士17年，价值五万美元，但由于未曾投保，无法修复。由于是其雇员造成的损失，全美航空公司决定赔偿吴女士一把全新的琵琶，并且邀请那把已经损坏的琵琶的制作者在北京制作。

星期五和星期六的晚上，在哈特福德交响乐团赛季揭幕音乐会上，她将和弦乐队共同出演卢·哈里森

（Lou Harrison）的《琵琶协奏曲》，骄傲地展示她的新琵琶。在西方，凭借欧美音乐和中国传统音乐的音乐会演出和唱片的发行，以及活跃在大提琴演奏家马友友所倡导的丝绸之路计划中，吴女士在普及传统乐器方面所做的工作或许比其他任何人都多。

"这是一个有着不好的开始，但结局圆满的故事。"吴女士本周在纽约接受采访时说。

六月的事故发生时，她正搭乘一架从费城飞往纽黑文的班机，去参加国际艺术与创意节音乐会上的克罗诺斯四重奏（Kronos Quartet）。由于琵琶的高度无法适应舱顶行李箱，她像往常一样把它放在旁边的空座位上。

"空乘人员似乎心情不好。"吴女士说。服务员让她待在自己的座位上，并把乐器塞到前面时，发生了之前的一幕。

"乐器对我来说相当特别，"吴女士说，"我的整个职业生涯都有她相伴。我把乐器称作'她'。"

事故发生后，吴女士下了飞机，但最终还是搭乘别的航班到达了纽黑文。在那里，通过音乐节主办方，她从一位琵琶老师处借来了乐器，这位老师的住所距离音乐节举办地大约一个半小时的车程。最近几个月，吴女士不得不借用他人的非专业的备用乐器。

当被问及为什么不使用像其他西洋乐器通常使用的硬质携带箱放置琵琶时，吴女士说根本没有适合琵琶使用的携带箱。因为琵琶的外形非常独特，并不适于经常携带外出。她说，她正在研究适合琵琶使用的携带箱。

同样，当被问及为什么没为乐器投保时，她说对于乐器的投保并非有效可行，因为西方的保险公司对琵琶知之甚少，根本不理解其价值，她也正在研究如何解决这一问题。

后来与全美航空公司的交涉是"相当愉快的经历"，她说，"每周我都会和航空公司的人员联系。"在朋友而不是律师的帮助下，达成乐器的赔偿协议，公司派人到中国与制造者接触了两次，最终完成了这项工作。

该赔偿协议的条款要求她透露具体价格，但她说因为质量差异较大，新乐器的价格从 15，000 美元至 150，000 美元不等，航空公司发言人也证实了其说法。

新琵琶有靓丽的外形，背面是由年代久远的红木制成，正面由桐木制成，品由竹子制成。在吴女士的手中亦能演奏出美妙动听的乐曲，尽管她感觉还需要做一些干燥处理，而且还需要自己做些其他调整。

"很舒服，"她说，"它肯定有潜力，可能需要几年的磨合期才能获得属于自己的音乐。"显然，吴蛮享受挑战。

2013年度
乐器演奏家：吴蛮

《纽约时报》文化记者　阿伦·克兹恩

她是现代独奏家的楷模，但更重要的是，

她的作品促使西方古典音乐的发展迈出了一大步。

因为她，琵琶不再是异域奇物，不再完全神秘。

琵琶对于现今的许多听众来说，已不再是异域奇物，更不再完全神秘。可以肯定，这是对吴蛮所作成就最好的评价。琵琶，中国的琉特琴，距今已有两千年的历史。

交响乐听众已经欣赏过她演奏的分别由卢·哈里森（Lou Harrison）和谭盾创作的协奏曲，这些协奏曲现已录制出版（其中有两部哈里森的作品）。新音乐爱好者经常能够看见她与克罗诺斯四重奏团（Kronos Quartet）的频繁合作，看到她作为独奏家出现在年度音乐马拉松盛会（Bang on a Can marathons），看到她作为室内乐队和管弦乐队的成员首演许多作曲家诸如特里·莱利（Terry Riley）、菲利浦·格拉斯（Philip Glass）、陈怡、盛宗亮在其创作中融入琵琶元素的作品。当格拉斯的朋友邀请他最欣赏的音乐家参加 2012 年 1 月在纽约红色泊松酒店举行的庆祝作曲家 75 岁华诞的音乐会演出时，吴蛮是受邀的表演者之一。

当然，她也给带有异国风情的表演保留着很大的空间：自 1996 年以来，她是马友友丝路合奏团的中流砥柱，该合奏团从连接亚洲和欧洲的贸易路线中探寻古代和现代音乐；最近她开始尝试涉足亚洲的古典和民间音乐，她协助策划了 2009 年卡内基音乐厅中国音乐节的一部分演出；她自己的《回归东方》（Return to the East）项目也在录制和演出中。

一段时间里，美国年度乐器演奏家大奖几乎总是花落钢琴家、小提琴家、大提琴家，抑或是长笛演奏家、双簧管演奏家、小号演奏家。但自 20 世纪，安德烈斯·塞戈维亚（Andres Segovia）的吉他、依芙琳·葛兰妮（Evelyn Glennie）的诸多打击乐器开始，大奖所涉及的器乐呈多样化趋势，演奏家通过尝试全新的创作、复兴被遗忘已久的音乐、演奏其他乐器的曲目等诸多方式，塑造自己的职业生涯，用他

们精湛的技艺吸引听众。

就此而言，吴（她的姓；她保留了中国传统的名字）是现代独奏家的典范，更重要的是，她的作品促使西方古典音乐的发展迈出了一大步。是的，东方是东方，西方是西方，但不只是"永不相遇"，还有"包容并蓄"。虽然是吉卜林（Kipling）著名的诗歌，但东西方的相遇却产生了朝气蓬勃的音乐混合体，丰富了两者的文化。

事实上，西方人对世界音乐的理解，是他们发现其他文化中的乐器和他们所熟悉的管弦乐器有着相当多的同源性。也许是因为丝绸之路的原因，多数文化中都有某种长笛、鼓和各种弓状以及弹拨的弦乐器。

琵琶是一种弹拨乐器，具有梨状外形，与琉特琴同宗同源。就此而言，单纯地摒弃外形，它与阿拉伯乌得琴、意大利曼陀林、希腊布祖基琴、俄罗斯三角琴以及印度锡塔尔琴都有些关联。它有四根弦和琴颈，虽然在古代是水平放置并使用琴拨演奏，但在现代则是竖直放置用手指和指甲演奏。通常运用它灵活的颤音技术，依据弹拨的速度和强度，唤起武侠场景中的优美情歌。

一旦听到琵琶弹奏之声，不要误以为是什么其他的声音，其音色圆润但有轻微的弦音，演奏者经常指压高音来模仿声音——具体而言，

就是屈折语（即汉语）的发音。屈折语中字的音调几乎能够表达其语音的含义。

吴蛮，1965年出生于上海附近的杭州。9岁时，邻居偶然间听到吴蛮的歌声，告诉她的父母应该让她学习音乐。之后，她便开始了琵琶的学习生涯。她父亲为她选择琵琶，完全是因为一个简单的音乐范围之外的理由：他觉得年轻的女士拿着琵琶看起来很优雅。至少，这是官方的说法。另一个让人不太愉快的版本是，"文化大革命"时期的儿童不允许学习如小提琴、钢琴这样的西方乐器，除非偷偷学习。

13岁时，吴蛮通过本地和全国的严苛考试，进入北京的中央音乐学院学习。这是十年"文化大革命"停止招生以来的首次招生。随着政治错误的终结，她可以学习钢琴，并与包括作曲家谭盾、陈怡、郭文景、盛宗亮在内的众多明星同学一起倾听西方悦耳的曲子。1979年，波士顿交响乐团访问中国时，吴蛮是入迷的听众；1980年，艾萨克·斯特恩（Isaac Stern）出现在大师课讲台上时，她是参与者。

多数时候她专注于传统琵琶曲目，例如代表曲目《十面埋伏》。这首作品生动形象地描绘了公元前206年汉王朝建立时期的一场如史诗般的战役。可以说，乐器的表现相当于奏鸣曲的效果，每位琵琶艺术大师都希望能表现出它戏剧性的主题风格（这首乐曲至今仍然会出现在吴蛮的表演曲目单上，我最近一次听她演奏是在2006年赞克尔厅）。

完成学业后，吴蛮开始了独奏家的职业生涯。起初，她秉承传统乐器赋予表演者的严谨的演奏方式。但很快她就厌倦了这种限制，并注意到了她的许多同学都出国深造，以寻找更大的机会。1990年，吴蛮也选择了离开。

在纽黑文安顿下来后，她开始学习英语，作为研究员进入哈佛大学拉德克利夫高等研究院。她开始担心起她的未来，甚至考虑过放弃音乐转而学习计算机。

但事实证明完全没有必要，经前辈陈怡（作曲家，获得哥伦比亚大学博士学位）介绍，她结识了中国音乐乐团的创始人郑小慧（Susan Cheng），该乐团是专注于中国音乐的纽约合奏团。吴蛮开始与乐团一起表演，同时乐团也为其安排了独奏音乐会。1992年，在匹兹堡举办的一个音乐会上，她引起了克罗诺斯四重奏团的第一小提琴手大卫·哈林顿（David Harrington）的注意，并邀请她加入克罗诺斯四重奏的几个作品中，其中包括谭盾的歌剧《鬼戏》（Ghost Opera）。1996年，马友友邀请她加入丝路合奏团。1999 年，她与马友友一起在白宫的总统邀请宴会上为中国国家总理朱镕基表演。

在 20 世纪 90 年代中期的音乐马拉松盛会上，我第一次听到吴蛮的演奏，当时就震惊于她的声音、技术和富有创意的表现力。此后，她的独奏或是与大型乐团的合奏，总能带给人们惊喜。随着吴蛮音像制品的问世，表现出她对音乐世界的渴望。

例如，2003 年的 CD 作品《琵琶行》(From a Distance)(Naxos World 公司出品)的问世。在这张 CD 中，她组建了一支合奏团，包括作曲家和演奏家 Stuart Dempster 演奏的蒂杰利多 (didjeridu)、长号 (trombone)、滑动哨 (slide whistle)，Abel Domingues 演奏的吉他 (包括弓状的电吉他，声音听起来很奇妙，像中国的二胡)、班卓琴 (banjos)、电子声响，以及 DJ 塔玛拉 (Tamara) 的唱机转盘 (turntables)。这是即兴表演和原创作品合集，将中国传统旋律表现于摇滚乐上。其中一个曲目，是以其家乡命名的《杭州蓝》，她运用了电子琵琶，并使用了哇哇器 (wah-wah pedal)。另外，在 2011 年的《边境之地》(Borderlands) 专辑 (史密森尼民俗唱片公司出品) 中，她聚集了一批来自中亚的音乐家，着眼于该地区的音域及风格的生动的探讨。

"在我近 20 年的音乐生涯里，我一直试图寻找有效的途径，将琵琶和中国音乐文化介绍给西方听众。"吴蛮在她的个人网站上写道，"最近的计划让我有了不同的方向，指引我回到家乡。尽管亚洲文化一直是我音乐精神的根源，在西方生活二十多年后，当我再回头看中国的时候，我发现仍然有那么多迷人的音乐文化需要我继续学习，而且这些音乐能为今天的音乐世界创造更多新的可能。"

迄今为止，鉴于她对自己的音乐旅程已经获得满足感，人们只能期待她新的冒险之旅。

艺术大师吴蛮

乔什阿·克斯曼

San Francisco Chronicle

Virtuoso Wu Man expands horizons of Chinese pipa

Joshua Kosman

Published 5:18 pm, Tuesday, January 21, 2014

Wu Man has brought the pipa into jazz and classical music. Photo: Stephen Kahn

If the pipa - the pear-shaped lute with the distinctively percussive, banjo-like twang - has become increasingly well known outside the world of traditional Chinese music, much of the credit goes to the dynamic and inventive virtuoso Wu Man.

At 40, she is not merely one of the world's greatest exponents of her instrument. She is also an apostle of sorts, spreading an understanding of what the pipa can do while expanding its horizons beyond anything her traditional teachers might have dreamed of.

《旧金山纪事报》
2014年1月21日星期二

如果琵琶这种中国传统乐器在国际上声名远扬，大部分要归功于充满活力和创造力的艺术大师吴蛮。琵琶是梨状外形的琉特琴，不同于打击乐器，具有琉特琴样的拨弦声。

40 岁的吴蛮不仅成为世界上最杰出的琵琶大师，也是形式多样化的琵琶的宣传者，她成就了琵琶跨界到众多的领域中，实现了传统意义上教师梦寐以求的愿望。

她与克罗诺斯四重奏团（Kronos Quartet）以及新锐爵士乐作曲家 Henry Threadgill 合作过，她首演过谭盾和卢·哈里森（Lou Harrison）的作品，她发起了探寻琵琶之源的项目。她仍然继续表演代表着传统文化的艺术名家作品，如《十面埋伏》。

周日，在吴蛮的伯克利独奏音乐会上，她将为听众呈献出风格各异的琵琶曲目，听众能够集中欣赏到她兼收并蓄的表演。

"我将尽力引导观众跟随我的音乐旅程。"在最近一次的采访中，她用流利的、带有浓重口音的英语说，"从远古时期到十九世纪的琵琶风格，从'文化大革命'时期到现代的即兴表演，琵琶讲述着属于自己的故事。"

丰富的曲目

9岁时，她居住在上海附近，那时起接触琵琶至今，所有的琵琶曲目都能成为吴蛮的舞台。而在短短的两个小时内，她并不能表演所有的曲目。作为画家和教师的女儿，她的音乐生涯源于一位发现她音乐天赋的家族朋友。据她描述，最初的过程是相当痛苦的。

"我讨厌琵琶，因为我没有时间和小伙伴们一起玩耍，完成作业后的所有课余时间，我都在练习。但

是大约两年后，我感觉到了音乐上的贯通，真正地开始享受琵琶。"

13岁时，她开始在中央音乐学院学习，这是家庭的荣耀。在这里，学生们的才华被视为国家的荣誉。最初，她的训练专注于传统琵琶的演奏风格以及"文化大革命"期间所青睐的革命歌曲。20世纪80年代初，小提琴家艾萨克·斯特恩（Isaac Stern）和指挥家小泽征尔（Seiji Ozawa）的访问演出，使得她和她的同学们对西方古典音乐有了惊鸿一瞥。

但是她说，真正打开眼界是在1990年她移居美国的时候。

"最终我选择了纽约，在那里参加了所有音乐会，接触到很多不同的音乐风格——爵士乐以及实验音乐，非洲、日本以及韩国音乐。我就像一块海绵。"

Threadgill第一次让吴蛮发现了琵琶的更多奥妙。

"他给我打电话说，'嘿，蛮，我有一个演出，想邀请你尝试琵琶。'那时我很年轻，没有过多地考虑其他。他并不是传统的爵士音乐家，他使用手风琴以及其他从未在传统爵士乐中出现过的乐器。所以我想，'为什么不呢？'"

即兴演奏介绍

即兴演奏在琵琶的音乐传统中

起着重要的作用，但吴蛮并没有完全准备好与爵士乐的第一次即兴表演。

"我们第一次排练时，"她回忆道，"我想先进入状态，然而，每个人都轮流独奏，然后他们说：'好了，吴蛮，轮到你了！'我说：'我该怎么弹？'他们说：'随便！'"

"于是我加入其中开始演奏，渐渐地开始理解。我开始考虑如何把自己的风格融入音乐中，不是模仿吉他，而是琵琶的演奏。"

从那时起，吴蛮及其听众的音乐视野变得更加宽泛。但是，她说她也一直不断地回归到琵琶的传统曲目中去。

"走出去学习，我认为是非常有益的。去发现与其他传统相似的东西，然后再回归。这时，你演奏同一个作品就会有不同的感受，因为你的语言更加丰富了。"

丝绸之路琵琶行

大师吴蛮的世界音乐叙事

琵琶大师

戴纳·彼特森

The Press Democrat
January 9, 2013

Pipa master

Internationally renowned virtuoso on the pipa (Chinese lute) Wu Man has performed with Yo-Yo Ma, the New York Philharmonic and Boston Symphony.

By DIANE PETERSON, THE PRESS DEMOCRAT

When Wu Man used to practice her pipa as a child in China, she would open the windows, and the lute-like instrument could be heard for "miles away."

"It only has four strings," she said in a phone interview from her home in San Diego. "But sometimes, it sounds like a thousand strings."

But it was the pipa's quieter, more spiritual voice that inspired her to pick it up at 9.

"It can be very loud and dramatic and percussive and exciting," she said. "But also the opposite: very elegant and slow and meditative. That's the part that really attracted me."

The world's leading pipa player will reveal the many voices of her pear-shaped instrument this weekend when she gives the American premiere of Zhao Jiping's Concerto for Pipa and Orchestra with the Santa Rosa Symphony.

《民主新闻报》
2013年1月9日

当还是孩子的吴蛮在中国开始练习琵琶时，她就打开了一扇窗，让琉特琴样的乐器的声音响彻"千里之外"。

"琵琶只有四根弦，"吴蛮在圣地亚哥的家中接受电话采访时说，"但有时它演奏出的声音又像是有千万根弦。"

然而，激励着9岁开始学习柳琴的吴蛮，从12岁开始学习琵琶的原因，是它所发出的那种安逸、有灵性的声音。

"它能够弹奏出气势磅礴的、戏剧性的、有冲击力的、令人兴奋的音调。"她说，"但有时也恰恰相反：非常优雅、缓慢和宁静。这才是真正吸引我的地方。"

本周末，世界首席琵琶演奏家吴蛮，将逐一展示这个拥有梨状外形的乐器演奏出的诸多乐曲，她将与圣罗莎交响乐团在美国首演赵季平的琵琶协奏曲。

这场中西合璧的音乐盛宴，由客席指挥家恩瑞克·阿图罗·帝美克（Enrique Arturo Diemecke）担纲指挥，在索诺玛州立大学的绿色音乐厅举行，以莫扎特第十五交响曲拉开序幕，贝多芬第六交响曲《田园》（Pastorale）谢幕。

获得美国2013年度器乐演奏家大奖的同时，吴蛮也被认为是中国音乐大使、当代杰出作曲家、克罗诺斯四重奏团（Kronos Quartet）的长期合作者以及马友友丝绸之路乐团的长期合作者。

最近，她回到家乡中国，领导了旨在保护古琵琶的旋律和传统的多媒体项目。

"我想找到我的音乐之源。"她说，"在跟民间音乐家聊天时，我发现许多传统都已岌岌可危，究其原因在于下一代人都对这些传统失去了兴趣。"

2012年初，吴蛮发行专辑《边境之地》（Borderlands），作为史密斯民俗民族志系列的一部分，主要追溯中国琵琶的历史。

她来到中国的一些边远地区，创作了民间音乐DVD《发现音乐之源：吴蛮音乐寻根之旅》（Discovering a Musical Heartland: Wu Man's Return to China）。

"我制作这部影片，希望中国人能意识到这是中国文化的身份象征，它应该得到保护。"她说，"你不可能总吃麦当劳，有时候，你还是会想吃饺子。"

两千年前琵琶从波斯传入中国，经过多年的发展进化已成为真正的中国乐器。

"压音是非常重要的，"她说，"这源于我们所使用的语言。当我们说普通话时，有四种声调：阴平、阳平、上声、去声。"

演奏时，琵琶直立于大腿之上。背面弯曲向外，像个大汤勺，由坚硬的红木制成。前面是松软的桐木，可以向外传播振动。品丝由竹子制成。

"右手拨弦，"她说，"左手产生颤音、压音和滑音。10个手指必须都动起来。"

19世纪和20世纪，琵琶逐渐发展成为独奏乐器，增加了更多的品丝。但在大型音乐厅里，并不总是能听到弹拨乐器的声音。

"同管弦乐队一起表演时，我必须使用声音增强设备，但声音仍然很小。"她说，"现在所使用的高科技音响系统能把声音放得更大些。"

10月，吴蛮与悉尼交响乐团首演了赵季平的琵琶协奏曲。这是第一次由西方管弦乐团出演琵琶协奏曲。

作曲家赵季平凭借其电影配乐及其渊博的传统音乐知识闻名于世，例如1991 年的《大红灯笼高高挂》和 1993 年的《霸王别姬》。

"10 年前依托丝绸之路项目，我与赵季平老师在坦格伍德首次合作。"吴蛮说，"赵老师同时对西方管弦乐和琵琶都有深入的了解，因此很自然地将二者结合在一起。"

赵季平专门为吴蛮创作的琵琶协奏曲，灵感来源于她的家乡——中国东南部城市杭州——茶馆曲调风格。

"我们有海洋、山脉、竹林和湖泊，"她说，"我们种植绿茶，绿茶在中国是非常有名的。"

协奏曲共有三个乐章，但是是连续地、不间断地演奏。

吴蛮将使用全新的琵琶进行表演。从前使用的琵琶在去年秋天被空乘人员折断了颈部，当时空乘人员试图把琵琶放到某处，却不小心将其掉落。

但是，事情出现了新的转机，全美航空公司决定赔偿她一把新琵琶，而且仍然邀请原先制作那把琵琶的大师在北京制作。

"它有比原先那把琵琶更响亮的声音，"她说，"我原先那把琵琶的声音更温暖。我会继续用它，这就像一个人，要不断进行训练。"

器乐演奏家
大奖获得者吴蛮

詹姆斯·奥斯特莱克

Sinovision
August 26, 2013

Meet Pipa Maestro Wu Man

CLICK HERE TO WATCH THE FULL PROGRAM

Recognized as the world's premier pipa virtuoso and leading ambassador of Chinese music, Grammy Award-nominated musician Wu Man has carved out a career as a composer, soloist, and educator giving her lute-like instrument – which has a history of two thousand years in China – a new role in both traditional and contemporary music. Through numerous trips to her native China, Wu Man has premiered hundreds of new works for the pipa, while spearheading multimedia projects to both preserve and create awareness of China's ancient musical traditions. Her adventurous spirit and virtuosity have led to collaborations across artistic disciplines allowing Wu Man to reach wider audiences as she works to break through cultural and musical borders. In May 2012 Wu Man released her album Borderlands, the final installment of the acclaimed ten-volume "Music of Central Asia" ethnographic series, produced by the Aga Khan Trust for Culture and the Smithsonian Institution Center for Folklife and Culture Heritage, that traces the history of the pipa in China. The Borderlands project led Wu Man to the outskirts of the country to collaborate with musical cultures along the Silk Road including Tajikistan and China's Xinjiang Uyghur Autonomous Region in northwestern China. The result is a DVD and sound recording of folk musicians who would not otherwise be heard outside these regions, and who represent the very beginnings of the pipa's musical tradition. Musicians featured on the album include Abduwali Abdurashidov, Sirojiddin Juraev, Ma Ersa, Abdulla Majnun, Hesenjan Tursun, Sanubar Tursun, and Yasin Yaqup. Wu Man traveled to Singapore in June 2012 to collaborate on a theatrical project by TheatreWorks' artistic director Ong Keng Sen called Lear Dreaming. Based on Shakespeare's "King Lear," the work presented an Asian-inspired interpretation of the drama that culminated in two sold-out world premiere performances during the 2012 Singapore Arts Festival, and required Wu Man to both act and play the pipa.

美国中文网
2013年8月26日

作为世界公认的首屈一指的琵琶演奏家、中国音乐的引领者、格莱美奖提名音乐家，吴蛮画下了她职业生涯里作为独奏家、教育家和作曲家最精彩的一笔。琵琶是拥有两千多年悠久历史的特鲁琴样的中国乐器，吴蛮使其在传统和当代音乐作品中发挥出全新的作用。通过多场次的巡回演出，她首演的琵琶新作已数以百计，其倡导的多媒体项目，保护和开创了中国古典音乐的传统意识。她的作品突破了文化和音乐的边界，她的探索精神和精湛技艺促成了各艺术学科间的跨界合作，并使其作品拥有更广泛的受众。同时吴蛮的努力也得到了认可，她获得了美国2013年度器乐演奏家大奖，这是该奖项设立以来第一次授予非西方乐器的演奏家。2012年5月，吴蛮发行了专辑《边境之地》（Borderlands），以此追溯琵琶的历史。该专辑由阿迦汗文化信托基金会（Aga Khan Trust for Culture）以及史密森尼民俗与文化遗产中心（Smithsonian Institution Center for Folklife and Culture Heritage）共同制作，是广受好评的十卷"中亚音乐"民族志系列的最终卷。为了完成《边境之地》项目，吴蛮来到中国的偏远地区，与沿丝绸之路的音乐文化相互合作。丝绸之路现今包括塔吉克斯坦和中国西北部的新疆维吾尔族自治区。该DVD专辑记录了民间音乐家的作品，他们的声音几乎没有被本地区之外的人听到过，他们代表着琵琶音乐传统真正的开端。专辑里的音乐家包括 Abduvali Abdurashidov, Sirojiddin Juraev, Ma Ersa, Abdulla Majnun, Hesenjan Tursun, Sanubar Tursun 以及 Yasin Yaqup。2012 年 6 月，吴蛮在新加坡与剧艺工作坊（Theatre Works）的艺术总监王景生（Ong Keng Sen）共同合作出演戏剧作品《李尔王之梦》（*Lear Dreaming*）。该剧根据莎士比亚作品《李尔王》（*King Lear*）改编，本次改编融入了亚洲风格，在 2012 年新加坡艺术节期间，以两次预售全部售空的世界首演纪录宣告结束，此次演出要求吴蛮同时参与表演并演奏琵琶。

吴蛮继承的浦东派，是中国最尊崇的传统琵琶演奏派别之一。她是目前公认的传统剧目的优秀倡导者和当代琵琶音乐的引领者，如同当代其他杰出的作曲家：谭盾、菲利浦·格拉斯（Philip Glass）、已故的卢·哈里森（Lou Harrison）、特里·莱利（Terry Riley）、盛宗亮、陈怡等。

琵琶仅适合中国音乐，不能跨界的思想根深蒂固，吴蛮致力于在所有的艺术形式中为琵琶找到一席之地。她让琵琶在多种音乐形式的作品中大放异彩，其中包括新独奏、重奏、协奏曲、歌剧、室内乐、爵士乐、电子乐，戏剧、电影、舞蹈作品，并且与书法家、画家等视觉艺术家也均有过合作。吴蛮所发挥的作用不仅仅是琵琶演奏，还包括唱歌、跳舞、创作和策划新作品。吴蛮在 2008 年受邀加入美国艺术家联谊会，她所做的努力都得到了认可。

吴蛮出生于中国杭州，毕业于中央音乐学院，先后师从林石城、邝宇忠、陈泽民及刘德海，是研究琵琶获得硕士学位的第一人。吴蛮 13 岁进入音乐学院学习，她的试音能力曾被全国刊发的报纸报道，被誉为神童，成为全国公认的青年琵琶演奏者的楷模。吴蛮得奖无数，包括第一届全国演奏大赛金奖。很多新锐的中国作曲家的作品，都是由吴蛮担纲首演。

1979 年，小泽征尔（Seiji Ozawa）和波士顿交响乐团在北京的演出，是吴蛮第一次接触西方古典音乐。1980 年，她参加了小提琴家艾萨克·斯特恩（Isaac Stern）开设的大师班。1985 年，作为中国青年艺术团成员，她第一

次访问美国。1990 年吴蛮移居美国，并被哈佛大学拉德克利夫高级研究学院授予研究学者奖。1999 年，马友友推选吴蛮获得加拿大格林·古尔德新人奖，以奖励其在音乐和交流方面所做的贡献。她也是第一位在白宫表演的中国艺术家。

卡内基音乐厅，
通往中国之路

詹姆斯·奥斯特尔依奇

The New York Times
October 11, 2009

A Path to China, Through Carnegie Hall

By JAMES R. OESTREICH

Wu Man, the pipa player who will curate two evenings of traditional Chinese music at Zankel Hall.

《纽约时报》
2009年10月11日

与两年前的柏林爱乐乐团、上一季的伯恩斯坦音乐节相类似的精心制作，对于卡内基音乐厅而言并没有太大的惊喜。而同样精心策划的中国音乐节这才是惊喜。

"非常好！"卡内基音乐厅执行和艺术总监克里夫·基林森（Clive Gillinson）最近在接受采访时说。对于正在举行的卡内基音乐节，基林森先生感到非常惊喜。他说，除了审视"美国音乐的根源"，他们还打算探索"重大的国际主题"。

"古今回响"（Ancient Paths, Modern Voices）是一场国际化的音乐盛宴，是为庆祝为期三周的中国文化艺术节而精心策划的。这场盛宴将于10月21日在赞克尔音乐厅拉开帷幕，并于周四在加州奥兰治县爱乐学会进行时间更为宽裕的为期六周的演出。

基林森先生很快承认，任何传统意义上的中国音乐几乎都与传统的卡内基音乐会形式相对立。至少到20世纪中叶，在中国依然很少能看到音乐出现在镜框式舞台上，镜框式舞台之下是独坐沉默的听众。若非作为社会化背景被整合到特定的活动或仪式上进行表演，音乐通常就是人们日常生活中的一部分。当人们对艺术的强烈渴望进一步强化时，音乐成为其中具有代表性的包罗万象的形式之一。例如中国戏曲，不仅包括音乐、戏剧、舞蹈、服装和舞台布景，也包括杂技和武术艺术形式。

但是，无论是在中国还是在卡内基音乐厅，传统都已渐行渐远。值得注意的是，最近在中国人们亟需西方古典音乐，尽管这些音乐并不是全新创作的。始建于1879年的上海交响乐团，将于11月10日为卡内基音乐节献上闭幕演出。上海交响乐团是除纽约爱乐乐团外，比目前任何一个美国的主要乐团都要古老的乐团。

卡内基的演出计划中有充分的证据显示，人们对当代音乐仍然抱有热情，而绝不是狂热，这其中包含了许多形式。

一方面，中国作曲家为西方音乐风格带来了全新的视角，这始于北京中央音乐学院引以为傲的1978届学员。那一届是十年"文化大革命"黑暗过后的第一批学员。他们

中的几位在美国已经非常出名，像谭盾、陈怡和周龙。种类繁多的当代中国古典音乐也由美国的合奏团奏响，包括圣路易斯交响乐团、亚特兰大交响乐团、茱莉亚交响乐团和ACJW合奏团。

同时，也有著名的中国演奏家弹奏西方乐曲，包括钢琴家郎朗、李云迪以及上海交响乐团艺术总监、指挥家余隆。除了节庆表演，许多作曲家和演奏家都参与到基林森先生所描绘的、被他称之为"大R&D计划"中。

"没有人知道所有的事情，"他说，"我们的目标是发挥所有智慧，得到最好的想法。"

如果谈及近十年间中国音乐的对外开放，那么就包括卡内基音乐厅，特别是基林森先生有计划、多学科、多机构的音乐节中。这次的"古今回响"音乐会，卡内基列出了纽约广告节的合作伙伴，亚洲学会、中国学院、美国华人博物馆以及其他团体。

基林森先生说，或许适合举行这次活动的音乐厅，应该是具有多功能性、相对随意、具有中等规模且传统模式的音乐厅，而已经建成六年的赞克尔厅完全符合。卡内基指定赞克尔厅作为两晚传统之夜的会场，除了非常重要的音乐节外是十分罕见的。

这两晚的音乐会都是由吴蛮策划。吴蛮，才华横溢的琵琶演奏大师。琵琶是拥有自信声音的中国琉特琴（如果自信可以用在琉特琴上）。吴女士，出生于杭州，现居于圣地亚哥。在最近一次采访中她说，她多次回到中国去寻找"什么是真正的中国音乐？"这次采访是在大都会博物馆举办的"丝与竹：中国的音乐与艺术"展会上进行的，也属于音乐节的一部分。

吴女士观赏过许多地区的表演，有时也伴随着一些困扰，但对于"'真正的'中国音乐是由什么构成的"这样的问题，她从未获得过唯一的答案。"我们在西方听到的音乐，多数都是中国的城市音乐。"她说，"我想寻找有价值的音乐，寻找那些从来没有在城市里、没有在村庄外被听到过的音乐。"

因此，此次她所呈现的是乡村音乐表演，从古代宫廷和仪式的旋律到民间曲调。"我希望这个音乐节能够帮助中国实现中国音乐的认同。"她说，"我敢肯定它会改变，我希望它不会消失。"

在大都会博物馆的展会上，吴女士看中了一把装饰华丽的明代琵琶。尽管还没有行动，但她决心拥有它。她也是音乐节外围计划《中国之屋》（*A Chinese Home*）的主要演员。这是一部关于对中国历史沉思的作品，她与克罗诺斯演奏组合作演出，是卡内基"视角"系列作品的一部分，此外该剧由戏剧导演陈士争执导。陈士争曾执导过备受盛赞的中国歌剧《牡丹亭》，这部作品诞生于十六世纪。《中国之屋》将于 11 月 3 日在赞克厅上演，灵感源于具有 300 年历史的老房子，现今这所房子已从中国东南部运至马萨诸塞州的塞勒姆，在埃塞克斯博物馆重新组装。

"在这间房子里发生了很多任何家庭都可能发生的故事。"吴女士说。

"我们没有作曲家。"她补充说，似乎有点骄傲。创作者通过筛选中国音乐史，编辑整理民歌和其他当地素材完成创作。

看起来雄心勃勃，但"古今回响"却也让基林森先生有些许失望。他原本希望以京剧这种经济衰退的牺牲品、唯一的受害者的剧目为代表，拉开音乐节的序幕。同时他并不认为这是一种只能触及到项目表面而造成的严重损失。"我们不是要写一本百科全书，"基林森先生说，"因为你不会乐于读百科全书。我们正试图完成的是一本小说。"

他指出，尽管规模小于典型的中国戏剧，但泉州木偶剧院的演出将成为音乐节的开幕活动。

他说，考虑到需要大量的相关专业知识，音乐节的重要环节不能用于教学活动，这也是令人遗憾的地方。即便如此，仍将有广泛的街道及社区活动，

尤其在皇后区。

　　他说："我们正试图体验不同的事物。我们会继续探索，希望这只是旅程的开始。"

吴蛮首次访问新奥尔良 并与路易斯安那爱乐乐团 联袂出演中国琵琶协奏曲

克里斯·瓦丁顿

Times-Picayune
January 28, 2014

Wu Man visits New Orleans to premiere a concerto for Chinese lute with LPO

Wu Man will play the pipa, a four-string Chinese lute, in a Jan. 31 New Orleans concert with the Louisiana Philharmonic Orchestra. (Wu Man)

By Chris Waddington, NOLA.com | The Times-Picayune

New Orleans produced jazz, gumbo and other cultural mash ups, so it's only natural for our resident orchestra to work with Wu Man, the world's pre-eminent advocate for the pipa, a four-string Chinese lute with a 2,000-year pedigree.

The Grammy-nominated string virtuoso will join the Louisiana Philharmonic Orchestra on Friday (Jan. 31). Famed for her cross-cultural collaborations with Kronos Quartet, Yo-Yo Ma and a host of Western composers, Wu Man brought down the house with the LPO during a 2009 performance of a Lou Harrison concerto.

"We were very excited after that show and immediately began talking about a return visit – and the possibility of a commissioned work," Wu Man said. The LPO joined with other orchestras to commission a piece from Zhao Jiping, a noted Chinese composer of film and orchestral works that Wu Man had met through Yo-Yo Ma's Silk Road Project.

"Zhao Jiping understands the pipa and the Western orchestra, and he's skillful at blending their colors," Wu Man said. "But his music goes deeper than that. For this concerto, he draws on traditional Chinese folks songs, including one from my hometown, and he makes music that has a real narrative quality. That's very important in China, where the musical mood is expected to build on poetic titles."

Wu Man premiered the work with an Australian orchestra in October. About ten European and American orchestras joined in the commission.

《时代花絮报》
2014年1月28日

新奥尔良盛产爵士乐、秋葵和其他混搭文化，因此对于我们的常驻乐团来说，与吴蛮的合作是自然而然的事。吴蛮是世界上最杰出的琵琶乐倡导者，琵琶是四弦的中国琉特琴，距今已有两千多年的悠久历史。

格莱美奖提名的弦乐演奏家吴蛮将在本周五（1月31日）与路易斯安那爱乐乐团联袂表演。她凭借与克罗诺斯四重奏团（Kronos Quartet）、马友友以及诸多西方作曲家间跨文化的合作闻名于世。2009年，她曾与路易斯安那爱乐乐团出演卢·哈里森（Lou Harrison）创作的协奏曲，博得满堂喝彩。

"那次演出之后我们都非常兴奋，并且立刻开始讨论巡演以及委约作品的可能性。"吴蛮说道。路易斯安那爱乐乐团加入了与其他乐团共同委约出演赵季平音乐作品的行列。赵季平是中国著名电影作曲家和管弦乐作曲家，通过马友友的丝绸之路计划与吴蛮结识。

"赵季平熟知琵琶和西洋管弦乐，他精于将两者巧妙地结合。"吴蛮说，"他的音乐远比这些深刻。这首协奏曲，他借鉴了传统中国民歌，其中包括来自我家乡的曲调，并且赋予音乐真正的叙事特征。在中国，这点非常重要，音乐的意境被认为应当建立在诗题之上。"

10月，吴蛮与澳大利亚管弦乐团首演，大约包括欧洲和美国在内的近10个乐团加入了本次委约。

"当我出演协奏曲时，我感觉自己像是位叙事者，女性的吟唱声凌驾于所有乐器之上。"吴蛮说。

她利用乐器强有力的颤音，变幻出声乐家发出的持续圆滑的声音。

"琵琶本身就能制造出打击和拨弦的声音，而我使用右手的颤音演绎出有弧度的声音，又是非常接近人声的。"她说。

在与西方音乐家排练期间，她建议他们使用自己经常运用的中国技巧。

"依靠乐谱进行细致入微的交流是非常困难的，因为中国对乐曲的修饰非常不同于西方经典的修饰方法。对我们的传统至关重要的是，如何在音符和速度快慢之间悄然转换，也就是韵律。"她说。

吴蛮说，这些天，她与西方艺术家坦诚地交换了意见。"三十年前，没有人想为中国乐器谱写协奏曲。琵琶不为外界所知，中国自身是封闭的。""现在的社会万象更新。在充满 iPhone 和 iPad 的世界里，哪里是边界？现在正是邂逅和创作音乐的时机。"

路易斯安那爱乐乐团的独奏者吴蛮，与怀旧情愫相碰撞的浸润着民族风的新奥尔良首演

克里斯·瓦丁顿

吴蛮来到新奥尔良与路易斯安那爱乐乐团首演最新创作的一支协奏曲。星期五，当她拿起琵琶演奏时，这位格莱美奖提名者、中国演奏家希望能够重拾青春。

"当乐团希望我加入这首作品时，我心潮起伏。"吴蛮在1月30日接受采访时说。"赵季平创作的这首作品中的民歌旋律部分，灵感源于我的家乡，而且任何中国人都能立刻听出来。自从20年前我来到西方，中国已经发生了翻天覆地的变化。当我重返故里，几乎认不出我的家乡。"

当这位49岁的演奏家还是小女孩时，在杭州（上海以南约一个小时的车程）到处都能听到琵琶的弹奏声。这种琉特琴样的乐器在中国拥有两千年的悠久历史，是这个国家民间音乐和古典音乐的重要组成部分。

走出国门，吴蛮做了很多推广琵琶的工作。她与克罗诺斯四重奏（Kronos Quartet）、马友友以及诸多西方作曲家间都有跨文化的合作。2009年，她与路易斯安那爱乐乐团出演的卢·哈里森（Lou Harrison）专门为其创作的协奏曲赢得了高度赞誉。

赵季平创作的这首协奏曲的场景设定，赢得了吴蛮的赞赏，他描绘了中国独特的美感。（欲了解更多有关路易斯安那爱乐乐团的共同委约事项，请参阅我们最近的文章《吴蛮首次访问新奥尔良并与路易斯安娜爱乐乐团联袂出演中国琵琶协奏曲》。）

"对我来说，琵琶是古老中国山水画的一部分，正如从前我在杭州所看到的那样。但是，现在的那里充斥着嘈杂，到处都是纵横高速公路的工业城市，而不再是曾经那个优雅的、在湖边骑自行车就能看到星光明月的地方。它消失了，但在这首协奏曲里却能清晰地看到杭州的过去。"

古老乐器在海外
重获新生

卡罗里纳·巴尔格

CHINA DAILY USA

March 1, 2013

Breathing new life for an ancient instrument abroad

By Caroline Berg in New York (China Daily)

Chinese pipa player, Wu Man, finds it difficult to say "No" to potential performances and projects, because spreading her native land's music and culture is her life's work.

"Any chance I can do a concert or participate in a collaboration, I do whatever I can to make the pipa visible on the global stage," Wu said. "The work never stops, but it's something I feel I must do."

Most recently, Wu partnered up with the New York-based orchestral collective The Knights for a concert series spanning 10 US cities, which concluded in California in mid-February.

Wu Man suited up for the winter cold after rehearsing with her friends, The Knights orchestral collective, in preparation for a performance at the Asia Society earlier this month in New York. Caroline Berg / China Daily

"The Knights are all my friends, so I can't say no," Wu said after a rehearsal for a performance at the Asia Society in New York. "I said no a long time ago, but they just kept asking me."

Apart from their friendship, Wu values the young talent driving The Knights, as well as the group's international spirit, she said.

"It's so much fun to play with someone like Wu Man and bring these two elements of traditional Chinese music and classical Western music together," said Colin Jacobsen, violinist and co-founder of The Knights. "She's created a new body of repertoire with her pipa that was not present on the music scene before."

The concert series program featured two original Wu compositions, one based on a folk tune by the Li tribe of Southeast China and another inspired by a tune she once overheard her four-year-old son humming.

"The music showcases her personality, and playing it is a very intimate experience," Jacobsen said. "The way Wu Man sings as she bends notes on her pipa is like nothing else."

The tour took the music troupe to a number of universities including the University of Louisville in Kentucky, the University of Texas at Austin and the University of California, Santa Barbara.

"The most valuable thing about playing at universities is we always get the chance to meet with the students and do some education programs," Wu said. "For me, interacting with the students is really valuable, to know what students went to know about the pipa and what they think about culture and music."

Despite her established fame as a pipa player, Wu Man also hopes to be known as an educator, she said.

"At a certain age, when you get old, your experiences make you see the world in a new way," Wu said. "Spreading pipa culture feels a bit like a responsibility."

《中国日报》
2013年3月1日

中国琵琶演奏家吴蛮，几乎从不对任何可能的表演机会说"不"，因为传播祖国的音乐和文化已经成为她终生的事业。

"我尽我所能，抓住任何可能举办音乐会和与其他音乐家合作的机会，让琵琶进入世界舞台。"吴蛮说，"虽然这项工作从未停止过，但我觉得这是我必须做的事情。"

最近，吴蛮与纽约的骑士管弦乐队建立了合作关系，他们的系列音乐会横跨美国 10 个城市，2 月中旬结束于加利福尼亚州。

"骑士乐队的成员都是我的朋友，我不能拒绝他们的邀请。"在纽约亚洲协会的一次演出排练之后，吴蛮说，"很早以前我拒绝过他们，但他们还是不停地邀请我。"

她说，除了和骑士们的友谊，她更看中的是天才青年们所驾驭的乐队及其国际主义精神。

"同吴蛮的合作演出是非常愉快

的事情，中国的传统音乐和西方的古典音乐两种元素结合在一起非常有趣。"骑士乐队的共同创始人小提琴家柯林·贾柯柏森（Colin Jacobsen）说，"她用她的琵琶创造了一种全新的曲目，在此之前这样的音乐现场是不存在的。"

系列音乐会的曲目中精选了两首吴蛮自己的原创作品，一首源于中国东南地区李氏家族的民间曲调，另一首其灵感则源于偶然间听到的她4岁儿子哼唱的小曲。

"音乐能够展现出吴蛮的个性，演奏音乐的过程正是她内心的经历。"贾柯柏森说，"她的琵琶的压音演奏方式很独特。"

这次的巡演去了许多大学，其中包括肯塔基州的路易斯维尔大学、德克萨斯州大学奥斯汀分校、加州大学圣塔芭芭拉分校。

"在大学作表演最有价值的事情是我们常能与学生见面，从而有机会做一些教育项目。"吴蛮说，"对我来说，与学生的互动是非常有价值的，由此知道了学生想了解琵琶哪些方面的知识，以及他们对文化和音乐的想法。"

吴蛮说，尽管她已经成功塑造出琵琶演奏家的声誉，但她更希望成为人们熟知的教育家。

"当你成长到某一特定的年龄，你的阅历会让你用不同的方式看待这个世界。"吴蛮说，"传播琵琶文化感觉有点像是一种责任。"

她担心中国的学生正逐步放弃他们的文化根源，取而代之的是流行音乐和西方文化；同时她认为中国的决策者应该投入更多的努力，规划更多包含传统音乐教育的课程。

"我不希望有一天琵琶会消失，"吴蛮说，"这一代的整体教育体系应该让更多的人关心琵琶的生存，并构建出教育的一揽子计划。"

尽管如此，吴蛮可以理解为什么人们对传统文化的兴趣会逐渐减弱。她说，当她在中国还是学生的时候，她并不关心京剧；相反，她很好奇西方音乐传统，好奇美国的音乐家是什么样子。

1985年作为中国青年艺术团的成员，她第一次访问美国。1990年吴蛮移居美国，并被哈佛大学拉德克利夫高级研究学院授予研究学者奖。

从那以后，她一直居住在美国，参与过许多项目，促使琵琶在协奏曲、歌剧、室内乐、爵士乐、电子乐以及戏剧、电影、舞蹈作品中成为一大亮点，并且还与书法家、画家等视觉艺术家共同合作表演。

"经历了20年美国的生活，我发现我已经做了很多，因为有许多的信息、创作和不同的文化。"吴蛮说，来自世界各地的音乐家都是她的合作伙伴，"那

丝绸之路琵琶行·大师吴蛮的世界音乐叙事

是你在中国永远无法得到的东西。"

不过，吴蛮说她通过琵琶始终与祖国保持着联系。

"20年后，回溯你的根源、传统，你会发现你实际上是非常在意它的。"吴蛮说。

"来美国的经历，使我更欣赏中国。"吴蛮说，"我知道它们之间的区别，我比较过，我学习到了许多的文化，我知道中国最独特的就是现在。"

吴蛮鼓励学生和专业人士思考琵琶的多样性。经过无数次的合作，她已经证明，传统乐器有着更惊人的能力击破古板的音乐守则。曾经有个项目她使用了电子琵琶，她回忆道。

吴蛮感兴趣的事情并不仅仅是被塑造成为别人的音乐增添色彩；她说她会策略性地选择合作伙伴，以确保每个项目背后都有明确的目标。

吴蛮下一个努力的方向是研究维吾尔族的传统音乐和民歌。在最新专辑《边境之地》（ Borderlands ）的录制期间，吴蛮结识了维吾尔族音乐家，在与他们工作期间，她对传统产生了极大的兴趣。今年三月，吴蛮计划前往一个维吾尔族音乐家的家乡，位于中国西北部的新疆维吾尔族自治区的一个村庄，她的下一个合作项目将在那里与维吾尔族音乐家们共同完成。

"维吾尔族的音乐和文化，对我来说是个神秘地带。"吴蛮说，"但琵琶本就源于新疆地区，源于中亚，就好像琵琶回到了家乡。"

最后，吴蛮希望明年能带领这支团队来到林肯中心剧院演出，去改变在西方舞台上中国民族艺术缺乏代表性的现状，这是吴蛮使命的一部分。

"人们说某种程度上我是中国的文化大使，我不确定是否是这样。"吴蛮说，"我没有为中国政府做任何事情。这仅仅是我个人的强烈感情，我热爱它，我想这样做。"

与丝路合奏团的合作，
迎来了吴蛮的飞跃

科里·马克米兰

CHICAGO SUN-TIMES

October 10, 2012

Wu Man finds her stride with Silk Road Ensemble

BY KYLE MACMILLAN

The Silk Road Ensemble (with Yo-Yo Ma and Wu Man (front row from left) performs in concert on Oct. 13 at Symphony Center.

Beginning in 2000, however, the Silk Road Ensemble expanded this idea in innovative ways, looking to the East and West for inspiration and enriching its music with related cross-cultural educational initiatives.

The presence of cellist Yo-Yo Ma, one of the most beloved classical artists in the world, as its artistic director gave the group immediate legitimacy and stature in the field, and it has gone on to become a big hit with audiences worldwide.

The ensemble, with 13 diverse artists from such countries as Iran, Spain, Israel and Japan, will perform at 8 p.m. Oct. 13 in Symphony Center in its first appearance in Chicago since its seasonlong Silk Road Chicago project in 2006-07.

While Ma remains the most visible face of the ensemble, its popularity has done a great deal to heighten the profile of its participants, none more so than founding member Wu Man.

The 48-year-old Chinese-born musician is likely the world's most widely known player of the pipa, a four-stringed Chinese lute with a history that dates back some 2,000 years.

Though it is primarily a folk instrument, Wu Man has taken the pipa in unprecedented directions, performing with orchestras and chamber groups like the Kronos Quartet and Brooklyn Rider. She has proven that it can be a concert instrument every bit as expressive as its Western counterparts.

While she can deliver the meditative, mournful sound for which the instrument is best known, Wu Man has shown it to be much more versatile, drawing a host of other nuanced timbres from it and achieving surprising speed and punch.

"I've tried to change the image of the instrument," she said from her home in Carlsbad, Calif. "Could it do much more than people think?"

After immigrating to the United States in 1990, the ever-adventurous musician was always on the lookout for new, unusual challenges. When Ma approached her about joining the cross-genre Silk Road Ensemble, she leaped at the chance.

"First of all, Yo-Yo Ma wanted to do it? Of course," she said. "And secondly, this was exactly what I was looking for, exactly my goal of wanting to expand my pipa repertoire and to see how my instrument could be more visible to people outside Chinese society."

Beyond simply raising her visibility, she said, the group has allowed her to perform with an array of other musicians — one of her passions — and it has improved her playing in ways that could not have foreseen.

"Ten years ago, I may [have] been a good musician, but now I feel I'm better person, a better musician and I have a wider knowledge of what it means to be a musician," she said.

Chicago is the second stop on a three-city Silk Road Ensemble tour that will feature two world premieres: "Playlist for an Extreme Occasion" by American jazz pianist Vijay Iyer and "Sacred Signs" by Uzbek composer Dmitry Yanov-Yanovsky.

《芝加哥太阳时报》
2012年10月10日

早在 2000 年，凭借创新的表演、在东西方之间寻找灵感以及依靠相关的跨文化教育活动丰富其音乐内容的方式，丝路合奏团有了关于表演形式的新思路。

世界上最受欢迎的古典艺术家之一、丝路合奏团的艺术总监、大提琴家马友友带领团队在该艺术领域获得了最高赞誉的声望，并受到世界各地音乐爱好者的广泛好评。

这支由来自伊朗、西班牙、以色列和日本的 13 位不同领域的艺术家组成的乐团，将于 10 月 13 日晚上 8 点在芝加哥交响中心演出。这是其 2006－2007 丝绸之路芝加哥项目以来的首次亮相。

虽然马友友是乐团中最受瞩目的表演者，乐队的受欢迎程度也提高了每位参与者的知名度，但没人比得上创始成员吴蛮。

这位 48 岁，出生在中国的音乐家大概是世界上最知名的琵琶演奏家。琵琶，这种四弦的中国琉特琴般的乐器，距今已有两千多年的历史。

尽管琵琶主要是一种民间乐器，但通过与诸如克罗诺斯四重奏、布鲁克林骑士合奏团等管弦乐队及室内乐团的合作表演，吴蛮将它引领至前所未有的新高度。

虽然琵琶最负盛名的是其能传递出沉寂哀伤的音色，但吴蛮却仍致力于多方位展示琵琶，她所演绎的有细微差异的音色都展现出琵琶惊人的速度和冲击力。

"我试着改变这个乐器在人们心中的印象，"在她加利福尼亚州卡尔斯巴德的家里，吴蛮说，"它可以做比人们想象中更多的事情。"

1990年移民到美国后，吴蛮，这位具有不断冒险精神的音乐家，总是在寻找新的、异乎寻常的挑战。当马友友找到并邀请她加入跨界的丝绸之路合奏团时，她毫不犹豫地抓住了机会。

"首先，当然是因为这是马友友想做的事。"她说，"其次，这也正是我一直以来所追寻的、想实现的目标，也就是丰富琵琶曲目以及让中国社会之外的人更多地关注琵琶。"

她说，除可以单纯地提高她的知名度外，乐团允许她与其他音乐家合作表演，这也是她抱有热情的原因之一。与其他音乐家的合作，出乎意料地丰富了她的表演方式。

她说："十年前，我可能是优秀的音乐家，但现在我觉得我是一个更好的人，更好的音乐家，我拥有对于音乐家来说更渊博的知识。"

芝加哥是丝路合奏团三城市巡演的第二站，将精选两场世界首演：美国爵士乐钢琴演奏家威杰·耶尔（Vijay Iyer）创作的作品《狂热时刻播放歌单》（Playlist for an Extreme Occasion）以及乌兹别克斯坦作曲家（Dmitry Yanov-Yanovsky）创作的作品《神圣标志》（Sacred Signs）。

后者是由乐团的13名成员共同演奏的时长55分钟的协奏曲，10个乐章中的每一部分突出一两位演奏家的表演，最后完整呈现出整个乐团。其中第九部分，《在舞蹈》，着重突出了吴蛮的表演。

"我认识这些音乐家的时间已经超过了12年，这部作品最主要的特点是试图针对每个人的独特性作展示。"作曲家德米特利·雅诺夫－雅诺维奇在电子邮件中说。

9月30日在卡罗莱纳表演艺术节"春之祭100周年"庆典上，《神圣标志》第一次被奏响，这首作品的灵感源于斯特拉文斯基（Igor Stravinsky）曾经激进的芭蕾的百年纪念。"我并没有直接引用《春之祭》，但乐章确实沿用了它的创作及结构、意念及韵律。"德米特利·雅诺夫－雅诺维奇如是说。

弹奏琵琶的女性

恩雅·瓦森伯格

THE HUFFINGTON POST

July 15, 2012

The Woman Who Plays the Pipa

By Anya Wassenberg

Borderlands: Wu Man and the Master Musicians of the Silk Route on the Smithsonian Folkways label is the 10th and final CD/DVD set in the award-winning "Music of Central Asia" series, co-produced with the Aga Khan Music Initiative. It follows the journey of musician Wu Man in finding the future of her instrument, the pipa, in its past.

The music on the CD is hypnotic and quite haunting, and often evocative of the wide open spaces of the Eurasian high plains and steppes. It ranges from folk songs to new compositions and improvised pieces, from slow paced to lively and percussive, with wonderfully nimble vocals on some tracks.

I spoke with Wu Man recently over the phone about the project. The pipa is stringed and something like a lute, and like so many musicians in our global era, her love of a traditional instrument has led her on a continuous search to bring it forward into the modern era via collaborations with artists of many different stripes.

"My instrument, the pipa, has a long history in China. It's quite popular," she explained. As a child, she was taught to play traditional songs on the pipa in school, and while she fell in love with the instrument, she soon found that she'd exhausted the possibilities of the 20-25 pieces in the traditional repertoire. She was the first recipient of a master's degree in pipa from the Central Conservatory of Music in Beijing. "When I was in school in Beijing, I was already interested in all sorts of things," she says. "Then the question was brought up, so what's next?"

It was musical curiosity that led her to explore styles beyond the traditions she knew. "That's what brought me 20 years ago," she says of her move to North America and its unique position as the crossroads of world cultures." After 20 years in the West, I've been involved in many collaborations, including Western music and world music." She's worked with the Kronos Quartet and Yo-Yo Ma, and now plays as part of his Silk Road Project. She has played with the New York Philharmonic and The Boston Symphony Orchestra, among many others. When the City of Toronto awarded the Glenn Gould prize in 1999 to Yo-Yo Ma, he selected Wu Man to receive the Glenn Gould Protégé Prize.

The impulse to experiment has been a constant in her career. "I wanted to see, as a musician, what else I could do." Modern music and that of cultures other than her native China would enlarge the repertoire, but eventually, she was led back to the very origins of the instrument. "I'm looking for my own roots," she explained of the Borderlands project. "The pipa is not regionally from China, it's from Central Asia." The pipa made its way to China some 2,000 years

《赫芬顿邮报》
2012年7月15日

《边境之地》（*Borderlands*）是吴蛮与丝绸之路音乐大师的作品，由史密森尼民俗唱片公司及阿迦汗（Aga Khan）音乐倡导者联盟联合制作，是受到广泛好评的十卷"中亚音乐"系列的最终卷CD/DVD。这张作品让人能够跟随音乐家吴蛮的旅程，在琵琶逝去的岁月中，找寻它的未来。

CD中收藏的音乐引人入胜，让人难以忘怀，常常令人回味起欧亚大陆平原和草原的辽阔。它把民歌划分为全新创作和即兴演奏两种作品，把慢节奏作品改编为充满活力和冲击力的作品，在一些乐曲中还穿插着美妙且具有灵性的歌声。

我最近一次是通过手机与吴蛮谈起这个项目。琵琶是有弦的，像琉特琴一样的乐器。如同全球化时代的许多音乐家那样，对传统乐器的热爱促使她不断探索，通过与许多不同类型艺术家的跨界合作，将琵琶引领至新时代。

"琵琶，在中国有悠久的历史，很受欢迎。"她说。当她还是孩子的时候，在学校里学习用琵琶演奏传统曲目。当她爱上琵琶的时候，很快便意识到她只能演奏琵琶仅有的20-25首传统曲目。她是获得中央音乐学院琵琶硕士学位的第一人。"当我还在北京读书时，我就已经对各种各样的事情感兴趣了。"她说，"然后问题来了，下一个目标是什么？"

对音乐的好奇心驱使她去探索并超越她所知的传统风格。"正是这样，20年前我来到这里。"她移民到北美，那里是世界文化的交叉口，具有独特的地理位置。"在西方的20年间，我参与了包括西方音乐

和世界音乐在内的许多合作项目。"她曾与克罗诺斯四重奏（Kronos Quartet）以及马友友合作过，现在她仍然是马友友丝绸之路音乐计划的合作者。她曾与纽约交响乐团、波士顿交响乐团以及许多其他乐团联袂表演。1999年多伦多城市授予马友友"古尔德"奖时，他极力推荐授予吴蛮"古尔德新人奖"。

尝试突如其来的想法，一直是她职业生涯中恒久不变的理念。"我想看看，作为音乐家，我还可以做哪些事情。"现代音乐以及诸多迥然于中国的文化丰富了琵琶曲目，但最终，她还是被带回了乐器的起源地。"我在寻找根源。"她解释《边境之地》项目时说，"琵琶并非源自中国，而是中亚。"它在两千多年前通过人们熟知的丝绸之路来到中国。丝绸之路有时也被称为丝绸路线，它是联络欧洲和亚洲的贸易商线。

具体来说，琵琶起源于维吾尔族文化，其发源的突厥部落历史可以追溯到大约公元前300年。伴随许多其他的游牧文化，音乐主要以叙事功能为主，包括史诗故事、诗歌以及器乐作品，有时还带有宗教背景。这张CD便反映出歌曲名字的传统性。例如《嘿,孩子》《亲爱的》《唯一的痛苦》，这几首曲子描述的是爱以及乡间美景。

吴蛮将琵琶带回到中亚，和在

当地仍然保留的坦布尔琴和都塔尔琴共同演奏。他们的音乐聚会并不像久未谋面的家庭团聚，在某些方面是自然的，但在某些方面则具有挑战性。她解释说："我的意思是说，在某些方面自然，但其实现代琵琶的语言是非常中国化的。如果我演奏佛教音乐，会听起来更自然。"但其实，琵琶赞美诗般的音色也适合于中亚和伊斯兰文化所固有的音乐。"琵琶的音色十分自然。"虽然语言不同，但感觉相同。"这使得我能够无限可能地丰富自身的专业知识。"她解释说。

"很多作品是基于即兴创作的。"吴蛮邀请有经验的音乐家（如 Abdulla Majnun）和声乐家（如 Ma Ersa）首先表演，她跟随并融入其中，这些艺术家在他们的家乡都是知名人士。DVD 中展示了一些即兴表演作品，都是逐步形成条理的，音乐家真正地享受其中。

"它将一直伴随着我。"

这张 CD 的合作者包括来自塔吉克斯坦的坦布尔琴演奏家 Abduvali Abdurashidov 和都塔尔琴演奏家 Sirojiddin Juraev，中国甘肃省的声乐表演家 Ma Ersa 以及中国新疆维吾尔族自治区的都塔尔琴、弹布尔鼓、声乐表演 Abdulla Majnun，塞塔琴演奏家 Hesenjan Tursun，歌唱家 / 词曲作者、都塔尔琴演奏家 Sanubar Tursun，鼓演奏家 Yasin Yaqup。

（http://www.huffingtonpost.ca/anya-wassenberg/pippa_b_1666834.html）

音乐节访谈
琵琶演奏家的使命是将全新的音乐体验带到美国

Ancient Paths, Modern Voices
Gramophone

The Festival Interviews

Wu Man

The pipa virtuoso is on a mission to bring new musical experiences to the US

If any one artist has become an ambassador for multiple artistic communities, it's the vibrant pipa master Wu Man. A one-woman force of nature, she is a key figure not only for bringing Chinese traditional music to new audiences, but is becoming a muse for all manner of contemporary composers, from Tan Dun to Terry Riley.

The pipa is one of the world's oldest and most refined instruments: lute-like, with a long, straight neck, four strings and 26 frets. Nearly 20 years after she first arrived in the US, it wouldn't be fair to characterise her as just a Chinese classical artist. She has played everything from jazz to avant-garde to Appalachian folk music to Bollywood hits. Her frequent collaborations form a "who's who" in classical music, from Yo-Yo Ma to Philip Glass.

Her virtuosity is stunning, even to those who know little about Chinese classical music—and has not gone unnoticed. A Grammy nominee this past year for her recording of Tan Dun's Pipa Concerto, she has performed with the world's top orchestras, concert venues and festivals, as well as playing at the White House.

It's not a bad resume for someone who arrived in the US in 1990 with an uncertain future that was anchored only by English as a second language courses at an adult education center in New Haven. She spent her weekends in Manhattan basements playing with other Chinese émigré musicians.

Staring down a whole array of preconceptions in both the East and West has been an ongoing undercurrent to her work, but

this elegant and lithe performer makes such struggles seem lightweight. Her face lights up as she grinningly recounts a recent anecdote. "I was just at a music festival in Colorado," she says, "where I was doing a panel discussion. An audience member asked me, 'Why are you here?' I answered, 'Because I want to prove that the Chinese can play more than just piano!'"

She's done more than that. A native of the eastern coastal industrial city of Hangzhou, Wu Man studied at Beijing's Central Conservatory of Music, where she won admission at the age of 12 and became the first student ever to receive a master's degree in the pipa. "Back then," she notes, "I didn't really know anything about our folk music traditions. It was only much later that I had the chance to discover them for myself—and, in many ways, rediscover myself in them, too."

Wu Man says that the Chinese system of musical education for years bore many similarities to the Soviet system, in terms of how music—and particularly folk music from across a vast nation—was cultivated, and

chronicled and even homogenized into ultra-polished, large-scale and rather flavorless arrangements. "We didn't have much information on all these different traditions," she says. "So there was definitely a loss of culture and identity. But there are positive benefits to the Chinese system as well."

So, for instance, the Music Research Institute at the China Academy of Arts helped Wu Man in her discovery of folk artists. "China is such a huge country with an enormous range of traditions: northern, southern, urban, rural, all kinds of styles," she offers. "This institute in Beijing has been collecting materials for over 50 years and they were a great help to me. They helped me winnow down the artist selection for this festival from hundreds and hundreds of possibilities."

In the US, Wu Man has become closely associated with new music, working with such composers as Philip Glass, Lou Harrison, Bright Sheng and Terry Riley. She notes, however, that contemporary music has been one of her loves since her student days in Beijing. "As it

---

如果要说某位艺术家是多个艺术团体的大使，那一定是充满活力的琵琶演奏大师吴蛮。她是位有影响力的女性，她是位重要人物，她不仅为中国传统音乐带来新受众，更是形形色色音乐家的灵感女神，从谭盾到特里·莱利（Terry Riley）。

琵琶是世界上最古老、最精致的乐器之一：具有琉特琴的外形、长且直的琴颈、四弦和二十六品。从吴蛮第一次抵达美国至今近 20 年的时间里，如果对她的评价仅仅是中国古典艺术家，这是不公正的。她表演过各种类型的曲目，从爵士乐到先锋派音乐，从阿巴拉契亚民间音乐到宝莱坞电影音乐。她与位列古典音乐"名人录"里的音乐家频繁合作，从马友友到菲利普·格拉斯（Philip Glass）。

甚至对于那些几乎不知道和从未注意过中国古典音乐的人来说，

她的精湛技艺同样令人震惊。在过去的一年里，她录制的由谭盾创作的《琵琶协奏曲》荣获格莱美奖提名，她曾与世界顶级乐团合作，多次出现在音乐会、音乐节上，而且她曾在白宫表演。

对于这位 1990 年就来到美国，对于一个对未来毫不确定的人来说，这是一份还不错的履历。那时的她，寄希望于纽黑文成人教育中心的英语课，周末时光是在曼哈顿地下室与其他来自中国的移民音乐家一起演奏。

审视东西方文化的诸多冲突，是她作品不断前进的驱动力，这位优雅而轻盈的演奏者使得这场斗争显得无足轻重。她兴高采烈地讲述了最近发生的轶事。"在科罗拉多州的一个音乐节上，我举行了一次小组讨论。"她说，"一位听众问我，'你为什么会在这里？'我回答道，'因为我想证明，中国人可以演奏的不仅只有钢琴！'"

她所做的不止于此。土生土长在中国东部沿海工业城市杭州的吴蛮，12 岁时就被中央音乐学院录取，并成为获得琵琶硕士学位的第一人。她解释说："那时候，我并不真正地了解我们的传统民间音乐。很久以后，我才有机会去认清它们。而且，在许多时候，也是从它们当中重新认清了自己。"

吴蛮说，就音乐方面，特别是在一个幅员辽阔的国家民间音乐方面，如何培养、记录乃至统一成超完美、大规模且相当繁琐的种类而言，多年来中国的音乐教育体制，与苏联的体制有很多相似之处。她说："我们没有这些不同传统文化更全面的信息，所以注定在文化的认同上有所缺失。但同时，中国的体制也从中获益。"

举例来说，隶属于中央音乐学院的音乐研究所帮助吴蛮寻找民间艺术家。"中国地大物博，拥有种类繁杂的诸多传统：北方的、南方的、城市的、乡村的各种风格。"她说，"这个研究所已经在北京搜集素材超过 50 年，他们给我提供了很大的帮助。帮助我在成百上千的民间艺术家中，挑选出参加此次音乐节的艺术家。"

在美国，吴蛮与新音乐密切相关，与作曲家菲利浦·格拉斯（Philip Glass）和卢·哈里森（Lou Harrison）、盛宗亮、特里·莱利（Terry Riley）都有过合作。她说，从就读于中央音乐学院的学生时代开始，当代音乐就是她钟爱的音乐形式。"碰巧，我演奏了许多当时还是学生的作曲家们的作品，比如陈怡。"她解释说，"所以当我 1990 年来到美国，我发现我在当代音乐方面的经历和我对当代音乐持有的热情，可以在这方面继续发展下去，使其得到进一步的深化。我尤其被纽约的新音乐活动吸引，那里有真

丝绸之路琵琶行 | 大洋彼岸的世界·音乐叙事

正的社团。"

当卡内基音乐厅邀请她为"古今回响"策划几场音乐会时，吴蛮作出了有代表性的大胆举措，呈现出另一种艺术挑战。

"我真正想展现的是，现如今从未被展示过的艺术家们的作品。"

"我寻找这些音乐家，不仅仅挑战了美国观众可能了解的中国音乐，同时也真正挑战了自己对中国音乐知识的认知和对它的看法。我想深入到偏远的乡村地区，找到每一天属于乡村生活那部分的音乐。"

吴蛮最终选定的艺术家具有广泛的代表性。10月23日在赞克音乐厅举办的音乐会有侗族女声合唱团的表演。侗族是中国55个少数民族之一，对他们来说，唱歌是有近千年历史的传统，是日常生活的一部分。和她们一起表演的是打击乐四重奏八大锤，名字译为"八个大锤子"，表演者的演奏乐器有鼓、钹、锣、木鱼，再配以古琴大师赵家珍的演绎。古琴七弦，是种精致的宫廷乐器，在过去的两千年几乎没有任何改变。10月24日在赞克音乐厅以及10月27日在奥兰治县的Segerstrom中心，吴蛮的中国民间传统庆祝活动继续上演，其中包括李氏家族道家乐队和张氏家族乐队音乐会。李氏家族来自中国山西省的北部地区，在那里道教（道家）文化依然盛行，

已传承至第九代传人。张氏家族来自古城西安东部的村庄，延续着伴有质朴歌声、打击乐器、弦乐器和双簧芦笛的皮影戏传统。吴蛮若有所思地说："看到演奏者真实的一面，看到他们如何创作不以表演为目的的音乐，这是件非常美妙的事情。他们创作的音乐就是他们本身。拜访这些团体时，我惊讶于他们的生活状况、贫困以及他们朴实的生存方式。在此之前，大多数音乐家从未离开过他们的村庄，更不用说离开中国。你无法想象音乐会筹备期间做了多少事情，甚至是实际演出之前的几个月里。例如：寻找翻译，往返北京申请和面试美国签证，每个人都做了很多工作。"

与以往一样，在经济和社会压力下，人们创造性地想方设法地培养和延续这些传统艺术形式。吴蛮观察到："即使在葬礼上，音乐家可能也会演奏流行歌曲，因为他们认为人们会喜欢。坦白地讲，这就是音乐代代相传的原因，同样每个时代都会出现各种变革。曲调、风格、乐器及各种元素其改变发生得非常快，这也是它有趣的部分之一。"

她继续说："就策划方面，我真的很希望能够在美国看到从未出现过的艺术家的艺术作品。我从未看到真正的中国民间音乐在国内被提出，中国都没有，更何况美国社区！"

此行对他们将是很大的机遇。伴随赞克音乐厅的演出，音乐家们的声音将穿过纽约市来到各处。例如：下东城的大学睦邻之家（10月24日）、亨利街社区服务中心（10月25日）以及亚洲协会的"中国茶馆"之夜（10月25日）。

11月3日琵琶演奏大师再次与她的老朋友、合作伙伴克罗诺斯四重奏（Kronos Quartet）联袂，在卡内基音乐厅上演该乐队的"视角"系列作品。同时，他们将世界首演歌剧和戏剧导演陈士争执导的新舞台剧。这是为克罗诺斯和吴蛮量身定制的极具吸引力、多角度、细致入微的作品。

题为《中国之屋》（A Chinese Home）的作品，灵感源于荫余堂的艰苦重建，这座晚清时期的古宅最初建于中国东南部，现已迁移至马萨诸塞州的埃塞克斯博物馆。"参观那座老屋时，我们想到一个事实，也就是家（即屋子的观念）可以存在于任何地方、任何时间。"吴蛮解释说，"所以我们试图通过多样化的音乐类型，创作一部讲述中国历史的作品，从古代到民间到城市，甚至是50年代的上海爵士乐，再到'红色'音乐、现代音乐、电子音乐，也就是我们所说的'中国制造'！"

作为对音乐节作品的补充，吴蛮拍摄了一部影片。该片记录了音乐家重返故土之旅，取名《发现音乐之源：吴蛮音乐寻根之旅》（Discovering a Musical Heartland: Wu Man's Return to China）。在音乐会期间及她录制的影片里，她希望她推崇的民间艺术家们，不仅在海外，而且在国内能够获得更高的知名度和尊重。

"我相信这会对他们的生活产生巨大的影响。"吴蛮说，"仅仅作为音乐家，许多人甚至不能养活自己和家人；他们必须工作或务农维持生计，对他们来说，音乐仅仅是自己社区的娱乐。所以我希望这次的经历让他们有一个非常不同的、专业的舞台经验，为他们提供一条保护他们音乐遗产的途径。我也希望这次的美国巡演能增加他们在国内的声望，从文化部或是所属的地区政府那里获得更多的关注。"

即使拥有了如今这样的成就，吴蛮仍然渴望突破——不仅是音乐情感方面，还有她自己的生活范围。她说："实际上，这是我第一次被邀请策划音乐会，我感受到了责任，我最大的希望就是观众能够和我感同身受。"

《经济学人》对吴蛮有这样的评价："这种有着两千年历史的乐器奏出的曲调，正如一位唐朝诗人所说，犹如'大珠小珠落玉盘'，而在吴蛮的弹拨之下，一曲曲乐音音色和韵味都令人惊叹不已。吴女士使用弹拨和震音，奏

出了众多令人萦怀的曲调……在美
国期间，吴蛮大胆丰富了琵琶的演
奏范围，与相应的乐器演奏家共同
演奏爵士乐、蓝草音乐、宝莱坞电
影音乐，并且激发了一些知名作曲
家谱写了众多作品。"

吴蛮描绘的琵琶古道

多年来挖掘乐器的新声音，深入研究传统音乐的音乐家

斯托克·提姆伯格

Los Angeles Times
October 24, 2009

Wu Man takes the pipa down an ancient path
After years of finding new sounds for the instrument, the musician delves into its traditional music.

By Scott Timberg

After years of seeking new sounds for the pipa, Wu Man is discovering and playing its traditional music. (Don Bartlett / Los Angeles Times / October 18, 2009)

The Chinese-born, San Diego-based musician Wu Man has built a reputation as an eclectic, adventurous artist, one who bends genres as wildly as she does the strings of the *pipa*, the two-millenums-old instrument she champions.

Terry Riley, Philip Glass and Lou Harrison have written compositions for her; jazz experimentalist Henry Threadgill hired her to play with his band. She's recently completed a week rehearsing an epoch-spanning new piece with the Kronos Quartet. Online, she's been compared with art-rock guitarist Robert Fripp.

"I'm interested in finding a new sound," Wu, 45, says from her home in San Diego. "How do we survive with this instrument in the modern age?"

Recently, however, Wu has begun to reach deep into a part of her nation's past that she's never experienced before: the village music that almost never makes it to Western ears.

"The audience in America has only heard urban Chinese music," she says, describing the program she's curated for the Ancient Paths, Modern Voices festival presented by both Carnegie Hall and the Philharmonic Society of Orange County. "I want to bring something very folk, earthy, like Gypsy music. It's the other side of China."

It's also the music that China itself increasingly overlooks as well, says Dean Corey, the Philharmonic Society's president. "One of her driving forces is to preserve these Chinese musical traditions, which are endangered," he says. "They're growing so fast -- insanely fast -- that they're not paying attention to what it's doing to their culture. They'll look up at one point and it will have disappeared."

The "family bands" that Wu sought out during recent visits to rural China are vastly less formal than ensembles in the western classical tradition. "They play at parties, at village ceremonies, funerals and weddings," he says. "They play outside in the village, not indoor at concerts."

Corey remembers his early days working in Tennessee, where a local hall offered Friday night performances by family groups of a different kind. "They'd come out of the woods, play some amazing bluegrass and disappear again. That's basically what this is."

Reviving tradition

It's taken Wu almost 20 years away from China -- she grew up in Hangzhou -- to be drawn back to these older, more traditional styles of Chinese music.

Curiosity, she says, drove her to move to the States in 1990. "I wanted to learn, wanted to know what the world was like outside China. The Chinese government had closed the door for so many years. In the early '80s, they opened the door to the West, it was the most exciting period. I was at

《洛杉矶时报》
2009年10月24日

出生在中国，现居于圣地亚哥的音乐家吴蛮以不拘一格、喜欢冒险的艺术家形象而声名远扬，她尽其所能使琵琶成为狂野流派，守护着这个有着两千多年历史的古老乐器。

作曲家特里·莱利（Terry Riley）、菲利普·格拉斯（Philip Glass）、卢·哈里森（Lou Harrison）都为她创作过协奏曲；爵士乐现代实验派演奏家 Henry Threadgill 曾邀请她同台表演；最近她完成了为期一周的与克罗诺斯四重奏（Kronos Quartet）划时代的新篇章的排练；在互联网上，她一直被人们与艺术摇滚吉他手罗伯特·弗里普（Robert Fripp）相提并论。

"我的兴趣在于发现新声音。"45岁的吴蛮在圣地亚哥的家里说道，"这种乐器应该如何在这个时代继续生存下去"？然而，最近，吴蛮开始深入探寻古老的中国，也是她从

前未曾经历过、几乎从未向西方人展示过的乡村音乐。

"美国听众只听过中国的城市音乐。"她在讲述专门为"古今回响"（Ancient Paths, Modern Voices）音乐节策划的、在卡内基音乐厅和奥兰治县爱乐协会表演的节目时说，"我想带来一些非常民间的和朴实的东西，就像吉卜赛音乐那样，能展现出中国另一层面的音乐。"

这些音乐在中国也同样越来越被忽视，爱乐协会的主席迪安·科里（Dean Corey）说："驱使她这样做的动力之一是保护这些濒危的中国传统音乐。"他说，"中国发展得太快，近乎疯狂的快，以至于来不及注意应该为文化做些什么。他们过多的关注一方面却忽视了包括传统在内的另一方面，任其消失。"

最近吴蛮在探访中国农村时，寻找到的"家庭乐队"都远远不及西方古典传统乐团正规。"他们在聚会、乡村庆典、葬礼或婚礼上表演。"她说，"他们的表演是在户外，而不是室内音乐会的形式。"

科里回忆早年他在美国田纳西州工作期间，当地的娱乐场所每周五晚上为不同类型的家庭乐队提供演出的机会。"他们来自于林场，演奏令人惊奇的蓝草音乐，演出结束后就消失了，基本上都是这样。"

唤醒传统

从离开自己的故乡中国杭州，到重新回归更古老、更具传统风格的中国音乐中，吴蛮花费了近 20 年的时间。

她说是好奇心驱使她 1990 年移民美国。"我想学习，想知道中国以外的世界是什么样子。中国政府已经封闭很多年了，80 年代初才再次向西方开放，这是最令人兴奋的时期。当时我在北京的音乐学院学习，艾萨克·斯特恩（Isaac Stern）访问中国，并开设大师班，来自欧洲的一些团体也陆续访华。我就像一块海绵，真正开阔了视野。"

吴蛮，在她二十五六岁时移民，并不确定是否能在新环境里靠琵琶谋生，以防万一，她还带来了另外五件中国乐器。

她说："如果琵琶不行，我还可以尝试别的乐器。"她的一些朋友没能成功，放弃了音乐生涯，有的甚至靠开出租车或在工厂工作为生。

相比之下，吴蛮在波士顿工作了 12 年，于 1999 年在白宫演出，成为马友友领导的丝路乐团的创始成员之一，并成为琵琶的西方代言人。

通过父母她认识了琵琶，很高兴后来她还发现自己拥有跟琵琶相似的"对立的个性"——这是吴蛮对这个源自中亚的琉特琴样的四弦乐器的定义。

她解释说，琵琶同时具有高雅性和朴实性。"琵琶音乐有两种风格：一种是抒情风格，非常柔和、优美，包括许多压音和颤音。这种风格是相当温和的，给演奏者很多的想象空间。另一种风格是非常戏剧性和有冲击力的，声音更加强劲有力。"对西方听众来说，它的声音有时听起来像曼陀林和班卓琴。

"我跟许多不同的音乐家一起合作过，我们称之为'弹奏家'，并发现它在音色和音阶上与琵琶有很多相似之处。"

她热爱传统风格的乐器，自公元前 3 世纪的秦朝以来，这些乐器以不同的形式存在于中国，她觉得对音乐来说机会非常有限。

"琵琶不像西方古典乐器那样有很多曲目。"她说，"比如，钢琴有德国、英国、法国作曲家创作的曲目，而琵琶没有那么多，大约只有 20 首传统曲目。我不能一生都只演奏这仅有的 20 首曲子，"因此她鼓励当代作曲家创作新作品，"丰富琵琶曲目是很有必要的。"

新鲜的传统

吴蛮先后四次回到中国为卡内基音乐厅的艺术节作准备。她说，不仅仅是回归本源，更多的是全新的冒险。周二在奥兰治县的表演将展示一些她寻找到的东西。

其中一支乐队是李氏家族的道家乐队，乐队成员是李氏家族的第九代传人（道士不像天主教修士那样保持单身）。"只有在他们闲暇的时候才会表演。"她说，"他们都是农民。"

另一个组合是张氏家族的皮影戏表演，类似于音乐叙事的民间歌剧。"他们的音乐很狂野。"吴蛮说，她很高兴能与他们共同表演。

这些传统可能由来已久，但对她来说却是全新的。始终把自己看成是在不断寻找新色彩的画家，对一个挑战自己所献身的事业的艺术家来说，并不是偶然的，如同第一次听到爵士乐或摇滚乐的年轻音乐家那样兴奋。

她说："我在城市长大，周围都是中产阶级家庭，远离乡村和民间音乐。在此之前，我从未听到过这种类型的音乐。"

中国殿堂级大师演奏高难度乐器

迈克尔·丘奇对话国际公认知名艺术家吴蛮，一探中国乐器琵琶的历史重要性

詹姆斯·奥斯特莱克

2009年9月8日
SONGLINES杂志
摄影吉米·格莱姆斯顿

在中国农村，成千上万种民俗音乐仍在风靡，而中国的宫廷传统在近现代经历了不断演变之后之后，却已黯然凋零。最近，中国政府开始号召人们拯救这些即将消亡的音乐遗产，极力鼓励年轻人学习琵琶。琵琶兼具宫廷音乐和民俗音乐的传统特点，因此不能单纯将其归为任何一类。随着知名琵琶演奏家吴蛮推动中西文化的交流合作，西方音乐家开始越发关注这一东方音乐新世界。吴蛮说："琵琶的形态、声音既高雅又富于变化。它有很强的个性，你可以用不同的方式表达自己。"

作为一名独奏家，吴蛮的琵琶演奏效果千变万化：时而婉约吟唱，时而咆哮怒吼，令人做梦也想不到这十指四弦竟能在一个浅红木盒上拨弄出如此美妙的音乐。吴蛮的音乐派系可追溯至清朝，她的老

师是中央音乐学院的演奏家林石城（1922—2006）。而林石城的老师沈浩初（1889—1953）曾于1929年发表过一本影响深远的琵琶指法指南。沈浩初曾师从陈子敬（1837—1891），陈子敬是一位杰出的青年琵琶演奏家，曾在上海获得比赛冠军，之后便被清朝皇室强制召入宫中，后来他因授课给一个妓女而遭解职并被逮捕——在当时，琵琶独奏是精英人士的特权。

琵琶的历史

吴蛮的音乐出身虽不平凡，但和琵琶的出身比起来也只是小巫见大巫。琵琶始称"汉琵琶"，它第一次崭露头角是在出土于犍陀罗王国的雕像上。犍陀罗王国有着希腊和印度的文明，在公元3世纪曾经统治了现在的阿富汗和巴基斯坦地区。文学作品中记载，在公元前1世纪，两位出塞的汉朝公主曾弹奏琵琶以解思乡之情。其中一位便是王昭君，《华秋苹琵琶谱》中就有一支关于她的曲子。《华秋苹琵琶谱》于1819年出版，是目前所发现最早的用工尺谱记谱的独奏琵琶乐谱。

到了公元7—8世纪艺术兴盛的唐朝，汉琵琶才第一次广泛流行起来。这时，直接用手指演奏的方式取代了传统用拨子演奏的方式，琵琶的演奏及音色效果也由诗人白居易记录下来，他将轮指产生的音效描述为"大珠小珠落玉盘"，为后世所传颂。到了排外的明朝，琵琶因根植于外国文化而被宫廷拒之门外，只能沦落到地方发展。而正因如此，各个流派开始形成并延续至今，其中以上海地区为盛。各种风格在家族内口口相传。

战争与和平

令人惊讶的是，尽管琵琶在构造和演奏方式等方面都发生了巨大的变化（如由横抱演奏变为竖抱演奏），其主要部分却在四百年来几乎保持不变。当今，中国人最为熟知的琵琶曲目有《十面埋伏》，创作于1662年，讲述了汉高祖刘邦带领汉军击败楚霸王项羽的故事。整首曲子充斥着金鼓声、剑弩碰撞声、人马厮杀呐喊声。而另一首琵琶曲《霸王卸甲》则从败者项羽的角度讲述了同一个故事，同样是经典之作。如今，很多年轻琵琶演奏家也经常选用此曲目来展示高超技巧。

从传统琵琶曲目的名字就可以看出，它们的美学初衷就是为了表现对"文武"的崇尚之情。"文武"与道家所说的"阴阳"相通，是一种理想的平衡状态。文曲平缓收敛，而武曲则嘹亮奔放，节奏上不拘一格，更多使用右手弹挑指法。

因此《鹧鸪飞》《诉怨》和缠绵悱恻的《懒画眉》等曲目与《霸王卸甲》这样强有力的曲目在风格上截然不同。诸如《月儿高》这类的曲目则同时包含了两种感情风格。想要将武曲表现得淋漓尽致就需要吴蛮这样的技巧：高超的弹挑、扫弦和激烈的拂弦。

吴蛮的故事

吴蛮自称是"文化大革命"的一代，她是如何发现了自己的才能呢？吴蛮是杭州人，生于1965年。她非常喜欢仪仗队和那时的"八大样板戏"，八岁在洗衣房干活时就唱了其中一首并偶然间被邻居听到。吴蛮回忆说："他（邻居）被我的歌声打动了，然后告诉我的父母说我应该去学音乐！"之后，吴蛮便开始练习柳琴——一种迷你版琵琶，她非常狂热地去练习并很快找到了窍门。最初吴蛮在当地选拔中拔得头筹，接着又在中央音乐学院的选拔中脱颖而出。13岁时，她已成为中国顶尖青年琵琶演奏家之一。在学校定额考试中，又过关斩将，取得第一名，成为了教授。吴蛮回忆道："大家都说你就是未来之星，下一个琵琶大师。但是我不能一生就只弹这十大传统曲目，这会禁锢住自己。于是我开始想接下来要做什么呢？"

1989年之后，吴蛮便带着她的琵琶（以及其他四件弦乐器）移居到了纽约，在那里她受到了同样到海外的中国同胞乐团的热烈欢迎。接下来，她的人生迎来了转折点，克罗诺斯四重奏乐团的领队大卫·哈里顿（David Harrington）打来了一通电话。哈里顿曾看过她演奏周龙所创作曲目的表演视频，于是两人便开始了创造性的合作，这次合作又带来了其他合作机会。吴蛮与克罗诺斯四重奏乐团于1995年演奏了谭盾的《鬼戏》，观众中恰好就有作曲家特里·莱利（Terry Riley）。于是吴蛮又同莱利有了合作。在吴蛮的琵琶演奏中，莱利弹唱坦布拉鼓。莱利说："我发现她弹奏琵琶时对细节的处理，也就是音符之间的差别，同印度古典音乐非常相似。"

琵琶的音色极富中国特色，每个声音都清晰可辨，需要按弦方可奏出音符。我向吴蛮请教初学者应该如何入门，她答道："要从轮指练起。我就持续练了三年，这是个门槛。开始的时候可以弹慢点，要重复练习，之后再加快速度。"吴蛮说着便向我们展示一番，只见她越弹越快，最后快到连手指都看不清了。她又解释道："速度不是最重要的，最重要的是要把握一种绝对的平衡，这样才能弹出悦耳的声音。"吴蛮继续补充说，左手的音阶也十分重要，要不断练习按压品格之间的弦。接着，她又最大限度地使用义甲，为我们展示了滑音，有滑音吉他和越南独弦琴之风。然后吴蛮又演示，通过将弦推到一侧，可以将音高调为三声音阶。不难想象，她的手上布满老茧。

吴蛮师从林石城，为南方浦东派。相比北方流派的粗犷豪迈，这一派更加优雅婉约，更注重轮指与和声。吴蛮告诉我，百年前的丝弦与 50 年代起使用的尼龙弦奏出的音效截然不同，与今天的钢弦更是千差万别，而丝弦更适合大型剧场。

吴蛮有四样乐器，琴头的图案各不相同。例如，有一件上面是"乐"字，代表音乐，而另一件上面刻着一条龙，象征着力量。这件刻有龙的乐器有特殊意义，原属于已过世的林石城先生。它由红木制成，比想象中重。

琵琶进化史

琵琶由多种材料制成。其背部通常由红木打造，而共鸣版常由更轻巧的桐木制成，这种木材也常用来制作古琴和古筝。位于琴颈的相和调音琴栓由象牙、牛角或木材打造，而位于琴身的品格则由竹子制成。琴头微微倾斜，中部往往嵌有玉石或象牙。几百年来，琵琶品格的数目不断增加。目前大多数有 16 个品格，三组完整音阶。不过 50 年代有一种琵琶据说有 30 个品格，相应音域也更广。大部分品格的音程都与西方的全音音程相应，只有少数几个为四分之三音程。由下至上，四根弦分别对应 A、D、E、A，之间的音程分别是四度、二度、四度。

吴蛮自己也对琵琶进行过调整，在与爵士乐合作时加上了哇哇器。她说，在七十年代，一些琵琶制作人开始制作电子琵琶，然而最重要的颤音听起来一团糟，根本没人愿意买。现在，琵琶在中国算不上流行乐器，但在大城市仍然有不少孩子请老师一对一教授琵琶，一把琵琶大概三千元到七千元人民币不等。随着吴蛮的名气越来越大，坂本龙一曾邀请她制作《末代皇帝》的原声大碟，李安也在《喜宴》《饮食男女》等影片中请吴蛮参与了配乐部分的演奏。美国前总统克林顿曾邀请她到白宫进行表演，这是中国音乐家首次获此殊荣。中国政府则借此势头请吴蛮协助上海特奥会的开幕式。吴蛮说："他们很乐意我给学生授课，只是，尽管我在中国音乐圈得到了大家的尊重，也有一批追随者演奏我的曲目，我还是没有钢琴家郎朗出名。"的确如此，在中国，钢琴的地位远高于琵琶，考虑到将来，琵琶或许在西方更能受到热情欢迎。再加上已经有许多先锋音乐家挤破头排着队都要给吴蛮作曲（如卢·哈

顺时针方向：上半部分为木制，尖端焊接象牙；
下半部分的品由竹子制成。
吴蛮的琵琶顶端装饰图案龙———力量的象征。

当然，这也引起了中国先锋音乐家的注意。作曲家陈怡就曾为吴蛮创作了一首十分精彩的曲子，这首曲子让人联想到中国书法，加强了音乐效果。

陈怡说："琵琶还有很多方面值得研究。它能够结合西方乐器探索出新的响度、音质和音色，进而创造出新的音乐世界。吴蛮就在帮助我进行探索。我可以在拨奏曲中将琵琶同各种弦乐器结合起来，也能够在一个音符上快速轮指创造出长音。这样琵琶似乎就能演奏长音而弓弦乐器用来弹拨，两种乐器的传统角色得到了互换。这就是二十一世纪的音乐。"

总体来说，琵琶仍然是独奏乐器，需与演奏者之间达到人神合一的高度境界。吴蛮又如何描述她与琵琶之间的关系呢？在采访中，她说："我的乐器就是我的孩子、情人，是我灵魂的另一半。"说着她便极其爱怜地将手放在身旁的琵琶上，"在过去的三十年中，我们一起经历了太多。也一同渡过了难关，有的时候我们之间也会合不来。"我又问，琵琶有性别吗？她说："当然，我用'她'来称呼之。"

利森、菲利普·格拉斯、谭盾等），琵琶在西方的前途似乎更加光明。

最近，由罗·哈里森作曲、吴蛮演奏的唱片《琵琶协奏曲》使她成为获得格莱美奖提名的首位中国传统乐器演奏家。克罗诺斯四重奏乐团领队哈里顿评价说，他第一次听到吴蛮的演奏，感觉就像在聆听吉他演奏大师的演奏。此外，她同罗马尼亚吉卜赛组合 Taraf de Haidouks、宝莱坞著名女歌唱家亚莎·博思勒以及阿塞拜疆木卡姆歌手阿利姆·卡西莫夫的合作使琵琶演奏有了更多发展可能。

吴蛮演奏时佩戴的义甲

吴蛮回顾：
琵琶的神童教育和吸引

乔什阿·科斯曼

San Francisco Chronicle

January 27, 2014

Wu Man review: Pipa prodigy educates, enthralls
By Joshua Kosman

If you're in the market for a guided introduction to the pipa, the pear-shaped Chinese lute, you could hardly ask for a more virtuosic or enchanting instructor than Wu Man.

In a swift 90-minute solo recital on Sunday, presented by Cal Performances in Berkeley's Hertz Hall, she led the audience on a tour through the history and repertoire of her instrument, embracing everything from the ninth century to the 21st. It was a vivid, engrossing and downright unforgettable event.

The pipa, whose origins go back at least two millennia into the heart of Central Asia, offers Western listeners a beguiling mix of familiar and unusual sounds. Its four plucked strings and resonating wooden body produce a sharp-edged twang - at one point Wu Man compared it, with tongue only partly in cheek, to a banjo - that can be lyrical or ferociously aggressive.

The instrument's most distinctive technique is a flurry of repeated notes produced by rapid plucking with all five fingers of the right hand in rotation. But that is only one of the resources in the pipa player's arsenal, which also include strummed chords, slow floating melodies (often bending individual notes), string harmonics and the occasional percussive rap on the instrument's body.

Wu Man, a prodigy of the instrument since her childhood outside Shanghai, showed off the full range of the pipa, interspersing musical performances with anecdotes and historical information delivered in soft, accented English. She traced the pipa's history from its courtly roots to its current more public persona, demonstrated some of its technical qualities, and offered some entertaining yarns (including one about how she single-handedly, and inadvertently, altered the nature of the pipa auditions at the Beijing Conservatory).

Her recital began by exploring the two sides of the pipa's classical tradition: the lyrical style, exemplified by the delicately beautiful tone-painting of "Flute and Drum Music at Sunset," and the fierce martial style of "Ambush on Ten Sides," which she described as the most famous piece in the pipa repertoire.

Those were enough to give listeners a sense of the instrument's range, after which Wu Man continued to explore the various ways those techniques could be employed. I was gobsmacked by the gorgeous stateliness of "Xu Lai" ("Meditation") - a spare and impeccably shaped work written in 1929 by the scholar-composer Liu Tianhua - especially the way it used repeated notes as an ornament in the course of a long melodic line.

That piece's elaborately refined style served as a wondrous contrast to the brusque, folklike vigor of music from Kyrgyzstan by Nurlanbek Nyshanov, which followed it, and to the graceful vernacular of the "Dance of the Yi People," reflecting tribal traditions from Southeast China.

《旧金山纪事报》
2014年1月27日

周日，在柏克利赫兹音乐厅的艺术表演中心，历时90分钟的短暂的独奏音乐会上，吴蛮带领观众游览历史、聆听中国琉特琴——琵琶曲目，涵盖了从9世纪到21世纪的每个瞬间。这是一场生动的、引人入胜的、让人难以忘怀的盛会。

琵琶，其起源至少可以追溯到两千年前中亚的心脏地带，它带给西方听众既熟悉又陌生的迷人混音。其四根弹拨弦及木质共鸣体产生的锋利弦音，可以是舒缓柔情的，也可以是激烈震撼的。吴蛮一度将琵琶与琉特琴相比，只不过仅有一个舌头在脸颊上。

这个乐器最有特色的演奏方式是通过右手五根手指轮流地快速弹拨琴弦，产生一系列重复的音符。不过，这仅仅是琵琶演奏家技巧宝库中的技术之一，还包括弹奏和弦音、缓慢的不固定曲调（常常是独特的压音）、点弦泛音和偶尔在乐器躯干上的敲击音。

吴蛮，乐器神童，自从她在杭州还是个孩子的时候起，就全方位展示了琵琶的魅力。吴蛮用她稚嫩的带有浓重口音的英语，讲述着趣闻轶事和历史信息来丰富其音乐表演。她追溯琵琶的历史，从其温文儒雅的根源到目前更为公众的形象，演示了琵琶的演奏特点，并讲述了一些有趣的故事，包括在中央音乐学院时，她如何独自地不经意间改变了琵琶试音的本质。

她的演奏会开始于探索琵琶的古典传统的两面：抒情风格——以精致美妙的音画作品《夕阳箫鼓》为代表，以及震撼风格的《十面埋伏》（它是琵琶曲目中最著名的作品）。

这足以让观众感受到乐器的多样化。之后，吴蛮继续探讨可以使用这些技巧的不同方式。我被《虚籁》(《冥思》)的华丽庄严惊得目瞪口呆，特别是它在长旋律性中使用重复音作为修饰音的方式。《虚籁》是由学者、作曲家刘天华在 1929 年创作的质朴完美的作品。

该音乐作品经过精挑细选提炼的音乐风格是为了与吉尔吉斯斯坦的粗狂的、民间的、有活力的音乐形成强烈的对比，紧接着是曼妙民族风格的《彝族舞曲》，反映出中国东南部民族的传统。

吴蛮总结了她最新创作的两个作品：《静夜思》(*Night Thoughts*) 和轻快新颖的《秋之落叶》(*Leaves Flying in Autumn*)。两首乐曲听起来都像伟大的艺术家的作品，融合了各种传统，包括她在美国新家的原始音乐能量。

友人围绕的
最佳琵琶弹奏

柯丽娜·冯斯卡-瓦尔海姆

The New York Times

February 10, 2013

Optimum Pipa Plucking, Surrounded by Friends

By CORINNA da FONSECA-WOLLHEIM

As a rule critics pay little attention to friendship in music. Instead we talk about collaboration, with its implicit emphasis on labor, as if ensemble music were a task on a par with roofing a house. Thursday evening's concert by Wu Man and the Knights at Asia Society was a refreshing reminder of how much music gains when it is performed by friends who delight as much in their art as in one another's company.

Ms. Wu is today's leading performer on the pipa, the Chinese plucked string instrument that looks like an upright lute. Through the Silk Road Project she befriended the violinist Colin Jacobsen and his brother Eric, a cellist. The Jacobsen brothers are the driving force behind the Knights, an orchestral collective conducted — when a conductor is needed — by Eric Jacobsen.

《纽约时报》
2013年2月10日

评论家的特点之一是很少注意到音乐里的友谊。相反，我们谈论合作，其隐含的重点是工作，似乎乐器合奏与盖屋顶一样是可以相提并论的任务。周四晚上，吴蛮与骑士乐队在亚洲协会举行的音乐会，是一场让人耳目一新的表演。它提醒人们注意，这是与友人共同完成音乐会所得到的音乐受益。友人的艺术创作在彼此间愉快地被共享。

吴女士是当代的琵琶领奏者。琵琶，中国弹拨乐器，看起来像直立的琉特琴。通过丝绸之路项目，她结识了小提琴家柯林·贾柯柏森（Colin Jacobsen）和他的兄弟大提琴家艾瑞克（Eric）。艾瑞克是贾柯柏森兄弟骑士乐队背后的驱动力，需要指挥的时候，由艾瑞克担任管弦乐队指挥。乐队的前身是90年代末期在他们布鲁克林的家里主持的午夜室内音乐阅读派对。今天，他们的表演仍然有公园里皮卡篮球比赛的感觉。

音乐会以斯特拉文斯基创作的《敦巴顿橡树园》（*Dumbarton Oaks*）协奏曲热烈的表演开场，骑士乐队站立演奏，没有指挥。纵横交错的站立位置使演奏者的面部表情和肢体语言清晰可见：大提琴家因为一个乐队成员都知道的不落俗套的拨奏曲的笑话对每个人微笑。两位小提琴家用甜美的假扮鬼脸俯身向对方，因为他们挖掘出了斯特拉文斯基的更绝妙的不和谐音。

卢·哈里森（Lou Harrison）创作的弦乐琵琶协奏曲，似乎需要分享幽默感和信任感。这是一首令人愉快的音乐作品，跨越中国民歌和维瓦尔第在音乐世界里穿行。它为吴女士提供展示乐器跨语言范围的机会，产生晶莹剔透的声音以及持久的歌唱般的乐句。

吴女士还介绍了自己创作的作品《蓝色和绿色》（*Blue and Green*），琵琶和管弦乐器的编排由列夫·约瓦·楚尔宾（Lev Zhurbin）和柯林·贾柯柏森完成。作品中她吸取了在中国旅行时捕捉到的民间音乐旋律和幼子哼唱的曲调。骑士们似乎喜欢异装游戏，从声音的角度说，类似于西方管弦乐声中透出中国乐器的声音。几个小节里，一群人闯进了歌里。

旅行和色彩的魅力也被赋予在德彪西的《牧神午后前奏曲》上。由米歇尔·阿特金森（Michael P. Atkinson）编曲、骑士乐队演奏的这首作品增强了管乐器的创新本质。阿莱克斯·索普（Alex Sopp）表演的长笛独奏部分细腻唯美，艾瑞克·贾柯柏森的指挥营造出精心平衡的声音。

米约（Darius Milhaud）的《河畔乐图瓦》（*Le Boeuf sur le Toi*）再次进入诙谐的场景。不是每个喧闹的舞蹈配乐音符都恰当完美，但演奏者喜气洋洋的晃动和摇摆，无论以何种方式看来，感觉更像是演员的聚会吧。

萨沙·库克（Sasha Cooke）、吴蛮和路易斯安那管弦乐队在新奥尔良的高水准演出

克里斯·瓦丁顿

The Times-Picayune

February 1, 2014

Sasha Cooke, Wu Man and LPO set high bar in triumphant New Orleans concert

By Chris Waddington

Vocal fireworks and firecracker instrumentals lofted the Louisiana Philharmonic Orchestra to a New Orleans triumph on Friday (Jan. 31). The group celebrated Chinese New Year with a commissioned work from film composer Zhao Jiping and a grand European classic inspired by Chinese poetry: Gustav Mahler's "Das Lied von der Erde." Stravinsky's "Fireworks" provided a glittering lagniappe.

Two women shared the spotlight: Pipa virtuoso Wu Man made a joyous argument for the melding of Eastern and Western art with her performance on the four-string Chinese lute; mezzo-soprano Sasha Cooke made an unforgettable New Orleans debut in Mahler's symphonic song cycle.

Wu Man displayed her chops in Zhao Jiping's melodious "Pipa Concerto No. 2." At times, her wild, folk-rooted solos evoked the steeplechase pleasures of a bluegrass breakdown. Her five-fingered picking emphasized the twanging banjo-like sonorities of the pipa as she unleashed cascading runs decorated by snap pizzicatos, sudden pauses and vocal-inspired phrases that recalled the cries of a bottle neck blues guitar.

Zhao Jiping framed those solos deftly, if a little conventionally, with music that generally resolved on expected harmonies and trafficked with the sweeping sentiments of big screen orchestral music. Some of the finest moments came in exchanges with LPO flutist Heather Zinninger Yarmel and cellist Jonathan Gerhardt.

Friday's biggest bouquets go to Cooke. In her New Orleans debut, the young mezzo captured the world-weary sadness and provisional, wine-soaked joys of Mahler's masterpiece. Her storytelling was sustained by an athletic voice that emphasized the sheer physicality of the music; she wrapped listeners with the warmth of her timbre, filled the hall at a whisper, projected over the biggest orchestral fortes, responded to Mahler's dance rhythms with dancing phrases and, seemingly without effort, stretched her vocal lines into vaults and spires and sudden, dramatic plunges.

《皮卡尤恩时报》
2014年2月1日

星期五（1月31日），音响器材和乐器奏出的烟花爆竹声将路易斯安那州管弦乐队在新奥尔良的表演推向高潮。为庆祝中国新年，路易斯安那管弦乐队演奏了委托影视作曲家赵季平先生创作的作品和一首受中国诗歌启发创作的宏伟欧洲经典乐曲——古斯塔夫·马勒（Gustav Mahler）的《大地之歌》；斯特拉文斯基的管弦乐《烟火》也为音乐会增色不少。

有两名女性受到了大家的关注——琵琶演奏家吴蛮演奏了四弦乐器中国琵琶，成为东西方艺术融合的典范；女中高音演唱家萨沙·库克演唱了马勒的交响乐曲，令人难忘，这是她首次在新奥尔良登台演出。

吴蛮演奏赵季平创作的《琵琶

第二协奏曲》时，充分展示了"小过门"的演奏技巧。有时，她的独奏奔放不羁，极富民间特色，让人感受到蓝草音乐中赛马曲的快乐。有时，她弹拨出的琵琶声如琉特琴，似行云流水，时而伴有急促的拨奏，突然的停顿以及人声的唱段，让人联想起瓶颈布鲁斯吉他发出的哭泣声。

赵季平对这些琵琶独奏的设计虽仍有些传统，却依然十分巧妙。他将其与通常伴有和声并饱含大型管弦乐恢宏气势的音乐结合在一起。其中最精彩的要数吴蛮与路易斯安那州管弦乐队笛子手希瑟·岑宁格·雅梅尔（Heather Zinninger Yarmel）和大提琴手乔纳森·格哈特（Jonathan Gerhardt）的合作。

吴蛮与弗雷斯诺
交响乐团

评论员　唐纳多・蒙罗

Fresno Bee

April 5, 2014

CONCERT REVIEW: Wu Man and the Fresno Philharmonic

By Donald Munroe

The celebrated musician Wu Man on Friday introduced the pipa, the lute-like ancient Chinese instrument, to the Fresno Philharmonic audience.

It was exhilarating.

There are those, I'm sure, who would tend to steer away from a concert like this — Chinese music is just too "weird." But I strongly encourage people with that avoidance mindset to take a chance and broaden their horizons. Wu Man's performance of Tan Dun's Concerto for String Orchestra and Pipa was a mesmerizing and joyful romp encompassing two musical cultures. Beyond Ms. Wu's polished expertise, it was almost as fun watching the members of the orchestra stray beyond their own comfort levels, joining enthusiastically in a performance that included stomping, plucking, tapping and vocalizing. The customary cool orchestral detachment melted away, giving us something that hinted at the primal.

What's more, all this takes place in the intimate Shaghoian Hall, where you're close enough to the musicians to really feel the impact. You have two more chances to experience this unforgettable concert, one of my favorite all-time Fresno Philharmonic experiences: 7:30 p.m. Saturday and 2:30 p.m. Sunday. (My only regret about Friday's event that there wasn't a bigger crowd.)

Maestro Theodore Kuchar cannily programmed the evening with an "East Meets West" theme, sandwiching the pipa concerto between two beloved Beethoven symphonies, first the 8th, then the 7th. You could tell from the start that this would be an intimate, visceral affair, with Kuchar — conducting from memory with no score — free to entice and cajole his musicians into crisp musicality. (At one point the emotive Kuchar, unencumbered by a podium, nearly bent to floor level, cajoling the strings as he pumped one arm up and down, as if he were tilling the fields.)

Then came time for Wu to take the stage. She sat down happily, her pipa in her lap. At first the lute-like instrument almost seemed too big for her — the top of her head just reaching above the base of its thick neck — like it was a slightly too large dog sitting contentedly in its person's lap. But then Wu's fingers began to dance, and the instrument became like an extension of herself. The pipa concerto begins with a foot stomp from the entire orchestra, and from there, it's a whirlwind of music stretching from plaintive to frenzied. Wu entranced the audience with the various personalities of her instrument. The range she demonstrated was amazing, from the tiniest pinprick of a note to a full-fledged grating effect that sounds like a washboard.

Yet Tan Dun's piece is more than just pyrotechnics. It builds, relentlessly, and then suddenly releases into tender melancholy. (Wu at one point shared a beautiful duet with concertmaster Stephanie Sant 'Ambrogio). It also somehow manages, between Kuchar's light-hearted intensity and Wu's calming sense of bemused contentment, to be a lot of fun. By the end I felt as an audience member a sense of completion and release.

《弗雷斯诺蜂报》
2014年4月5日

周五，著名音乐家吴蛮将中国四弦乐器琵琶介绍给了弗雷斯诺交响乐团的听众。

这是一件非常激动人心的事。

我知道，肯定会有人想尽量远离这样的音乐会，在他们眼中，中国音乐太"奇怪"了。尽管如此，我依然强烈地鼓励所有的排斥者去尝试一下，拓宽自己的视野。吴蛮演奏的琵琶和由谭盾创作的管弦乐协奏曲魅力无限，悦耳动听，是融合两种音乐文化的视听盛宴。除了吴蛮精湛的技艺之外，管弦乐团突破常规的表演也是一大看点。他们十分热情地融入到交汇着踢踏声、弹挑声、拍打声和人声的表演中去。交响乐以往的高冷和一枝独秀已不见，而是将所有情绪蕴藏在主旋律中。

音乐会的举办地在 Shaghoian 音乐厅，在这你能够与音乐家近距离接触，感受他们的魅力。现在还有两次机会体验这场令人难忘的音乐会：星期六下午 7:30 和星期日下午 2:30。在弗雷斯诺交响乐团历来的表演中，这是我最喜欢的一场（我唯一的遗憾就是周五的演出没有更多观众来看）。

著名指挥家西奥多·库查尔（Theodore Kuchar）非常机智地把音乐会的主题定为"东方遇见西方"，将琵琶协奏曲安排在第八和第七两首贝多芬交响曲之间。表演一开始你就能感受到演出的亲切和用心之处。库查尔不看乐谱仅凭记忆进行指挥，引导演奏家们自由利落地进行发挥（有时，表现力极强的库查尔不愿受指挥台的限制，身子几乎弯到了地面，上下挥动一只手臂指挥弦乐，看起来就像在种田）。

接着，吴蛮登场了。她面带笑容坐下，将琵琶放在大腿上。第一眼看去，对于她来说琵琶似乎太大了，她的头顶刚刚到琴颈底部，看起来就像一只大型宠物安坐在主人的腿上。可当吴蛮的手指开始跳起舞，这乐器便成了她身体的一部分。在琵琶协奏曲开始部分，全体管弦乐团表演了踢踏步，之后，音乐如旋风般从平淡无奇变得狂野不羁。吴蛮向观众展示了琵琶的多重性格。从单个音符如针般的细小声音到所有音符的火力全开，她的表演跨度令人吃惊。

然而，谭盾的作品远不止技巧上的眼花缭乱。它先将情绪慢慢累积，然后一刹那释放出忧伤的温情 [其间，吴蛮同乐团首席演奏家斯蒂芬妮·桑特安布罗乔（Stephanie Sant'Ambrogio）完美表演了二重奏]。另外，库查尔轻松明快的节奏和吴蛮的娴静泰然相形之下充满趣味。演出结束时，作为观众，我感到非常满足和放松。

音乐会最后，管弦乐团在中场休息之后又为我们带来了激昂澎湃的贝多芬《第七交响曲》。音乐家们就像参加完上半场比赛后又返场的运动员代表队，继续给观众带来激情，向着胜利的终点前进。一句话，我很喜欢这场音乐会，也希望更多人有机会体验"东方遇上西方"的美妙。

吴蛮倾情演绎神奇《魔法》

彼得·麦卡勒姆

Sydney Morning Herald
November 4, 2013

Wu Man's wizardry on full display
Reviewed by Peter McCallum

Opera House, October 30

Sydney audiences got to know Wu Man's abilities on the pipa (Chinese four-string lute) when she and the Kronos Quartet presented Tan Dun's theatrically evocative concert piece Ghost Opera at the State Theatre in the 2011 Sydney Festival.

Zhao Jiping's Pipa Concerto No. 2, commissioned by the Sydney Symphony and a consortium of orchestras around the world, and receiving its world premiere at this performance, is a more conventional concert work creating a balanced dialogue between Wu Man's fragile virtuosic wizardry and lush cinematic orchestral textures.

United by a theme heard on unison cellos at the start, its four sections suggest both the movements of Western classical works and, as presenter Andrew Ford noted, the structure of narrative.

The first section establishes orchestra and soloist in free question and response, swelling to a filmic climax, and the second was more playful with chirping sounds leading to a broad theme. The third introduced more intimate conversation with pipa and solo cello in a folksong style while the fourth returned again to the opening idea in rapid tempo with dramatic juxtapositions of the vulnerable pipa against full dissonant orchestral chords.

Wu Man rehearses on the pipa, a four-string Chinese lute. Photo: Steven Siewert

The pipa has deep frets allowing the player to bend the pitch expressively and Wu Man is a consummate master of its many voices and sounds, covering a wide dynamic range with evocative grace, while using pitch variation with coy expressiveness and plucking, strumming and placing notes with deft brilliance. The work was simple, idiomatic and effective.

Before this conductor Jessica Cottis led an intelligently shaped reading of a masterpiece of musical narrative, the Four Sea Interludes from Benjamin Britten's Peter Grimes. These canvases are telling for their balance of colour, shape and idea, bringing metaphysical mystery to their evocations of the sea in its varied moods.

After interval, in Dvorak's Symphony No. 9 in E minor, Opus 95 From the New World, Cottis's approach was confident and discerning. She shaped expressive moments persuasively while keeping momentum and all the while maintaining engagement of the ear and clarity of gesture and idea. She is not inclined to over-emphasise particular moments (the Britten could have tolerated slightly greater contrast at times) but rather gives shape to the whole with fluency and cogency.

《悉尼先驱晨报》
2013年11月4日

2011年悉尼艺术节期间，吴蛮与克罗诺斯四重奏乐团于悉尼歌剧院演奏了极具画面感的《鬼戏》——一部由谭盾创作的音乐作品。此次演出让悉尼观众领略到吴蛮的琵琶（一种四弦乐器）技艺。

赵季平的《第二琵琶协奏曲》由悉尼交响乐团和来自世界各地的管弦乐团委托制作，并在此次演出中获得了世界首演机会。这支协奏曲是一部更具传统特色的音乐作品，在吴蛮灵巧而精湛的艺术魔法与气势恢宏的电影管弦乐之间架起了沟通桥梁。

协奏曲分为四部分，每部分开头均由大提琴合奏引出主旋律，这种衔接让人联想起西方古典运动，而主持人安德鲁·福特（Andrew Ford）则评价说这部作品的四个部分让人想起叙事结构。

第一部分，管弦乐队与独奏者之间悠然对话，逐渐将情节带入高潮。

第二部分由鸟鸣声引出恢宏的主旋律，趣味十足。在第三部分，琵琶与独奏大提琴之间以民乐风格进行更为亲密的交谈。而第四部分则再次采用开篇的快节奏，柔美的琵琶与风格截然不同的管弦乐和弦形成了鲜明的对比。

琵琶的品较深，这让演奏者拨弦时更有表现力。吴蛮是一位技艺精湛的大师，对琵琶各式音色的掌控炉火纯青，既能优雅地弹奏出富于变化、音域极广、回味无穷的乐曲，又能用音调的变化表现出娇羞之态，挑弦、扫弦、按弦的技法无不精妙绝伦。这部作品自然朴素、风格独特、令人印象深刻。

在此之前的演奏中，乐队指挥杰西卡·柯蒂斯（Jessica Cottis）匠心独具，带领全场领略了本杰明·布里顿的叙事音乐代表作《彼得·格伦姆斯——四首大海间奏曲》。这些叙事方式传达着色彩、形式、理念之间的平衡，再现了大海不同的意境，带来一种超自然的神秘色彩。

中场休息之后是德沃夏克的e小调第九交响曲《自新大陆》。这场演奏中，柯蒂斯的指挥自信而独到。在保持整体风格的同时，她有力地展现出需要突出的部分，同时还不忘让听众的耳朵沉醉其中，自己的动作和理念清晰明了。她并不过分凸显某一部分，而是让整部作品合理连贯，浑然天成。

亚洲主题音乐会
传达异域风情

玛丽·库兹·戈德曼

The Buffalo News

March 29, 2014

Asian-themed concert delivers an exotic flair

By Mary Kunz Goldman | News Staff Reporter | @MaryKunzGoldman

The Buffalo Philharmonic Orchestra is paying the pipa this weekend, and however much they are paying her, she is worth every penny.

Wu Man emerged from the wings Saturday night in a red and gold dress and raspberry-colored tights and stole the hearts of the listeners (a bigger crowd than you would think, considering the snowstorm that hit at the last minute). Her charm was topped only by her virtuosity on the pipa, a large traditional Chinese lute-like instrument.

The pipa sounds like a cross between the banjo and the balalaika. Concentrating beneath her black bangs, Wu Man flew up and down its strings with supreme agility. Each note was sharp and distinct, and there was such a variety of articulations – a chirp, a rattle, a sharp snap – that you had to smile. The instrument's unfamiliarity was part of the fun. Sometimes the notes bend up at the end, lending a bittersweet tone.

Wu Man is playing a concerto written for her by Zhao Jiping, a composer trained in Beijing and known for his movie scores, most notably "Farewell, My Concubine" and "Raise the Red Lantern."

Jiping's concerto, and I say this with deep admiration, harks back to old Hollywood. It feels as if it could accompany an epic. His melodies linger in your mind. His musical language occasionally made me think of the Hollywood Bowl's great Carmen Dragon, whose sparkling Christmas carol arrangements we often hear at Holiday Pops. Jiping sometimes has the violins playing portamento. There are muted, poetic woodwinds.

Against this lush backdrop, Wu Man could always be heard, the notes crisp as crystals. She always gave the impression of being engaged with the orchestra, Associate Conductor Matthew Kraemer and the audience. The end was lovely, with valedictory chirps from the orchestra musicians, in various combinations, accompanying the pipa's closing melodies. Jiping seemed to be borrowing from Richard Strauss, who did something similar in his Four Last Songs.

The audience loved it, and many stood and cheered, and the applause went on for so long that Wu Man played an encore. I don't want to give away just yet what it was called. The title was so funny and so apt, and she might play it again today, if today's crowd is lucky.

《水牛城新闻报》
2014年3月29日

水牛城爱乐乐团这周邀请中国著名琵琶演奏大师吴蛮出演，无论要付的出场费多高，她的演出都物超所值。

周六晚上吴蛮从羽翼合唱团现身，身着一件红黄交错的连衣裙和紫红色紧身裤，偷走了听众的心（想想最后那天晚上下起的暴风雪，但来的观众还是出奇的多）。能和她的魅力相媲美的只有她那精湛的琵琶演奏技艺了。琵琶是一种类似琉特琴的中国传统乐器。

琵琶的音色介于班卓琴和俄罗斯三角琴之间。吴蛮黑色的刘海下，双目集中，极其灵巧地上下拨动琴弦。每一个音符都很清晰，且富于变化——切切小弦如间关莺语，嘈嘈扫弦如急雨，抑或戛然拨挑，让你不得不会心而笑。西方观众不熟悉琵琶这种乐器，也是其中的部分乐趣。有时音符在结尾处回旋，产生一种苦甜参半的音调。

吴蛮所演奏的协奏曲由赵季平专门为她量身定制，这位作曲家以电影配乐闻名，最出名的是为《霸王别姬》和《大红灯笼高高挂》两部电影的配乐。

　　赵季平创作的协奏曲让人回想起过去的好莱坞（我是带着深深的敬仰说出这句话的）。它听上去好像可以作为一部史诗的配乐。他的旋律久久萦绕于你的心头。他的音乐语言有时让我想起好莱坞露天剧场伟大的演奏家卡门·德拉更。我们经常在圣诞欢歌上听到他那明亮动人的圣诞欢歌组合。赵季平有时让小提琴演奏出滑音，伴有柔和的富有诗意的木管乐器。

　　在如此丰富的乐器声映衬上，总能听到吴蛮的琵琶声，音符如水晶般清脆。她总是给人留下这样的印象——和管弦乐队、副指挥马修·克莱默以及观众积极互动。结尾处，来自管弦乐队音乐家演奏出各种组合的告别高音符，伴以琵琶收尾的旋律，十分优美动听。赵季平似乎借鉴了理查·施特劳斯的作品，后者在他的作品《最后四首歌》（1948）中也有相似的编曲安排。

　　观众爱上了这首曲子，很多人都站起来欢呼，掌声持续的时间如此之长，吴蛮不得不再演奏一曲。我不想泄露这首曲子的名字。它的名字很有趣，很恰当。如果今天的观众幸运的话，她也许今天再弹一遍。

　　整个音乐厅的主题是感官享受，氤氲着令人难忘的气氛。克兰汉斯音乐厅挂起了红色的中国灯笼，向这位来自亚洲的音乐天才致敬。大厅里艺术家们在展示书法和其他中国的纸艺。

　　第一个节目是查尔斯·汤姆林森·格里费斯《忽必烈汗的快乐圆顶》，曲中有突出的风琴声，令人振奋的阵阵急促的云鼓声。你能听见来自双簧管的舒缓旋律，丰富优美的大提琴拉出的主旋律。乐曲进入高潮，伴有云鼓和定音鼓，高强音量最终渐次平复为温柔的呢喃。这首曲子及博普爵士乐在历史上赫赫有名。管弦乐队用拿索斯唱片记录下这首曲子，早在1941演奏，并由法兰科·奥特利做指挥。

　　相较之下，鲍罗廷的作品《在中亚的大草原上》据报道从未在这里演奏过，至少在经典系列里没有演奏过。这首迷人的曲子，刻画了一行沙皇俄国军事车队在茫茫荒野中经过一辆阿拉伯的大篷车的画面，听现场是极好的享受。克莱默指挥得很好，所有重要的小细节演奏家们都处理得十分优美。从某种意义上，这首曲子是整场音乐会的核心，因为它描摹了两种十分不同的文化相互致以友好和一种对亲属关系无言的认可。随着沙皇士兵消失在远处，克里斯汀·贝利轻轻唱出最后一句歌词，出色地完成了他的表演。

　　整场音乐会以德彪西的《三首夜曲》结尾，这是一首能想象到的最悦耳

动听的音乐。水牛城爱乐乐团合唱
团的女士们在聚光灯下等了一晚上,
终于轮到她们上场了。她们在《三
首夜曲》中十分享受地放声高歌。

　　克莱默让拍子一直延续,以免
一切变得太伤感。

音乐大师吴蛮的
维吾尔族音乐演出

保罗·巴罗斯

《西雅图时报》
2012年5月29日报道

5月29日星期二发布本周最新专辑，包括琵琶演奏家吴蛮与维吾尔族音乐家合作的《边境之地》、西雅图当红爵士乐队彼尔·德简戈（Pearl Django）的 Eleven、唱作人丽吉娜·斯皮科特尔（Regina Spektor）的 What We Saw From the Cheap Seats，以及斯格尔·罗斯（Sigur Rós）的 Valtari。

阿布杜拉·曼吉奴（Abdulla Majnun）是维吾尔族音乐家，他演奏的是迪尔他，一种有两个琴颈的乐器。吴蛮是中国琵琶演奏家，琵琶为一种四弦乐器。在北京的一次专辑排演中，阿布杜拉·曼吉奴对吴蛮说："我们的这两样乐器在一起演奏时就像是失散多年的兄弟。"这张专辑由吴蛮同维吾尔族音乐家曼吉奴、唱作人赛努拜尔·吐尔逊（Sanubar Tursun）、赛努拜尔的弟弟艾山江（Hesenjan）等人合作完成。

尽管唐朝时期弹奏琵琶就成了

中国古典民间传统艺术，事实上，琵琶最早起源于中国边境新疆维吾尔族自治区，在这里，人们称它为巴尔巴特琴。吴蛮让琵琶的弦声（有些像琉特琴的声音）同它往昔的兄弟姐妹——都塔尔（一种长琴颈乐器）、萨它尔（一种弓形琴）和弹布尔（一种弹弦乐器）团聚，创造出了一场奢华的音乐盛宴——唱出爱、战争、上帝的歌曲，歌颂家乡的赞美歌，用乐器演奏的木卡姆，特定模式的舞台布景。听着音乐，让人很快就觉得自己仿佛正在丝绸之路上，扎起帐篷，在里面小口啜饮酥油茶。这张专辑大胆地向传统发起挑战，一改以往单一乐器形式的"纯粹"，采用了混合、拼接、即兴等演奏方式——在数百年来吟游歌手每日清晨到小镇从容漫步的地区，这种演奏方式很常见，它或许会成为下一个伟大的"传统"。

DVD 碟片上的唱片说明提供了详尽的背景信息。不过，即便没有这些，音乐本身也足够出色了。总之，这是一张十分精彩的专辑。

引人入胜的
《边境之地》

尼尔森

WorldMusicCentral.org
May 29, 2012

Lavishly Engaging Borderlands
By TJ Nelson

Wu Man and Master Musicians from the Silk Route - Music of Central Asia Vol.10 Borderlands
Music of Central Asia Vol.10 Borderlands (Smithsonian Folkways, 2012)

There's something anticipatory about music. You get hints about the mysteries that await behind the cover art and accompanying photos, but it never really reveals the inner magic until those first notes eke out. So, stumbling headlong into Smithsonian Folkways' final recording for their Central Asia music series, Borderlands, with pipa master Wu Man along with Uyghur, Tajik and Hui fellow musicians is a bit like transported to a rise of land with the a wholly exotically stunning Asian landscape stretched out before you.

With other volumes like Tengir-Too: Mountain Music from Kyrgyzstan, Homayun Sakhi: the Art of the Afghan Rubab, Bardi Divas: Women's Voice in Central Asia, Alim and Fargana Qasimov: Spiritual Music of Azerbaijan and In the Footsteps of Babur: Musical Encounters from the Lands of the Mughals, Smithsonian Folkways has dipped into some of the most overlooked Asian musical traditions and put that music to disc to dazzle fans and open these traditions to music lovers, students and scholars. How could it get any better than that?

Borderlands doesn't disappoint with fourteen powerfully worked, artfully crafted tracks from China and Central Asia. If this is even a slice of what the first Westerns who traveled the Silk Route encountered it's a wonder that they ever managed to travel the whole of it and not just continually wander off the path and drink in what musical delights there was to be found at each stop.

Rich tracks like the opening "Improvisation for Three and a Half Instruments" with Abduvali Abdurashidov on sato-tambur, Sirojiddin Juraev on dutar and Wu Mna on pipa, the lovely "Chebiyat," and the lazily stunning "Ushshaq" with Abdulla Majnun on ditar turn Borderlands into something truly exceptional. Brimming over with Sanubar Tursun on vocals and dutar on "Ademler Ulugh and "Shadiana" with AbdulMajnun on dutar and Wu Man on pipa, this recording possesses a graceful elegance and underlying poignant potency.

Other gems include the improvisational piece "Navo" and "Biderding" with dutar, satar and vocals with the music composed by Sanubar Tursun.

Fans are offered a lush booklet filled with photos, artist bios and instrument guide, as well as an overview of central Asian musical traditions. If that weren't enticement enough Borderlands comes with an accompanying DVD with a video on the Music of Central Asia and the Aga Khan Music Initiative, performances of Borderlands and an Interactive Instrument Glossary.

Borderlands is truly a treat, sumptuous and lavishly engaging.
http://worldmusiccentral.org/2012/05/29/lavishly-engaging-borderlands/

世界音乐中心网
2012年5月29日

说到音乐，有些事情众所周知：也许你能够从封面设计和附图中猜到其中的几分神秘，但只有第一个音符奏响时，音乐的内在神奇才真正地释放出来。因此，同琵琶大师吴蛮以及维吾尔族、塔吉克族和回族音乐家们一起，在史密森尼民俗录音室中亚音乐最后一张专辑《边境之地》中尽情徜徉吧。你会感到自身仿佛正置身于亚洲的高原之上，领略着眼前极具异域风情、美不胜收的壮丽河山。

除此之外，其他专辑还有《吉尔吉斯斯坦高山音乐》（*Mountain Music from Kyrgyzstan*，by Tengir-Too），《阿富汗雷巴布琴的艺术》（*The Art of the Afghan Rubab*，by Homayun Sakhi），《中亚的女性之声》（*Women's Voice in Central Asia*，by Bardi Divas），《阿塞拜疆的灵魂音乐》（*Spiritual Music of Azerbaijan*， by Alim&Fargana Qasimov）和《跟随巴布尔的脚步》（*In the Footsteps of Babur*）组合的《蒙兀儿土地上的音乐奇遇》（*Musical Encounters from the Lands of the Mughals*）。史密森尼民俗音响公司致力于挖掘受人忽视的亚洲音乐传统，并将其音乐录制成光盘吸引粉丝，为音乐爱好者、学生和学者打开传统音乐的大门。还有比这更激动人心的吗？

《边境之地》的十四首来自中国和中亚地区的音乐可谓是呕心沥血之作，充满力量和艺术性，绝对不会让你失望。哪怕这只呈现了第一批到丝绸之路旅行的西方人所见所闻中的冰山一角，你也会觉得，这些西方人能够走完全程，而没有迷失在丝绸之路上，没有在每个驻足之地忘乎所以沉醉于音乐的美好之中简直就是奇迹。

每个单曲都丰富多彩，如序曲《三个半乐器即兴演奏》中，坦布尔演奏家 Abduvali Abdurashidov、都塔尔演奏家 Sirojiddin Juraev，以及吴蛮演奏了琵琶；在活泼欢快的 Chebiyat 和不经意间带来惊艳的 Ushshaq 中，阿卜杜拉·曼吉奴演奏了迪塔尔，这些让《边境之地》变得独一无二。Ademler Ulugh 中洋溢着歌手兼作曲家 Sanubar Tursun 的歌声和都塔尔的音色，

Shadiana 中的都塔尔和琵琶声不绝于耳，这张唱片在优雅中又带一丝感伤。

其他的艺术精品包括即兴曲目 Navo 和 Biderding，音乐元素包括都塔尔、塞塔尔和作曲家并演唱的音乐。

粉丝将获得附有大量照片、艺术家生平和乐器介绍的手册，以及对中亚音乐传统的简介。如果这依然不能满足你，《边境之地》配有相应 DVD，其中收录了有关中亚音乐公司和中亚阿迦汗（Aga Khan）音乐公司的两部纪录片、《边境之地》的专辑表演和互动式乐器术语表一份。

《边境之地》是一场名副其实的音乐盛宴。

吴蛮和克罗诺斯
四重奏乐团携多媒体式
音乐会走进斯坦福大学

理查德·谢林

San Jose Mercury News
January 17, 2010

Review: <u>Kronos</u> Quartet and Wu Man bring multimedia happening to Stanford

By Richard <u>Scheinin</u>

What exactly is a home, or a homeland? Is it a physical place? <u>A spiritual condition? A cultural construct?</u> Can a home, or a homeland, pick itself up and go flying across the globe?

"A Chinese Home" — a multimedia happening led by the <u>Kronos</u> Quartet and Wu Man, the <u>pipa</u> virtuoso and singer — answers "yes," essentially, to all those questions. It had its West Coast premiere Saturday at Stanford University's Memorial Auditorium, which became home to this engaging <u>hourlong</u> spectacle — a new kind of musical stage show, meditating on a world of crisscrossing cultural influences, of homes in flux.

Stanford Lively Arts deserves kudos for co-commissioning a night as ambitious as "A Chinese Home," which is directed by Chen Shi-Zheng, who also directed "The Bonesetter's Daughter," the opera based on Amy Tan's novel, at San Francisco Opera in 2008. Chen, like Wu Man, grew up in China during the Cultural Revolution, so "A Chinese Home" benefits from firsthand knowledge and experience, as well as Kronos' lust for risk-taking and going beyond mere musical performance. Bravely and convincingly, the quartet's members become actors — not just players.

The specific home referred to by the work's title is Yin Yu Tang, a 300-year-old house in a southeastern Chinese village that was disassembled, stone by stone, and reassembled a few years ago at the Peabody Essex Museum in Salem, Mass. Its story becomes the metaphorical source for the whole work and its more universal themes of cultural change, migration and transformation.

"A Chinese Home" matches music and film: documentary footage, old Shanghai "Hollywood" film clips, Mao-era propaganda films and more.

It begins with the five <u>spot-lit</u> musicians (<u>Kronos</u> and Wu Man) in long white monks' robes, each playing the bamboo mouth organ known as the <u>lusheng</u>. Overhead, we see footage of vast Chinese landscapes — and of Yin Yu Tang, its hallways and gardens, as the musicians onstage sit to play arrangements of folk songs from the Dong and Sani peoples and from other Chinese minorities.

With music selected and "curated" by Wu Man and violinist David Harrington, what emerges is a travelogue and history lesson matching image and song and traversing a century of change in China. Wu Man flicks a delicate chord from her lutelike pipa, and <u>it's</u> as if she has released a cloud of butterflies into the hall — as images of clouds or smoke or the faces of Chinese village musicians fill the screen. This is the old China.

《圣荷西信使报》
2010年1月17日

房屋或家园是什么呢？是一个地方？一种精神状态？一种文化构建？家或家园能自己站起来翱翔于寰宇之中吗？

由琵琶演奏大师及歌唱家吴蛮携克罗诺斯四重奏乐团联袂出演的多媒体式音乐会——《中国之屋》对以上问题的回答都是肯定的。该音乐会于周六在斯坦福大学纪念礼堂完成了在美国西海岸的首次亮相，历时一小时，演出精彩绝伦，这种新式音乐舞台表演形式对不同文化影响相互交织的世界及不断流变的家园主题作了深刻地思考。

"斯坦福生动艺术"很荣幸承办像《中国之屋》这样精彩纷呈的音乐会。此场音乐会由陈士争导演，他还执导过于 2008 年在旧金山歌剧院上演的改编自谭恩美小说的歌剧《接骨师的女儿》。同吴蛮一样，陈士争也成长于"文化大革命"时期的中国，因此该场音乐会除了得益于克罗诺斯勇于超越纯粹音乐表演、敢于冒险的渴望之外，还归功于第一手的知识和经验。四重奏的成员表现勇敢且具有说服力，堪比演员——而不仅仅是演奏家。

该作品名称中的房屋指的是荫余堂，一所中国东南部乡镇里的拥有三百年历史的古宅，这所宅子被拆卸后又于几年前在马赛诸塞州塞勒姆皮伯地博物馆用原来的一砖一石重新搭建起来。该故事为整个作品及其更普遍的主题——文化转变、迁移和转换，提供了隐喻性来源。

《中国之屋》把音乐和电影结合得天衣无缝，如纪录片、"好莱坞"式旧上海滩影片剪辑、毛主席时代的宣传影片等。

开场追光下五位音乐家（吴蛮和四位克罗诺斯成员）身着长款白色僧袍，演奏竹制口琴芦笙。当台上的音乐家们演奏来自侗族、彝族（撒尼支系）及其他中国少数民族的民歌编曲，抬眼，我们看到中国大片风景地貌——荫余堂的走廊、花园的镜头。

音乐由吴蛮和小提琴演奏家大卫·哈灵顿选曲汇编，如一份旅行指南，一节历史课，把影像和歌曲巧妙结合，纵观中国一个世纪的变迁。吴蛮在琵琶上弹奏出雅致的和弦，好似在音乐厅中放飞成群的蝴蝶——此时大屏幕上放映着云烟、中国乡村音乐家的影像。这是古老的中国。

台上《中国之屋》音乐会继续推进，首先是回到革命前对西洋、好莱坞和爵士音乐痴迷的上海滩。克罗诺斯的四位成员现在化身为身着卡其裤、佩戴红色宽领带的艺人，而吴蛮则着一袭歌女式紧身晚礼服。她吟唱一曲甜腻妩媚的爱情歌曲。乐器演奏家们戴着太阳镜，从酒瓶中痛饮威士忌，演奏那个时代带有中国特色的爵士和蓝调音乐，此时头顶上方滚动着"好莱坞"式上海滩的镜头。

音乐会继续推进，展示出毛主席时代的大行军、红歌和更多的民歌，即现在统称的"大众音乐"。吴蛮和克罗诺斯的成员身穿红卫兵服装，但在该音乐会描绘下的中国，西方的影响并没有销声匿迹。西方的协奏曲融入革命歌曲里，女红卫兵们甚至跳起了足尖舞。东西方在这里相遇，并长久相伴，在斯坦福大学上演的这场表演就是很好的印证。

《中国之屋》以吴蛮在嘈杂声中演奏电琵琶压轴，与此同时荧屏上放映着工业时代的影像。克罗诺斯演奏家们在一旁作手势，然后沿着地板爬行。他们打开乐器盒，倒出

丝绸之路琵琶行｜大师吴蛮的世界音乐叙事

海量发光的电子玩具，滚向观众，传达出这一信息，即中国现在是物欲横流之地，那些玩具就像它的主导性文化输出。

那似乎过于简单化。在中国除了其他方面，艺术也在爆炸式发展，数十年间涌现出迄今为止最大批的小提琴家和钢琴家。但很多艺术家都去了西方。

很遗憾，作为2月5日开幕的斯坦福泛亚音乐节的前奏曲，本周六的节目没有更多的表演。

本节目的前半场由弦乐四重奏曲乐团和琵琶合奏作曲家谭盾的作品《鬼戏》，俨然一场引人入胜的听觉盛宴。

这是一部仪式戏剧，其间音乐家们在台上走来走去，宛似流浪的小提琴在寻找家园。舞台和灯光由劳伦斯·内夫设计，流水灯光交相呼应，借鉴了巴赫作品及谭盾的出生地湖南地区嘹亮的驱魔戏，呈现原始质朴的特质。东西方以一种微妙、持久的方式相互寻找彼此，并汇聚融合。

一个新的家园因此得以诞生。

女性独奏家的
琵琶即兴演奏会

薇薇安·施韦策

The New York Times

THE NEW YORK TIMES, SUNDAY, NOVEMBER 28, 2010

One-Woman Pipa Jam Session

By VIVIEN SCHWEITZER

LIKE archeologists constructing a whole from fragments, ethnomusicologists who research ancient scores must translate extinct musical languages into contemporary Western notation.

The traditional Asian melodies featured on "Immeasurable Light," a new CD by the pipa player Wu Man (Traditional Crossroads 0780702434326) were notated from ancient tablatures by the ethnomusicologist Rembrandt Wolpert, a professor at the University of Arkansas.

The original scores were not notated to indicate pitch, but instead provided fingering and tuning instructions from which a melody could be deciphered. Ms. Wu then incorporated the tunes into her own imaginative compositions.

"Immeasurable Light" highlights pipa melodies from the Tang dynasty (618-906) through the medieval era and also reflects the experimental ethos of Ms. Wu, who has played bluegrass, jazz and other genres.

Ms. Wu, who also sings and plays percussion on the disc, is joined by the Kronos Quartet, a frequent collaborator, on "The Round Sun and Crescent Moon in the Sky," a boisterous interpretation of a wild folk song from the shadow puppetry repertory.

The ensuing "Night Thoughts" is in marked contrast, a melancholy selection

Wu Man, the virtuoso Chinese pipa player and composer. Her new CD features traditional Asian melodies notated from ancient tablatures for the lutelike instrument.

CHAD BATKA FOR THE NEW YORK TIMES

inspired by a ninth-century pipa melody and ancient tuning systems. Ms. Wu layers tracks to create the effect of multiple pipas when recreating a fragment from a 13th-century Japanese court music treatise. In the multitextured work "An Immortal Splashes the Ink," she uses her pipa to imitate the sounds of a gong, a cymbal and a wood block, producing a dazzling panoply of sonorities.

The starkly beautiful "Wang Zhao Jun" is followed by "Namu Amida (Homage to the Buddha of Immeasurable Light)," based on a Buddhist mantra. Ms. Wu, joined again by the Kronos Quartet, provides the haunting vocals. In "Mountain Temple Bell at Sunset" Ms. Wu was inspired by the temples, mountains and lake of her hometown, Hangzhou. She uses a prepared pipa, in the manner of John Cage's prepared piano, attaching paper clips, paper plates and pencils to the strings to evoke a temple bell.

The classical martial style inspired

"Leaves Flying in Autumn," a fast-paced, intricate whirlwind in which her strumming suggests that of a rock guitarist, concluding with a raucous one-woman jam session.

Also on the disc is the somber "Auspicious-Clouds Music," in which Ms. Wu imitates the sound and style of a qin (pronounced chin), an ancient Chinese seven-string zither. Myriad sonic effects enliven "Misty Rain on the Eastern Mountain." In "Three Terraces" Ms. Wu arranges an eighth-century tune that was used to set both secular and Buddhist elements.

"A Spring Flowering Over Stones" is a modal prelude for solo lute. When playing it, according to a historic description, the musician would use the "deviant fragrance of the wind tuning."

The disc concludes with "Luntai and the Waves of Lake Kokonor," in which Ms. Wu overlaps tracks of pipa melodies played in high and low registers with percussion, to highlight the work's dance elements.

《纽约时报》
2010年11月28日 星期日

民族音乐学家研究古老乐谱时，必须将绝迹的音乐语言翻译成当代西方乐谱，正如考古学家要将残存碎片一点一点拼凑完整。

琵琶演奏家吴蛮最近出了新专辑《光之无限》（由 Traditional Crossroads 公司发行，编号 0780702434326）。该专辑中的传统亚洲旋律特色由美国阿肯色大学教授及民族音乐学家 Rembrandt Wolpert 将古老的乐谱重新用现代音符标注而来。

原乐谱中并没有表示音高的符号，只记录了指法和弹法，而正是通过这些信息 Rembrandt Wolpert 教授破译出了旋律。后来，吴蛮发挥想象，将这些曲调应用到自己的创作中。

吴蛮是首位获得中国中央音乐学院琵琶硕士学位的音乐家，是将琵琶介绍到西方的先锋人物。琵琶这一四弦乐器已存在了两千多年，它的声音用唐代诗人白居易的诗句来形容就是"大珠小珠落玉盘"。

1990 年吴蛮初到美国，连英文都不会讲。而现在，通过不懈努力，她从纽约的唐人街一路进军到著名的卡内基音乐厅，以传教士的热情推广她的乐器，召集到一大批知名西方独奏家、乐团、作曲家进入这一领域。吴蛮创作这张专辑的灵感，一部分就来自去年参加卡内基音乐厅举办的"古今回响"中国文化节的经历。

《光之无限》突出表现了唐朝至中世纪的琵琶旋律特色，同时反映出吴蛮的丰富经验。她不但会演奏琵琶的传统风格，还会弹奏蓝草音乐、爵士乐等各种曲风。

吴蛮在这张专辑中还一展歌喉并演奏了打击乐，她与忠实合作者克罗诺斯四重奏乐团一同演奏了专辑中的《圆日弯月挂空中》（*The Round Sun and Crescent Moon in the Sky*），这首热闹非凡的曲子来自民间皮影戏。

第二首《静夜思》（*Night Thoughts*）的风格与上一首形成鲜明对比。这首悲伤曲子的灵感来自 19 世纪的琵琶旋律及古老的曲调体系。吴蛮通过研读 13 世纪日本宫廷音乐专著，再现了其中一个片段，另外设置多重声道，创造出了一种多部琵琶同时演奏的效果。《仙人泼墨》（"*AnImmortal Splashes the Ink*"）则包含多重音色，吴蛮用琵琶模仿了锣、钹和响木的声音，营造出了气势恢宏的氛围。

吴蛮，中国杰出琵琶演奏大师及作曲家，她的新专辑以从古代琵琶乐谱破译而来的传统亚洲旋律为特色。

充满原生态美的曲目《王昭君》之后是《南无阿弥陀佛》（*Namu Amida*），名字为佛教咒语。吴蛮与克罗诺斯四重奏乐团再次合作，共同演绎了震撼人心的音乐。而《黄昏山寺钟声》（*Mountain Temple Bell at Sunset*）的创作灵感则来自于吴蛮的家乡杭州的山、寺、湖。吴蛮使用了预置琵琶，类似于约翰·凯奇的预置钢琴做法，在弦上加上了纸弹片、纸板和铅笔来模拟出钟声。

在中国国粹武术的影响下诞生了《秋之飞叶》（*Leaves Flying in Autumn*）。这首曲子听来如旋风急速扫过，吴蛮的扫弦就像摇滚吉他手，曲子最后以活力四射的即兴演奏结束。

专辑中还有忧郁感伤的《祥云乐》（*Auspi-cious-Clouds Music*）。在这首曲子中，吴蛮模仿了七弦古琴的曲音和曲风。《东山的雾雨》（*Misty Rain on the Eastern Mountain*）一曲则因混音效果更加生动活泼。

而在《三台》（*Three Terraces*）中，吴蛮则加入了8世纪用来营造世俗和佛教氛围的曲调。

《清泉石上流》（*A Spring Flowing Over Stones*）是独奏琵琶的调试序曲。据历史记载，弹奏这首曲子时，音乐家会采用"风转曲留香"的方式。

专辑的最后一曲是《轮台与青海湖波浪》（*Luntai and the Waves of Lake Kokonor*）。吴蛮将琵琶旋律的高低音部混合，同时加入打击乐，突出了作品的舞蹈元素。

音乐家吴蛮
与丝路音乐大师合作
进行中国巡演

亨利·艾斯·奈特（Henry Ace Knight）

中文翻译：魏琳琳、秦展闻

琵琶演奏家吴蛮【右】于 2017 年 4 月 22 日在北京演出。

5 月 7 日，在中国江苏省苏州市，琵琶演奏家吴蛮奏响了音乐会最后的音符。观众们热烈鼓掌，随即安静下来期待安可曲。一位观众建议演奏《十面埋伏》（琵琶这一传统四弦琉特琴的经典独奏曲之一）。"下次吧！"吴蛮与来自塔吉克斯坦的坦布尔（tanbur）演奏家斯洛吉丁·朱拉耶夫（Sirojiddin Juraev）相视一笑，"今晚主要与您分享丝路音乐。"

上个月，格莱美音乐奖得主吴蛮在中国的 12 座城市进行了巡回演出，历时 22 天。此行是她筹划的"边疆"项目的最新活动，旨在向中国观众介绍中亚民间音乐传统。一同演出的除了朱拉耶夫，还有维吾尔族歌手兼词曲作家赛努拜尔·吐尔逊（Sanubar Tursun）和意大利打击乐演奏家安德烈·皮奇奥尼

（Andrea Piccioni）。

5 月 14 日，北京巡演恰逢"一带一路峰会"召开，该国际论坛聚焦中国为推动与古丝绸之路沿线及其周边国家的贸易而启动的雄心勃勃的新基建项目。中国即将在欧亚各国兴建隧道、桥梁及铁路，这恰好为吴蛮提供了一个绝佳的契机，让她得以实现向中国观众介绍中亚民间音乐传统的夙愿。

早在习近平主席用"丝绸之路"代指全球经济合作范围之前，美籍华裔大提琴演奏家马友友就把这一概念用于跨文化的音乐合作之中。正是在马友友的丝绸之路项目中，吴蛮第一次与来自中亚的音乐家相遇并合作，其中包括与吴蛮在音乐上一拍即合的朱拉耶夫。吴蛮有着中国古典音乐首席外使的美誉，几十年来，她一直梦想可以回到中国为观众呈现世界音乐的神韵，这已经成为她变革创新音乐体裁不可或缺的一部分。

吴蛮与众多合作者带来的令人眼花缭乱的演奏让西方观众记住了她的名字，与她合作的音乐家中既有当代古典音乐的代表菲利普·格拉斯（Philip Glass）和克罗诺斯弦乐四重奏（Kronos Quartet），也有来自世界各地的民间音乐大师。吴蛮让西方听众熟悉了中国音乐，在这一方面她的贡献无人可比。音乐

评论家艾伦·科赞（Allan Kozinn）2013 年在《美国音乐》杂志上向年度音乐演奏家致敬时写道："今天，对于许多音乐会听众来说，琵琶已经不再是一件异域奇物，更不是一件神秘之物，这无疑是吴蛮成就的最佳体现。"

"尽管传统乐器已实验性地进入了当代声音景观，但喜欢传统乐器的年轻城市听众越来越少。"

——亨利·艾斯·奈特，记者

然而对于中国听众而言，吴蛮仍显得有一丝神秘。她说："好多人还未见过我在中国登台，只在电视上看到过我。"吴蛮与丝绸之路乐团（Silk Road Ensemble）、克罗诺斯弦乐四重奏和西方先锋派作曲家合作演出的录像还未在中国发行。在中国，吴蛮是著名的独奏家，能够完美地演绎琵琶的传统曲目（因而苏州的乐迷要求再来一曲《十面埋伏》）。

之前有人邀请吴蛮在国内的 10 座城市举办独奏巡演，她却有别的想法。"我说，我不想举办独奏音乐会。我想要呈现的是自己一直以来追求的梦想和宝贵的经历。希望能与年轻一代就这些内容进行分享。"于是便有了上个月的"边疆"巡演，这也许是首个主要向汉族观众介绍

丝绸之路音乐文化的世界音乐系列演出。

巡演的每个细节都由吴蛮亲自筹划（包括路线、形式、曲目的安排和改编），以适应对异域乐器（如中亚的两弦乐器都塔尔 dutar 及其同族乐器坦布尔，和意大利鼓乐器坦布雷洛 tamburello）接触较少的中国观众的需求。

吴蛮没有在中国的大都市多停留，而主要选择在二三线城市演出。尽管传统乐器已实验性地在当代声音景观中找到了一席之地，如北京的中华未来主义音乐圈（Sinofuturism scene）和大理古城的高音飞地（alt-enclave），但在主流观众之中，特别是年轻一代的城市观众之中，喜欢传统乐器的却越来越少。吴蛮希望通过在保利剧院的演出与这些城市的年轻人们进行互动。保利剧院在中国采用院线制经营，经常为以家庭为单位的观众量身编排节目。

吴蛮打破了中国古典音乐的表演传统，让观众与舞台上的乐器进行对话。这种对话式的表演与她早期在美国的演出类似，当时琵琶还是一件没有被广为人知的乐器。都塔尔、坦布尔和意大利鼓的独奏表演结束后，吴蛮会向观众介绍这些乐器、翻译由同台的演奏家讲述的相关历史，并鼓励观众给予实时反馈。

"虽然反响不错，但巡演并非一帆风顺。许多夜场的上座率仅在一半左右。"

——亨利·艾斯·奈特，记者

丝绸之路覆盖的国家多、文化差异大，因而要将丝路音乐文化浓缩在一个半小时的音乐会中绝非易事。吴蛮的策略十分简单：选取朱拉耶夫、吐尔逊和皮奇奥尼这些音乐大师擅长的曲目；拓宽琵琶的音乐语境，在演奏非古典曲目时保留琵琶的传统韵味。

第一组曲目由朱拉耶夫演奏都塔尔、皮奇奥尼负责打击乐，以独奏与合奏的形式为观众呈现塔吉克族和哈萨克族的民歌以及几首琵琶曲。其中，一曲《静夜思》（*Night Thoughts*）令人难忘。这是一首原创乐曲，取材于敦煌石窟地区的佛教古音乐。在《静夜思》之前是合奏的哈萨克轻快乐曲，之后是由皮奇奥尼带来的激动人心的鼓乐独奏。

接着，来自中国西北部新疆伊犁哈萨克自治州的吐尔逊加入进来，一边弹奏都塔尔一边献唱。朱拉耶夫弹起坦布尔（一件长颈弦乐器，用铁质拨片弹拨），这件乐器在欧亚大陆和中东地区几乎随处可见。第二组曲目的重头戏是木卡姆（muqam）的选段。木卡姆是一种融合了宗教和浪漫叙事的艺术形式，起源于新疆，随后经丝绸之路传入波斯文化区。吴蛮预先提示大家，木卡姆听起来并不轻松。标准的木卡姆时长一到两小时，而演出当晚的选段则只有 15 分钟。对慕琵琶独奏之名而来的观众而言，这支曲子颇具挑战，是意料之外的"听觉大餐"。

虽然反响不错，但巡演并非一帆风顺。由于保利剧院的员工流动速度较快，且资源缺乏、宣传有限，许多夜场的上座率仅在一半左右。只有少数剧场费心印制了海报或节目单。考虑到受邀音乐家的演奏水准极高且此前中国没有类似的演出，出现任何空位都十分可惜，更不用说在配有高级音效设备的新建音乐厅出现的整片空座了。

这次巡演的剧场管理充其量只是业余水平，最差的时候更是古板得可笑。例如，在山东省青岛市，一名管理员在试音时要求吴蛮搬离第一排座位，因为双方合同规定演出人员只能坐在化妆间内。演出开始，乐团上台后，音乐会工作人员还未将剧场的门关上，也未要求观众将手机调至静音，这类问题在巡演过程中反复出现。

巡演的另一大障碍是观众无法在现场获取录制好的音乐。2012年吴蛮与中亚音乐家合作的专辑《边疆》（Borderlands）从未在中国发行，导致为其着迷的观众没有机会深入欣赏。

尽管存在种种不便，但观众对音乐的接受度非常好，明年由原班人马再度联袂演出的计划已在筹备当中。"这样的音乐我听多少遍都不会厌烦，"26 岁的山东观众王业奇在青岛的演出结束后说，"每一种乐器都有自己的特点，但合奏的时候却十分和谐。"丝路地区势必将成为中国未来发展的重要部分，吴蛮组织的巡演为中国听众熟悉丝路音乐打下了基础。

编辑：马修·沃尔什
（Matthew Walsh）

吴蛮评价集锦

"如果你想从入门开始学习梨形中国琉特琴'琵琶'，在市场上再找不到比吴蛮技艺更加高超更有魅力的老师了。"

（《旧金山时报》）

"吴蛮是当代演奏家的典范，更重要的是她的工作使西方古典音乐的发展迈进了一大步。多亏有她，琵琶再也不是神秘的异国之物，人们也不再对它一无所知。"

（《美国音乐》）

"若有哪位艺术家是多个艺术组织的大使，那一定是充满活力的琵琶演奏大师吴蛮。一位女性凭借自身天性的力量，不仅为中国传统音乐带来新的观众，也成了为谭盾、特里·赖利等当代作曲家带来灵感的缪斯，她是一个关键人物。"

（《留声机》杂志）

"作为一名独奏家，吴蛮的琵琶演奏效果千变万化：时而谈笑风生，婉约吟唱，时而咆哮怒吼，令人做梦也想不到这十指四弦竟能在一个浅红木盒上拨弄出如此美妙的音乐。"

（《Songlines》杂志）

"吴蛮通过琵琶呈现了令人惊叹的色彩和情感，这一乐器已有两千多年的历史，曾有一位唐朝诗人描述它的声音为'大珠小珠落玉盘'。吴女士是传统音乐的艺术诠释大师，用拨奏和震音创造出一种余音绕梁、回味无穷的声音。而珠落玉盘的余音很快减弱，又让人联想到吉米·亨德里克斯（Jimi Hendrix）。在美国期间，她非常大胆地拓展了琵琶的演奏范围，同折衷派乐器演奏家一同演奏爵士、蓝草、宝莱坞音乐，并从多位杰出作曲家那里得到了众多作品的创作灵感。"

（《经济学人》）

"吴蛮的演奏能够带你跟随音乐自然流露出喜怒哀乐……她的技艺只是一个平台，在这个平台上，她用音乐再现战争的残酷、哲学的沉思、无尽的温柔，总是那么引人入胜，感人至深。而当你注意到她展现的外在高超技能，你会难以相信一个凡人竟能做到这种程度。"

（《波士顿环球报》）

"无论是独奏还是与长笛和中提琴的二重奏，吴蛮精彩多变的指法弹奏出的旋律与节奏极强的音色，都展现出她高超的艺术造诣。"

（《华盛顿邮报》）

"吴蛮是当今公共表演最优雅的音乐家之一，她展现出了将多种音乐融合的特殊天赋，给菲利普·格拉斯（Philip Glass）和卢·哈里森（Lou Harrison）的一些杰出音乐作品带来了创作灵感。没有她，马友友的'丝绸之路音乐计划'将是一条褪了色的丝带。"

（《洛杉矶时报》）

"吴蛮的演奏技艺令人折服，她的乐器可以奏出名副其实的交响乐：空灵跳动的节拍，铮铮淙淙的曲调，行云流水光影交错之感，以及指尖与琴弦碰撞时的叹息。"

（《华盛顿新闻报》）

"2005年，琵琶能在美国吸引众多观众，很大程度上归功于吴蛮的才能和魅力。"

（《波士顿环球报》）

"琵琶大师吴蛮对这一乐器早已谙熟于心，弹起来得心应手。传统西方音乐的旋律并未在此体现，琵琶通过各种旋律片段创造出结合中国音乐和西方乡村音乐的一种新类型。"

（《西雅图时报》）

"吴蛮用琵琶带来了令人惊讶的色彩广度和扣人心弦的技艺效果……"

（《纽约杂志》）

"琵琶是一种类似于琉特琴的乐器，吴蛮在《林品晶琵琶协奏曲》

上的精湛表演，丝毫不逊于美国作曲家交响乐团，她用琵琶时而以断点泼洒式扫出断断续续的音符，时而漫弹出中国民乐的旋律。"

《纽约时报》

"魅力四射的吴蛮是一位杰出的音乐家。在她的手中，琵琶令多数西洋乐器的声音相形见绌……她的演奏所具备的感召力、亲切感、丰富性和细腻程度都十分惊人。"

《波士顿环球报》

"吴蛮使琵琶这一中国琉特琴变得家喻户晓……这里（作品《猎户座》），格拉斯合奏团谦逊地成为了配角，将舞台交给她，而吴蛮的精湛技巧令人叹服。"

《洛杉矶时报》

"……吴女士最令人印象深刻的表演变化是密集的半音阶。我发誓，在她演奏接近尾声的高潮部分，我听到了亨德里克斯（Hendrix）的吉他声。"

《纽约时报》

"这位女神无法说话，只能通过琵琶表达（盛宗亮的《银河》）这种说法十分精妙，特别符合极具天赋的吴蛮。她精湛细腻的技艺使琵琶能比言语诉说出更多的情感。"

《阿尔伯克基日报》

"娇小的琵琶演奏家吴蛮上台弹奏了一段旋律，听起来像具有亚洲旋律特色的蓝草音乐。此时，你会发现现场静得连针掉在地上也听得见。"

《亚利桑那每日星报》

"吴蛮是少数改变了乐器演奏历史的音乐家之一。"

《波士顿环球报》

吴蛮、丹尼尔·何（Daniel Ho）、路易斯·康特（Luis Conte）——《听见彩虹谣》
《听见彩虹谣》的唱片公司找到了中国琵琶演奏家吴蛮、夏威夷乌克丽丽和滑音吉他演奏家丹尼尔·荷、古巴打击乐演奏家路易斯·康特，邀请他们演奏来自世界各地多元文化的民俗音乐。这让人无法拒绝。"

（《洛杉矶时报》）

吴蛮与丝路音乐大师的《边境之地》

"听着音乐很容易让人想象自己在丝绸之路上撑起篷车帐篷，坐在里面小口品着酥油茶……这真是一幅美丽的图景。"

（《西雅图时报》）

"《边境之地》确实是一场听觉盛宴，奢华而让人沉醉。"

（《世界音乐中心》）

吴蛮《光之无限》

"有人或许以为多产的音乐家吴蛮——这位单枪匹马将中国琵琶介绍到西方的女性——如今已经江郎才尽了……但是这张专辑赋予了琵琶全新的迷人光彩……她唤起上古之魂，同他们一起创造新的神奇。"

（《Songlines》杂志）

"这张专辑从头到尾都体现出吴蛮在选材上的细心谨慎，正如她将琵琶的传统与技艺改变为当代音乐类型时的态度。"

（《古典音乐评论》）

"吴蛮是琵琶界的帕格尼尼（Paganini），或者说是埃里克·克拉普顿（Eric Clapton）。因为她将摇滚的元素加入到了人们有时称作中国琉特琴的乐器中……在吴蛮的手中，琵琶异域风情十足，却又易于接受。"

（《圣彼得堡时报》）

莫斯科独奏家乐团、尤里·巴什梅特（Yuri Bashmet）、吴蛮——谭盾琵琶协奏曲

"这一琵琶协奏曲创作于1999年，此曲共四个乐章，在第一乐章就展现出它的严肃性与非商业性。其首次录制由最杰出的演奏家完成……吴蛮与莫斯科演奏家们之间的切磋亦是东西方之间的交流，双方轮番弹奏。"

（《美国唱片指南》）

吴蛮、芝加哥交响乐团、指挥Miguel Harth-Bedoya——罗·哈里森（Lou Harrison）琵琶协奏曲《传统与变革:芝加哥"丝绸之路"之声》

"哈里森的协奏曲十分动听，完美结合了遥远的东方和加利福尼亚西方音乐，由琵琶演奏大师吴蛮演奏，这部作品就是为她而创作的。"

（《高保真音响试听》）

吴蛮与克罗诺斯四重奏乐团（Kronos Quartet）——特里·莱利《星辰的神奇》（The Cusp of Magic）

"……四重奏组与吴蛮不断变化的琵琶互相交流融合，凝聚地之能量天之灵气，给人一种庄严肃穆感。"

（《Dusted》杂志）

吴蛮、吉他演奏家马丁·辛普森（Martin Simpson）《琵琶与吉他——安魂歌》

"吴蛮是一位能触动人心最深处的琵琶演奏家，她与辛普森的二重奏相辅相成。主打曲目令人期待——辛普森用他的滑音吉他弹唱出旋律，而吴蛮则用缥缈轻柔的声音相和……这张专辑旋律轻快，诠释了人们为何要创作音乐，聆听音乐……"

（亚马逊网）

吴蛮《中国琵琶》

"吴蛮已经成为同辈新人中最杰出的佼佼者之一……她是名全能型音乐家，将完美高超的技艺同彻底的艺术良知和强大的感召力结合起来。"

（《磬》杂志）

吴蛮《来自远方》

"她的风格富于变化，时而明快如流水，时而让人陷入沉思。还有些作品则不走寻常路，例如她的琵琶曲目《古之魂》（Ancient Spirits），在这首曲子中琵琶的音调神秘而令人不安，极具艺术性却绝不刻意追求精湛技艺，这是对吴蛮艺术理念的一种证明。"

（《大声唱！》杂志）

吴蛮是世界上最伟大的琵琶演奏家，四根弦的中国琵琶，拥有两千年的历史。第一位获得硕士学位，并为了寻找更广阔的音乐（琵琶）可能性，她冒险到了美国……"

（《财富》杂志评论）

附录1
吴蛮音乐活动大事记

1989   获全国中国乐器演奏比赛（山城杯）琵琶第一名；

1992   第一次与克罗诺斯弦乐四重奏乐团合作，以"琵琶弦乐五重奏"组合的创举形式登上世界音乐舞台；

1993   美国卡内基厅首演琵琶协奏曲，成为在此演出的第一位中国器乐演奏家；

     由西方（英国）唱片公司 Nimbus 第一次录制发行中国传统音乐专辑《吴蛮琵琶》，同年获法国 Diapason 唱片奖；

1994   作为被邀请的首位中国音乐家，参加英国著名 BBC Proms 音乐节；

     第一次与克罗诺斯弦乐四重奏乐团共同委约谭盾创作作品《鬼戏》，并首演于纽约"下一波艺术节"；

1995   作为李安导演的电影音乐顾问为《饮食男女》《喜宴》配乐；

1996   与克罗诺斯弦乐四重奏乐团合作的《早期音乐》入围格莱美最佳跨界音乐专辑奖；生平第一次认识格莱美音乐奖；

丝绸之路琵琶行 | 大师吴蛮的世界音乐叙事

第二张个人唱片专辑《吴蛮——中国琵琶》，由英国 Nimbus 唱片公司出版发行。并获权威音乐杂志《古典唱片》（Classic CD）评为五颗星；

1998

获哈佛大学研究学者奖，成为第一位获此殊荣的世界传统音乐家；

第一位参与大提琴家马友友发起的"丝绸之路音乐计划"并为创始成员；

1999

获得格伦·古尔德的音乐新人大奖，成为第一位女性演奏家及第一位以传统民族乐器演奏获此殊荣的演奏家；

应美国政府（前总统克林顿）邀请，成为第一个进入白宫演奏的中国音乐家；

第一次参与美国学术领域，担任哈佛大学 BUNTING 研究院音乐评委，全美作曲家基金会评委；

2000

作为欧洲乐团首次邀请的中国琵琶演奏家参与跨世纪两千年音乐会，指挥家艾逊巴赫，德国北部国家广播乐团；

2001

被明尼苏达州市长授予"荣誉市民"称号；

2002

应荷兰皇室之邀成为为欧洲皇室演奏中国音乐的第一人；

2003

任美国阿肯色州立大学亚洲和中东早期音乐研究中心的特聘客座教授；

与世界三大古典音乐艺术经纪公司之一 ICM （现为 Opus 3）签约成为旗下唯一的中国传统音乐家；

2004

应邀前往印度参加盛典，为印度总理介绍中国音乐；

参加希腊雅典奥林匹克艺术节。登上世界著名的雅典狄奥尼索斯露天剧场演奏美国著名作曲家菲利普·格拉斯为其而作的琵琶协奏曲；

2005　参加日本爱知世界博览会的巡演；

2006　应著名设计师贝聿铭之邀，作为特别嘉宾出席贝聿铭设计"苏州博物院"开幕典礼；

与克罗诺斯弦乐四重奏团合作的《你偷我之心》荣获格莱美"最佳跨界世界音乐专辑奖"；

2007　第一次任音乐策划，为世界著名的纽约卡内基音乐厅担任"中国音乐节"节目委员会成员并成功策划两场中国传统音乐会。将陕西老腔、山西道教乐班、侗族大歌、古琴家等带入美国主流音乐市场；

2008　与芝加哥交响乐团合作美国作曲家罗·哈里森（Lou Harrison）的琵琶协奏曲；

专辑《传统与转变》荣获格莱美"最佳协奏曲独奏家演奏奖"（罗·哈里森《琵琶协奏曲》）；

参与专辑《莫斯科独奏家乐团》获提名格莱美最佳室内乐演奏奖（琵琶与弦乐队）；

2009　与舞台剧导演陈士争共同策划构思创作并首演，多媒体音乐剧场作品《中国之家》；

专辑《地图》获提名格莱美"最佳古典跨界"奖；

2010　获"美国艺术家"大奖；

策划《吴蛮回归东方》系列音乐会；

专辑《边疆——吴蛮和丝绸之路音乐大师》获入围美国音乐独立唱片最佳唱片奖；

2011　策划并首演《吴蛮与台湾原住民朋友》音乐会；

作为第一位中国人应邀出席瑞典"波拉尔音乐大奖"（Polar Music Prize）盛会，并任颁奖嘉宾；

2012　纪录片《音乐寻根—吴蛮回中国》完成并发行于亚马逊市场；

2013　荣登美国音乐"年度演奏家"风云榜，成为第一位获此殊荣的世界传统民族乐器演奏家；

首次与悉尼交响乐团在悉尼歌剧院首演中国作曲家赵季平为她量身订作的《琵琶第二协奏曲》，这是第一次由西方乐团出资委约琵琶协奏曲；

2014　《听见彩虹谣》荣获第 57 届格莱美奖提名为"最佳世界音乐专辑"，这是吴蛮的唱片第 6 次获格莱美奖提名，为其个人策划并演奏的中国音乐第一次登上该奖最佳"世界音乐"顶峰；

与台湾音乐家合作的中国语版专辑，揽括琵琶的经典古曲《琵琶蛮》（台湾风潮唱片）入围台湾金曲奖为最佳传统专辑；

任美国加州亨廷顿艺术博物馆首位驻馆艺术家并被聘为音乐顾问；

策划《吴蛮与拉丁美洲相见》音乐会系列项目，获美国圣地亚哥市政府基金会艺术家创意项目奖；

2015 被邀加入古尔德基金会第 11 届评审委会，成为获此殊荣的第一位中国传统器乐音乐家。

2016 纪录片《陌生的音乐人》提名格莱美最佳音乐纪录片奖。由奥斯卡获奖导演尼维勒（Morgan Neville）执导，吴蛮是 4 位主角之一；

除此之外，吴蛮是第一位受邀在英国皇家阿尔伯厅、维也纳金色大厅、德国波恩贝多芬音乐厅及荷兰阿姆斯特丹大会堂等著名音乐厅演出的中国乐器演奏家。她和大提琴家马友友为日本 NHK 新版《丝绸之路》录制的唱片《超越地平线》获全美最佳销售唱片第一名。《吴蛮，古典与现代琵琶音乐》被评为全美公共电视网"世界音乐"排行榜第二名。她创作和制作的《吴蛮——琵琶行》在亚马逊全球网 "世界音乐类"被听众评为五星级唱片。

2017 吴蛮参与马友友丝绸之路乐团专辑《Sing MeHome》获得第 59 届格莱美"最佳世界音乐专辑"（其中第一首为吴蛮的作品《汶森之歌》，也称《绿》）。

吴蛮代表亚洲太平洋地区的女性被《财富》（Furtune）杂志列入「世界女强人」（the World's Most Powerful Women)。

希腊雅典奥运艺术节

纽约林肯中心"伟大艺术家"音乐节

（Great Performers at the Lincoln

Center Series）

纽约林肯中心"夏季音乐节"

纽约"敲打"现代音乐节

纽约"下一波"音乐节

波士顿"明星系列"音乐会

美国"阿斯本音乐节"

美国加州"拉——霍亚夏季音乐节"

美国南卡罗莱那州"斯泊莱托"音乐节

美国麻省"坦哥坞德"音乐节

美国匹兹堡国际音乐节

美国旧金山"湿墨"现代音乐节

美国旧金山"另类思想"音乐节

美国芝加哥爵士音乐节

洛杉矶"绿伞"新音乐节

美国西雅图"东西方"音乐节

美国新墨西哥州的

"杉塔——菲室内乐音乐节"

加拿大多伦多音乐节

荷兰"中国艺术节"

俄罗斯圣彼得堡"冬季音乐节"

乌兹别克斯坦"国际音乐节"

维也纳"现代音乐节"

维也纳"莫扎特音乐节"

英国国家"BBC PROMS音乐节"

英国伦敦"弹拨乐器音乐节"

德国波恩"贝多芬音乐节"

德国柏林音乐节

德国斯布劳肯"20世纪音乐节"

丹麦"艺术计划音乐节"

法国"巴黎秋季艺术节"

法国"法兰西电台音乐节"

芬兰"诗歌与音乐节"

意大利"音乐节"

瑞士"琉森音乐节"

墨西哥"国际音乐节"

新西兰"国际音乐节"

澳大利亚"悉尼艺术节"

日本东京"现代音乐节"

韩国"TONG YENOG音乐节"

中国香港"中国音乐节""亚洲

音乐节""香港艺术节"

中国香港"新视野艺术节"

中国台北市"传统艺术节"

中国台北"国际艺术节"

中国北京、上海"国际爵士音乐节"

中国上海"世界音乐周"

325

附录2
吴蛮琵琶演奏作品CD目录

曲　名	作曲者	ISRC编号
1.《秧歌》（民间音乐）	改编/吴蛮	CN-R46-17-00012
2.《星辰的神奇》（琵琶与弦乐四重奏）	作曲/Terry Riley	CN-R46-17-00013
3.《静夜思》	作曲/吴蛮	CN-R46-17-00014
4.《琵琶与弦乐队·第二乐章》	作曲/Lou Harrison	CN-R46-17-00015
5.《九月杨花飞》	作曲/吴蛮	CN-R46-17-00011
6.《拖动的山羊》（丝绸之路乐团）	作曲/David Bruce	CN-R46-17-00008
7.《思春》	古曲	CN-R46-17-00009
8.《第二琵琶协奏曲》（琵琶与交响乐队）	作曲/赵季平	CN-R46-17-00010

图书在版编目（ＣＩＰ）数据

丝绸之路琵琶行：大师吴蛮的世界音乐叙事 / 洛秦
编 . -- 上海：上海音乐学院出版社，2017.7（2018.9重印）
 ISBN 978-7-5566-0207-0

 Ⅰ . ①丝 ... Ⅱ . ①洛 ... Ⅲ . ①吴蛮 – 传记 Ⅳ .
① K825.76

 中国版本图书馆 CIP 数据核字 (2017) 第 063316 号

3215241

书　　名：丝绸之路琵琶行：大师吴蛮的世界音乐叙事（附光盘）
主　　编：洛　秦
责任编辑：周　丹
设计制作：福莱达艺术机构（上海）
出版发行：上海音乐学院出版社
地　　址：上海市汾阳路 20 号
印　　刷：上海印刷（集团）有限公司
开　　本：787mm×1000mm　1/16
字　　数：336 千字
印　　张：20.5
版　　次：2017 年 7 月第 1 版　2018 年 9 月第 2 次印刷
书　　号：ISBN 978-7-5566-0207-0/J. 1164
定　　价：98.00 元
出 品 人：洛　秦